姚树荣 著

理想田园

百年地权演化与乡村建设

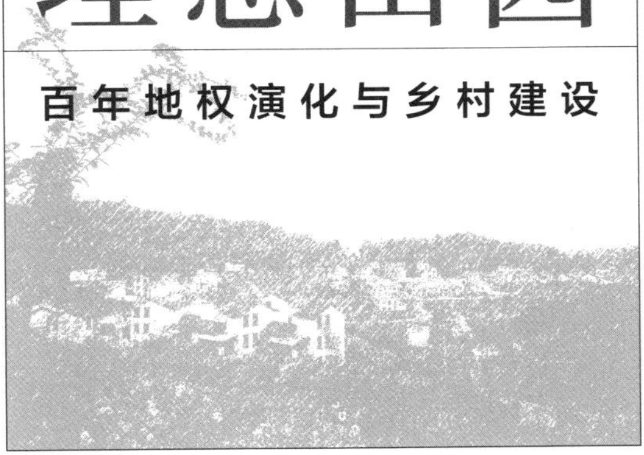

中国出版集团 东方出版中心

图书在版编目（CIP）数据

理想田园：百年地权演化与乡村建设 / 姚树荣著
. —上海：东方出版中心，2022.12
ISBN 978-7-5473-2116-4

Ⅰ. ①理… Ⅱ. ①姚… Ⅲ. ①农村－土地流转－研究
－中国②农村经济－经济发展－研究－中国 Ⅳ.
①F321.1②F323

中国版本图书馆CIP数据核字（2022）第237961号

理想田园——百年地权演化与乡村建设

著　　者　姚树荣
策　　划　李　琳
责任编辑　李　琳
装帧设计　在　白

出版发行　东方出版中心有限公司
地　　址　上海市仙霞路345号
邮政编码　200336
电　　话　021-62417400
印 刷 者　上海万卷印刷股份有限公司

开　　本　890mm × 1240mm　1/32
印　　张　12.875
字　　数　278千字
版　　次　2022年12月第1版
印　　次　2022年12月第1次印刷
定　　价　78.00元

本书受国家社会科学基金项目（17BJL087）“基于地权演化视角的美丽乡村共建共享共治机制研究”资助

前言

2007年6月，成都和重庆获批全国统筹城乡综合配套改革试验区。我因改革工作需要从四川大学调入成都市国土资源局工作，先后担任研究室、综合规划处、政策法规处处长，其间还借调到中共四川省委办公厅综合室、中共成都市委改革办工作，但在长达7年多的时间里主要从事的是土地制度改革与统筹城乡发展相关工作。成都围绕统筹城乡发展，率先在耕地保护补偿机制、农村土地产权制度改革、农村产权交易平台建设、农村土地综合整治、建设用地指标交易、集体土地征收等方面进行了一系列改革探索，为全国提供了经验和示范。

成都的改革探索是上下互动、同行互鉴、理论与实践碰撞交融的产物。2008年汶川特大地震之后，为支持灾后重建和城乡统筹发展，国土资源部、四川省人民政府和成都市人民政府围绕土地制度改革签订了一个“三方合作协议”，三方互派人员挂职交流，每年确定改革目标和任务，年底进行评估，再确定下年度改革目标和任务，在确保风险可控的基础上滚动推进改革，我作为改革试验区的代表有幸经常参与部里的政策研讨，将成都的改革实践反映给部里，将部里的指导意见融入成都的改革政策，上下信息流通非常顺畅，这是推进改革工作的一种有效机制;在此期间,全国国土资源系统保持着频繁的交流,通过现场研讨会、学习考察等方式,进行先进经验的同行互鉴;同时,我们还与学术界保持了广泛的研究合作,我除了陪同调研、协调联系、参与讨论之外,更重要的工作是把研究成果吸收到改革政策中,实现理论向实践的转化。在这个过程中,我深刻地感悟了“知易行难”的道理。做成一件事,要符合中央精神和法律政策,要满足上级领导要求,要解决基层实际问题,要平衡专家学者等各界意见,要把握改革的节奏、力度和时机……真的很难!这让我养成了一种思维习惯:对于地方的改革创新,不以批评为能事,不轻易说“不行”,而是理性思考“怎样才行”。

2015 年 3 月,我返回四川大学任教,从而能够更超脱地系统思考土地制度改革与城乡融合发展问题。是年,经过全国人大授权,中央在北京大兴等 33 个县(区、市)部署开展集体土地征收制度、集体经营性建设用地入市和宅基地制度改革试点(俗称“三块地”改革),我有幸参与部属事业单位中国国土勘测规划院组织的“三块地”改革调查研究工作、土地政策实证监测评估工作,并受四川泸县邀请负责了四川泸县的宅基地制度改革调查研究工作。2019 年 8 月,我受邀参加了全国人大常委会法工委组织的《土地管理法》修正案通过前论证评估会,之后又受邀参加了自然资源部、司法部对修改《土地管理法实施条例》专家意见征求及四川省自然资源厅对四川省 21 个地市州“征地区片综合地价”编制审核论证等工作。在吸收改革试点成熟经验的基础上,经法律修改程序,新《土地管理法》和《土地管理法实施条例》相继颁布实施,标志着中国的保障性地权制度改革迈出了实质性步伐。从 2007 年起算,我紧密参与和跟踪土地制度改革已有 15 载,见证了土地制度改革的艰辛、曲折、复杂和各种争论，感慨万千……向改革事业致敬，向改革者致敬！

从乡土社会走出来的中国，土地与“三农”问题相互交织，土地改革至少要着眼于解决好“三农”问题。这一时期，在中央政策的引导下，全国掀起美丽乡村建设的热潮，有地方政府主导实施的，也有社会资本主导实施的，还有农民自主实施的，呈现出复杂多样的面相。由此引发了舆论的分化，虽然主流的声音以赞誉为主，但批评之声不绝于耳，“三农”学者多强调农民主体，批评政府主导与资本下乡的学者众多，有关集体土地市场流转与增减挂钩政策的争论长期僵持不下。学者们的批评不无道理，但在直面问题的基础上更重要的是如何健康有序推进美丽乡村建设，化解乡村发展不充分、城乡发展不平衡的矛盾，最终经由乡村现代化而实现中国全面现代化与共同富裕。经济学的常识及长期“跑乡下”的经历让我坚信，乡村虽然相较于城市有诸多特殊性，但有一点是相同的，即经济增长离不开要素投入。观察真实世界里的乡村，绝大多数都面临着资本与人才等要素不足的困境，因此，要实现乡村经济增长，促进城乡要素双向流动是必要条件。这样来看，振兴乡村与反对资本下乡在逻辑上就是相悖的。我们不仅要看到资本的逐利性与剥削性，而且要看到资本对经济增长的重要作用，还要看到资本下乡背后的人才、技术和信息要素下乡。已养成的“怎样才行”的思维，将我引导到怎样解决美丽乡村建设过程中政府、资本和农民等多主体利益冲突之困境以及政府或资本单边治理引发的利益失衡等问题。在苦思冥想之中，习近平总书记关于“共建共治共享”的重要论述提供了指引，我对解决美丽乡村建设多主体冲突之困的思考深入到“共建共治共享机制”。

进一步思考发现，“共建共治共享”是个“应然”命题。学术界向来不缺乏指引方向的“应该怎样”的观点，比如“应坚持农民自愿原则”“应发挥农民主体作用”等，但“实然”的状态是，违背农民意愿、强迫农民上楼、大拆大建的事件时有发生，农民边缘化、政府或资本单边治理、利益失衡的现象长期普遍存在。为什么乡村建设未能通往学者倡议的理想之路？或者说，是什么影响了“共建共治共享”的实现？按照马克思主义政治经济学原理，乡土社会的最重要生产资料是土地，基于土地的产权制度安排既取决于乡村生产力的发展水平，又反过来对乡村生产力产生重要影响。人们只要到真实世界的乡村走访一下，就能深切地感受到地权的重要性。我观察到乡村建设的三种样态：一是乡村建设不动“土地”，效果不够明显；二是乡村建设只动“土地”，效果反而较差；三是乡村建设既动“土地”又联动相关改革，综合效果最为明显。究其原因，根子在地权制度。不赋予土地转让权，城市要素入乡不顺畅，就难以破解乡村经济增长要素支撑不足的困境；但不少地方的农村土地产权制度改革浮于表面，以为完成了土地确权颁证、允许土地流转就万事大吉了，其实这只是为城市要素入乡提供了制度条件，如果没有唤醒农民的产权意识，没有同步建立土地产权保护与侵权追责制度，没有清晰界定政府、资本与农民在土地上的权责利规则，那么乡村建设中政府、资本与农民利益冲突的现象就会不断重演。现在从全国来看，不仅土地顺畅流转的“前半篇文章”没有完成，而且产权保护与侵权追责的“后半篇文章”仍停留在政策口号上，政府、资本和农民在土地整治与流转的全过程中究竟在什么事项（如补偿安置、规划建设、新房分配、资金使用、收益分配）上享有什么权利（如决策权、参与权、知情权、监督权、收益权）和承担什么责任以及如何维权等并没有通过法律或契约得到清晰界定。如果不及时改革完善地权制度，围绕土地的纠纷矛盾就会日益增加，既不利于依法维护农民权益，也不利于平等保护企业合法权益。我目睹了一些企业因土地问题长期得不到妥善解决而陷入经营困境甚至“跑路”，土地流转租金被迫由政府“兜底”的现象。有的“三农”学者出于保护农民的目的忌讳甚至反对动“土地”，我认为这不符合唯物史观，离开地权制度讨论“三农”问题犹如隔靴搔痒，是抓不到问题本质的，改革发展中出现的问题也只能通过改革发展来解决，不能因噎废食。因此，从地权的角度去探究乡村建设中政府、资本与农民的利益关系应是正确的研究进路。

当然，地权的演化有着客观规律，不依人们的主观意志为转移。马克思主义政治经济学关于“生产关系一定要适应生产力发展要求的规律”警示我们，推进地权制度变革要有“历史的耐心”，不能滞后或超前于生产力的发展水平，既慢不得又急不得。因此，对地权与乡村建设的研究不应拘限于一时一域，也不应抱有理想的或浪漫的观点，而应秉持历史的视野、演化的观点，按照马克思历史与逻辑相一致的研究方法考察地权演化与乡村建设的互动关系。唯有如此，才能揭示出乡村建设的内在规律，把握好新时代地权制度的变革要求，并正确处理好乡村建设中多元主体之间的利益关系。至此，我的研究思路开始清晰起来，即以大历史观厘清地权演化与乡村建设的互动关系，在此基础上探究新时代中国的地权制度构建思路与乡村共建共治共享机制设计思路。然而，经文献梳理发现，这样一个整合了地权演化、乡村建设、共建共治共享的“三位一体”研究框架，在现有国内外研究成果中还不多见。有鉴于此，我以“基于地权演化视角的美丽乡村共建共享共治机制研究”为题申报了 2017 年度的国家社会科学基金项目，并得以立项。

从事地权与乡村建设研究，田野调查是重要方法。我有幸参与了周其仁教授对成都土地与城乡统筹改革的调查研究，见证了他从机场租车直奔目的地蹲点调查的务实作风、对受访人员刨根究底的追问艺术、见微知著的深邃洞察力以及夜晚时分团队成员的头脑风暴，之后又有幸多次参与刘守英教授组织的田野调查活动。这些经历，不仅让我学到了一些田野调查的具体方法，更重要的是让我发自内心地崇尚这种扎入真实世界做学问的实践方法论。我自 2015 年返校至今利用各种机会跑了大半个中国的上百个村庄，有的走马观花，有的蹲点调查，有的做了长期跟踪调查（明月村、福洪镇、新兴街道）。田野调查虽然辛苦，但有书斋里没有的乐趣，鲜活的知识更容易刻进脑海里，我领悟了“纸上得来终觉浅，绝知此事要躬行”的道理。在“跑乡下”的过程中，很多朋友给予了我极大帮助，我指导的一些博（硕）士研究生和本科生参与了实地调查、数据收集整理、典型案例及科研论文撰写。课题组在掌握大量一手资料的基础上，撰写了 20 个案例分析报告，在《中国农村经济》和《中国土地科学》等期刊发表了 18 篇科研论文，相关成果择优吸收进了课题研究报告。在课题研究过程中，我们还通过举办开题报告、学术研讨、专家评审等会议方式，得到同行专家的指导和帮助。课题结项后，我又根据鉴定专家的意见作了修改完善。可以说，本书是课题组成员和很多师友集体智慧的结晶。

付梓之际，我想要感谢的人很多，他们有：包容我所有缺点的家人；指引我人生道路的恩师朱方明教授及亲如家人的同门师兄弟姐妹；对本课题研究提供了支持帮助的刘守英教授、黄贤金教授等学界前辈和同行专家；参与了课题合作研究的学术伙伴路乾、赵茜宇、洪运、任平等；提供了项目资助的全国哲学社会科学工作办公室、提供了出版经费支持的四川大学经济学院，以及中国出版集团东方出版中心的编辑及工作人员。特别感谢李琳女士，在她的启迪下，本书拥有了一个诗意的名字“理想田园”。回首百年，城乡分离、乡村衰退，亿万农民不得不背井离乡进城谋生，人们发出“田园何处”的悲情之问。众多仁人志士怀揣理想，躬身于乡村建设，试图探索一条城乡协调、共同繁荣的现代化道路，但终因历史的局限性而理想夭折；今天，站在全面建设现代化的新起点，党的二十大发出了“建设宜居宜业和美乡村”的新号召，我相信，只要坚持城乡双向赋能、融合发展，协同推进乡村振兴与新型城镇化战略，加快构建新型地权制度与共建共治共享机制，乡村地域空间就一定能建设成为人们孜孜以求的融合了城乡优点、扬弃了城乡缺点、实现了城乡一体发展与共同繁荣富裕的“理想田园”。

中国的现代化任重道远，土地改革仍在路上。本书是我们团队对这些年来有关地权演化与乡村建设研究的一个阶段性总结，也是我们团队《新时代中国土地利用转型重大问题系列研究》的第二部专著。“路漫漫其修远兮，吾将上下而求索。”我们将继续立足土地观察中国经济，围绕土地与城乡发展、产业发展、可持续发展的关系开展学习研究，通过扎实的社会调查与系统的理论学习，不唯书不唯上只唯实，在真实复杂的世界里探究经济活动的本质、规律与趋势，努力创造“顶天立地”的学术成果。

目录

前　言　1

第一章　导　论

一　本书背景与意义　2

二　文献综述　4

（一）基于城乡关系的乡村建设研究　4

（二）基于主体关系的乡村建设研究　6

（三）基于地权演化的乡村建设研究　8

（四）简要评论　10

三　研究思路、内容与方法　12

（一）研究思路　12

（二）研究内容　14

（三）研究方法　17

四　可能的创新与不足　18

（一）可能的创新　18

（二）不足之处　24

第二章 核心概念与理论基础

一 核心概念 28
（一）地权 28
（二）乡村建设 30

二 理论基础 33
（一）产权经济理论 33
（二）城乡关系理论 38
（三）共享发展理论 40

第三章 地权演化与乡村建设的互动：理论分析

一 乡村建设的演化理论 46
（一）制度演化理论述评 46
（二）乡村建设的演化模型 50

二 乡村建设的本质 54

三 乡村建设对乡村地权演化的影响 56
（一）逻辑起点：土地功能的二重性及其矛盾 56
（二）要素相对价格、技术进步与乡村地权的演化 58
（三）城乡关系与乡村地权的演化 60

（四）国家、农民与乡村地权的演化　62

四　乡村地权对乡村建设绩效的影响　**65**
（一）乡村地权对农业生产绩效的影响　66
（二）乡村地权对农民家庭收入的影响　69

第四章　地权演化与乡村建设的互动：历史分析

一　中国乡村地权的历史演化　**74**
（一）传统中国的乡村地权制度　74
（二）新民主主义革命时期的乡村地权变革　76
（三）新中国保障性地权制度的形成　79
（四）改革开放后保障性地权制度的演化　84

二　传统地权制度下的乡村建设运动　**93**
（一）民国时期的乡村危机　93
（二）知识分子推动的乡村建设运动　94
（三）对民国乡村建设运动的评价　102

三　保障性地权制度下的新农村建设　**103**
（一）21 世纪初的“三农”问题　103
（二）政府主导的社会主义新农村建设　105
（三）对社会主义新农村建设的省思　107

第五章 地权演化与乡村建设的互动：现实分析

一 保障性地权制度下土地发展权的生成 114

（一）农用地整理起步 115

（二）开展增减挂钩试点 116

（三）扩大增减挂钩项目范围 118

（四）探索建设用地指标交易 119

（五）推动闲置宅基地转换入市 120

（六）促进宅基地多功能利用 121

二 地权配置与美丽乡村建设模式的协同演化 122

（一）新时代的美丽乡村建设 122

（二）地权行政化配置与政府主导型乡建模式 125

（三）地权市场化配置与资本主导型乡建模式 143

（四）地权金融化配置与农户自主型乡建模式 157

三 农户福利视角下的美丽乡村建设模式比较 160

（一）问题的提出 160

（二）数据来源、研究方法与农户福利评价 161

（三）农户福利测度及结果分析 166

（四）结论与启示 177

第六章 土地发展权配置对乡村建设绩效的影响分析

一 问题的提出 182

二 土地发展权的内涵与配置模式 186

（一）土地发展权的内涵 186

（二）土地发展权的配置模式 189

三 土地发展权配置模式对乡村建设绩效的影响 192

（一）转移型模式对乡村建设绩效的影响 192

（二）保留型模式对乡村建设绩效的影响 204

（三）拓展型模式对乡村建设绩效的影响 213

（四）研究假设 223

四 土地发展权配置模式影响乡村建设绩效的实证分析 224

（一）数据来源与样本情况 224

（二）乡村建设绩效评价指标体系 229

（三）研究设计 239

（四）实证结果及分析 244

五 研究结论 251

第七章 乡村共建共治共享的理论与实践创新

一 问题的提出 258

二 “共建共治共享”社会治理理论阐释 260
（一）“共建共治共享”的内涵及相互关系 260
（二）“共建共治共享”的理论意蕴 262

三 乡村共建共治共享的必要性与实现条件 264
（一）乡村共建共治共享的必要性 264
（二）乡村共建共治共享的实现条件 268

四 乡村共建共治共享的实践创新 270
（一）明月村共建共治共享的实践创新 270
（二）鲁家村共建共治共享的实践创新 278

五 结论与启示 285

第八章 新型地权制度与乡村共建共治共享机制设计

一 新型地权制度建构思路 290
（一）总体思路 290

（二）建立土地发展权配置制度　*296*
（三）探索集体土地“三权分置”实现形式　*300*
（四）推进集体经营性建设用地入市　*318*
（五）完善耕地保护制度　*332*
（六）联动社保与财税等相关制度改革　*338*

二　乡村共建共治共享机制设计思路　*339*
（一）总体思路　*339*
（二）乡村共建机制设计　*341*
（三）乡村共治机制设计　*345*
（四）乡村共享机制设计　*349*

第九章　总结与展望

主要参考文献　*369*

第一章

导论

本章为导论，包括四节内容：选题背景与意义；文献综述；研究思路、内容与方法；可能的创新与不足。

一 本书背景与意义

乡村衰退是近代民族国家在工业化、城市化和现代化转型过程中面临的世界性难题。乡村建设作为一个时代话题，在中国的实践已历百年。早在20世纪二三十年代，为了应对全面崩溃的乡村危机，各种社会力量掀起了一场声势浩大的乡村建设运动，留下了弥足珍贵的思想遗产。中国共产党成立后，经过艰苦卓绝的奋斗，领导全国人民相继"站了起来""富了起来"和"强了起来"，在此百年征途中，以乡村地权变革为关键推动乡村建设，为党的革命和建设事业提供人力、物力和财力保障，是党成功的重要经验。进入21世纪以来，受城乡二元体制束缚等诸多因素影响，乡村相较于城市日新月异的发展而日渐衰退，并以"三农"问题的话语再次凸显起来。2002年中央农村工作会议首次提出把解决好"三农"问题作为全党工作的重中之重，2006年中央一号文件进一步提出建设社会主义新农村的重大战略，此后，中国逐步建立起支农惠农的政策体系，但由于没有根本变革保障性地权制度，没有破除城乡二元体制，乡村衰退与城乡发展差距拉大的态势没有得到根本扭转。

党的十八大以来，党中央高度重视"三农"问题，明确指出全面建设小康社会的重点和难点在农村。2013年中央一号文件明确要求努力建设美丽乡村,“中国要美,农村必须美”。同年,在全国1 146个乡村启动美丽乡村建设试点。2017年中央一号文件又提出开展美丽宜居乡村示范创建。美丽乡村建设,是对社会主义新农村建设思想的承继和创造性发展,是中国现阶段解决“三农”问题的新抓手。它强调把创新、协调、绿色、开放与共享理念融入乡村建设,更加注重保护生态和文化、增进民生福祉、培育乡村可持续发展动能。2017年10月,党的十九大作出实施乡村振兴战略的重大部署,并将工作的重点放在改革农村土地制度,破除城乡二元体制,构建城乡融合发展的体制机制和政策体系。由此,在中央政策的引导下,全国各地再次掀起乡村建设的新热潮,中国的乡村建设驶入快车道。但我们看到,各地在乡村建设中倚重宅基地整理与增减挂钩等政策,通过“合村并居”,推动农民集中居住;通过“联建”或“地票”等方式,调动社会资本参与村庄整治,就地开发更具价值的宅基地或将整治形成的土地指标转移到城镇使用。这轮由政府、资本主导的乡村建设在改善乡村人居环境的同时造成一些问题,如农民上楼、千村一面、生态破坏、文化没落等,甚至出现了“河南1 366个新型农村社区停建,直接损失600多亿”以及山东“合村并居”与强拆农民房屋的严重问题(姚树荣、龙婷玉,2019)。种种迹象表明,乡村正在成为资本、政府与农民逐利的新场域,利益博弈的焦点是土地,根子在地权制度!因此,如何通过地权制度变革,理顺政府、资本与农民的利益关系,形成共建共治共享机制,促进乡村可持续发展,具有理论上的重要性和实践中的紧迫性。

二　文献综述

（一）基于城乡关系的乡村建设研究

在经济学说史上，乡村建设研究可追溯至经济学家们对城乡关系的思考。亚当·斯密最早揭示了城乡关系的本质和初始状态，认为在没有人为制度扰乱的情况下，社会发展的自然顺序总是先开垦一些土地才能建立城市，然后在城市制造业发展的基础上才会产生国外贸易，城市财富增长与规模的扩大取决于乡村耕作及改良事业的发展。马克思和恩格斯论证了城乡分离和对立的历史必然性，提出通过农业和工业结合、城市与乡村融合来消除城乡之间的对立。霍华德提出田园城市理论，希望破解人口向城市过度集聚产生的“城市病”和乡村衰退问题。20 世纪 70 年代，“乡村学派”兴起，试图纠正区域发展理论的城市偏向，强调以乡村发展为内容、空间均衡发展为核心（Johnson，1970；Rondinelli and Ruddle，1978；Stohr and Todling，1978；J. Friedman and C. Weaver，1979）。80 年代后，相关研究推进到构建良性的城乡关系，认为活跃的城乡贸易、完善的基础设施、具备与城市企业平等谈判能力的农村公共机构等有助于良性城乡关系的形成（Tacoli，1998、2003；Ndegwa，2005）。进入 21 世纪，在反思乡村现代化得失的基础上，乡村多功能转型理论开始兴起（Huylenbroeck G and Durand G，2003）。1988 年欧共体委员会在《乡村社会的未来》中强调农业可以在地域经济发展、环境管理和乡村社会生存等方面做出多元贡献;1992 年里约地球峰会发布的 21 世纪议程(第 14 条)首次提出农业政策应考虑农业的多功能特征。乡村多功能转型理论认为,随着经济发展,人们对乡村的生产、消费和生态等需求不断变化,乡村的农业产值和就业重要性逐渐降低,乡村的美学和消费功能逐渐变得重要起来(Holmes J,2006;Voutilainen O,Wuori O,2012;Murdoch J,Lowe P,Ward Netal,2003)。实践中,西方发达国家在工业化、城市化和现代化转型过程中都采取过措施促进乡村建设。

中国的乡村问题,是国家在长达上百年的向工业化、城市化和现代化转型过程中各种社会矛盾问题的历史性累积。爆发于 20 世纪二三十年代的乡村危机实质上是近代中国城乡背离化发展的历史产物(王先明等,2021)。新中国成立后确立的重工业优先发展战略和构筑的城乡二元体制,虽然在促进国家从农业国向工业国转变的过程中发挥了重要作用,但也是导致当代中国乡村问题的重要原因。例如,1955 年制定的《一九五六年到一九六七年全国农业发展纲要》,虽被认定为“建设社会主义新农村的伟大纲领”,但其核心思想是服务于国家的工业化建设,建设新农村的目的是农业支援工业、农村支持城市,这是国家在完成“集体化”制度创新基础上对城乡与工农关系的战略重塑。改革开放后,随着家庭联产承包责任制的推行和乡镇企业发展,乡村建设掀起一个小高潮。费孝通根据这一趋势开创性提出了“小城镇理论”,认为依托小城镇,可以实现农民离土不离乡,走出中国特色的工业化道路。90 年代后,从城乡二元体制的角度研究乡村问题的文献增多,厉以宁(2009)、洪银兴(2007)、高帆(2005)、陈钊与陆铭(2008)、黄坤明(2009)、白永秀(2010、2013、2014)和党国英(2016)等从不同方面论证了城乡二元体制改革对解决乡村问题的重要性。

（二）基于主体关系的乡村建设研究

乡村建设的概念孕育于中国本土，由卢作孚 1929 年最早提出。勃兴于 20 世纪二三十年代的乡村建设运动，最终在民国政府的干预下，从社会运动走向政府农政，变得“无声无息”，这引发了人们对乡村建设中政府、社会和农民关系的思考。梁漱溟(1935)认为，政府行政太机械，不能发现问题并随时修正，而社会运动较有学习精神，乡村建设必须是社会运动，不能全靠政府力量来做。他不希望政府直接介入乡村建设活动，认为政府最为开明的政策是间接地给乡村建设运动提供方便。梁漱溟和晏阳初都强调乡村建设要发挥村民的自主作用，建立平等协商机制，提升村民的素质与组织化程度，倡导知识精英融入当地和村民打成一片，要先“农民化”再“化农民”，但他们最困惑的也是“号称乡村运动而农民不动”，没有调动起农民参与的积极性。宣朝庆(2012)在回顾百年乡村建设思想的基础上指出，如何定位政府在乡村建设中的角色与职能，是乡村建设必须面对的重要课题。王先明等(2021)在对民国乡村建设运动走向政府农政反思的基础上指出，在传统社会向现代社会转型的过程中，如何区分社会与国家的界域，保持社会力量的活力，是值得深思的重大命题。

在当代中国，政府、市场和农民的关系仍是乡村建设研究的焦点问题。针对农民在乡村建设中被边缘化的现象，学者们站在农民立场开展了深入研究。温铁军(2006)认为，新农村建设的重点是农民合作，应发挥农民的主体作用，并通过政府资助综合农协的方式进行组织与制度创新。陈锡文(2005)强调新农村建设应充分调动广大农民的积极性，以促进农村经济社会全面进步为目标，以现代农业建设为首要任务，以农民为主体，全面推进农村综合改革，搞好乡村建设规划，注重培育和造就新型农民。张晓山（2006、2012）也提出，要处理好政府主导作用与农民主体地位等关系，认为只有选择像郝堂村草根式、以农民为主体、由外力协作者推动的新农村建设模式，可持续发展观、科学发展观才能落实。郁建兴和高翔（2012）解释了地方政府的行为逻辑，认为发展型的地方政府正在成为一种常态，其社会政策创新主要服务于地方经济发展特别是地方财政收益最大化的需要，而不总是对地方公众需求的回应。焦长权和周飞舟（2016）分析了资本下乡现象，认为这是政府和企业合作完成的村庄经营，是城市经营模式在乡村的延伸，中国乡村的出路在于处理好政府、企业和农民的关系，既有效地利用下乡的资本，又防止村庄被资本所吞噬。贺雪峰（2017）发出乡村建设谁是主体的呼声，认为应为了农民进行保底的乡村建设。

在乡村建设的主体关系上，虽然学术界的主流观点是强调农民主体作用，但以农民为主体的前提是农民合作。然而，以农民合作组织为主体的乡村建设也面临诸多困境。农民内生型的乡村建设很大程度上依赖于乡村能人的带领，可能陷入个人主义与家长式管理模式中（丁国胜等，2016），也可能异化为私人企业或合伙企业（孔祥智等，2006），农民合作社可能沦为政府部门、资本与大农联合起来“吃小农”的工具（仝志辉等，2009）。周应恒等（2016）直接指出，中国农民很难实现“弱者的联合”。面对乡村建设的困境，一些学者提出多元主体共建的主张，认为政府、资本与农民多元合作是弥补单一乡村建设模式缺陷的有效选择（陈锐等，2016）。何得桂（2014）构建了一个“政民资学”“四位一体”式的驱动机制模型，认为强劲的驱动机制是推进美丽乡村建设的重要保障。张京祥和姜克芳(2016)剖析了乡村建设背后的资本逻辑,认为活化乡村资源,规范资本进入,促进产业资本与乡村内生转型有机融合,是乡村复兴的关键。多元主体共建乡村的思路逐渐得到实践认同,但是,共建必然要求共享,没有共享,共建就不能持续,而共享需要共治作为保障。如何实现多元主体共建共治共享,是乡村建设研究亟待破解的新课题。

(三)基于地权演化的乡村建设研究

关于乡村地权的演化研究,学术界主要沿着两个进路展开:一个是马克思主义的制度变迁与演化理论,另一个是以诺思为代表的西方制度变迁与演化理论。由于制度安排的差异,国外学术界对地权的讨论与我们的关注点不同,但有关研究具有启迪意义。加里·利贝卡普(2001)在《产权的缔约分析》中通过对美国矿产权、联邦土地政策、渔业和油田开采当中产权形成的研究,提供了一个产权制度演化的分析框架;Deininger(1997)阐述了土地权利的分配、保障和交易在促进增长和消除贫困中的重要性;Gerald(1961)讨论了土地发展权转移机制及其对农地、生物多样性和生态脆弱区保护的作用。在国内学术界,洪名勇(2011)系统梳理了马克思土地产权制度理论。龙登高(2018)对中国传统地权制度及其历史变迁进行了深入研究。钱忠好(2021)运用诺思制度变迁理论对中国农地产权制度的演化逻辑进行了经济学解释。丰雷(2019)构建了一个中央、地方与个体互演的制度变迁框架,解释了中国农地制度变迁 70 年的实践,后 40 年成功的原因是实现了强制性与诱致性的互动,制度具备较强的适应性。吴一恒、曲福田和马贤磊(2021)构建了多层次多主体参与的“设计—演化”制度变迁分析框架，认为新中国成立后农地制度变迁逻辑表现为中央政府、地方政府、村集体与农户间基于制度设计与演化的有机互动，整体上符合制度“创新—选择—扩散”的演化机制，人为设计内嵌于制度创新、制度选择和制度扩散三个环节，但是农地制度改革不同阶段人为设计的介入程度呈现显著的差异性。严金明、郭栋林和夏方舟(2021)基于历史逻辑、理论逻辑和实践逻辑相统一的分析框架，梳理总结了中国共产党百年土地制度变迁的逻辑，为未来土地制度全面深化改革提供了重要参考。

关于乡村地权的改革研究，学术界的讨论极为热烈。周其仁(2013)认为农村土地制度的权利安排模糊，土地流转困难，最终会损害农民利益，主张赋予农民更多的土地权利，推动农村土地流转。贺雪峰(2010)则认为赋予农民更多土地权利会损害农民利益，“还权赋能”是画饼充饥。高圣平和刘守英(2007)支持农村土地产权制度改革与市场化流转，主张集体建设用地与国有土地“同权同价”。郑振源和蔡继明(2019)分析了集体土地与国有土地产权不平等的表现和根源，认为赋予集体土地与国有土地同等权能是城乡融合发展的制度保障。唐健和谭荣(2019)对农村集体经营性建设用地入市改革进行了探讨，提出打破入市的用地分类限制，拓宽入市的主体和客体，优化土地的功能结构，允许不同地类之间灵活转换，允许分割登记、共同产权和按份共有，允许入市土地从存量扩大到增量、从仅限于经营性用地扩大到所有集体建设用地。吴宇哲和于浩洋(2021)对农村集体建设用地用于住宅用途作了探讨，主张赋予城乡住宅用地平等的财产权能。

随着新《农村土地承包法》和《土地管理法》的实施，农村承包地“三权分置”和集体经营性建设用地入市的正式制度逐渐明朗，学术界将研究的焦点转向农村宅基地。“自由流转说”与“禁止流转说”长期针锋相对，国家选择了“有条件流转说”推进宅基地制度改革，但因存在诸多约束，试点地区的改革依然面临多重困难。刘守英(2018、2019)基于中国人地与城乡关系的变迁，提出有别于“乡土中国”与“城市中国”的“城乡中国”概念，认为代际差异决定宅基地制度改革的节奏与速度，有效产权、村内治权与国家有限管制是宅基地制度改革的方向。叶兴庆(2019)和张清勇(2021)均主张有序扩大宅基地产权结构的开放性，逐步显化宅基地的财产功能。宅基地“三权分置”改革提出以来，相关研究成果快速涌现，但在“三权”含义与实现形式的理解上存在很大争议。宋志红(2019、2021)把“宅基地资格权”界定为申请分配宅基地的资格，认为在立法上不宜在实体财产权利体系中引入“宅基地资格权”概念。高圣平(2019)认为宅基地使用权的身份属性不能破除，完善宅基地的权能主要应强化宅基地使用权的处分权能，主张宅基地使用权的物权变动采用登记对抗主义，抵押权实现采用收益执行的办法。陈小君(2019)从完善宅基地使用权取得规则、开禁宅基地使用权流转并预设规制、补全宅基地使用权消灭机制三个方面提出了宅基地使用权制度构建的思路。

（四）简要评论

通过文献梳理发现，国内外有关乡村建设的研究成果丰硕，为本课题研究奠定了良好基础，但尚有深化研究之必要。一是有些研究虽然强调处理好政府、市场与农民等多元主体在乡村建设中的利益关系，但对利益为何失衡、如何协调利益缺乏深入讨论。地权的实质是土地所有制与以之为内核的生产关系，对乡村建设中的主体利益关系以及治理机制有着重要影响,但从地权角度尤其是在大历史观下从地权演化的角度对乡村建设中的主体利益关系以及治理机制进行系统研究的成果不多。二是有些研究虽然讨论了乡村建设主体利益协调与治理问题,但通常涉及共建共治共享的某一方面,将共建共治共享“三者一体”合成起来进行研究的成果不多。共建共治共享,涉及多个学科,学者们囿于学科隔阂往往仅就其中一两个方面进行讨论。有的学者侧重研究共享发展理论,如萨伊的“三位一体”学说、威茨曼的分享经济理论、米德(1986)的四种共享模式、Neumann and Morgenstern(1944)的合作博弈理论、Porter and Kramer(2011)、Schmitt(2014)的创造共享价值理论;有的学者侧重研究社会治理理论,如奥斯特罗姆的多中心治理理论、波兰尼的生态政治理论和奥尔森的市场强化型政府理论。在国内,共享发展与社会治理的研究也多是分离进行。如吴宣恭(2016)、刘凤义(2016)虽对共享发展进行了系统研究,但较少论及共建共治问题;周红云(2016)虽对共建共享的社会治理格局进行了研究,但实际未论及共享发展。三是有些研究虽然从社会治理格局的角度将共建共治共享结合起来进行了探讨(夏锦文,2018;周进萍,2018),但多是偏重于宏大阐释,缺乏对乡村共建共治共享机制的系统研究成果。有鉴于此,本课题拟在大历史观下从地权演化的视角切入,运用理论逻辑、历史逻辑与现实逻辑相一致的方法,探究地权演化与乡村建设的互动关系,揭示乡村建设的内在规律;基于大量社会调查,运用理论分析、案例分析与实证分析相结合的方法,分析地权配置对乡村建设绩效的重要影响,论证乡村通过共建共治共享走上振兴之路的必要性与实现条件;立足于新时代人地关系变化与工农城乡关系调整,以乡村可持续发展与现代化为目标,系统地提出新型地权制度建构思路与乡村共建共治共享机制设计思路。通过本课题的研究，期望丰富和拓展中国特色乡村建设理论，并为破解中国乡村普遍存在的生产要素流失、农民主体缺位、内生动力不足以及政府或资本单边主导引致利益失衡、矛盾冲突等困境提供决策参考。

三 研究思路、内容与方法

（一）研究思路

1. 基本思路：本书从地权演化视角，瞄准土地这个利益焦点，探究政府、资本与农民的利益关系及其制度成因，揭示乡村建设的内在规律，提出一种“共建共治共享”的新思路。通过本书的研究，期望丰富和拓展中国特色乡村建设理论，为新型地权制度建构与乡村共建共治共享机制设计提供决策支持，防范乡村建设异化为“拆村运动”，防范乡村沦为资本追逐利润最大化的工具。具体如图 1-1 所示。

2. 研究对象：本书的研究对象是乡村建设。在对地权演化与乡村建设互动分析的基础上，着力回答“共建共治共享是什么、为什么与怎样实现”的问题。值得指出的是，本书研究的乡村建设，是适应时代语境而动态变化的，在当代中国近似于乡村振兴的含义，并非乡村振兴战略的一项“行动”；同时，由于主要从地权角度研究乡村建设，所以主要讨论与地权紧密相关的基于改善农民生活和生产条件进行的土地整治与旧村落更新以及相应的社区治理、生态保育和产业发展等问题。

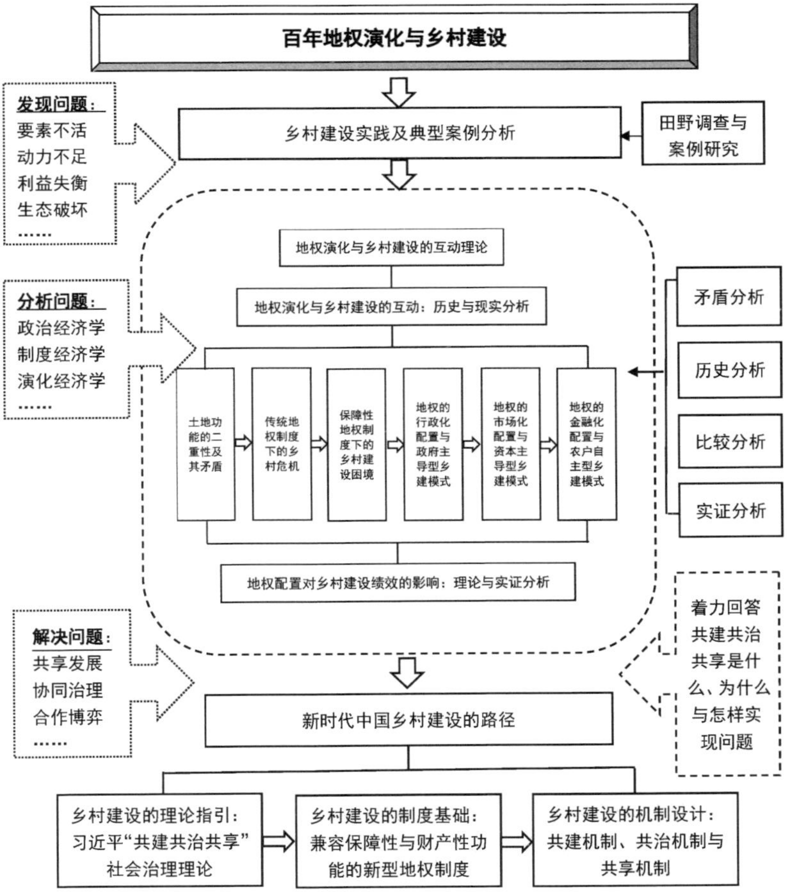

图 1-1 研究思路

3. 重点难点：① 阐明地权演化与乡村建设的互动机理，探究不同模式下政府、资本与农民的经济利益关系以及乡村的内在矛盾，揭示乡村建设的内在规律。② 提出新型地权制度的建构思路，既让市场机制发挥的作用更大，更好地促进乡村生产力发展，又能守住公平正义的底线，不让农民遭受资本剥夺和流离失所，不出现滥占耕地与生态破坏现象。③ 破解乡村共建共治共享机制设计的系列难题：在乡村空心化、老弱化的情况下，如何发挥农民的主体作用？如何规制资本的张力，避免乡村沦为资本追逐利润最大化的工具？如何创新农民合作的组织机制，实现“弱者的联合”和“资本与农户的合作”？

4. 主要目标：① 通过实地调查，掌握乡村建设的最新进展情况，摸清运作模式与机制，找准问题与症结。② 通过理论分析，阐明地权演化与乡村建设的互动机理，揭示不同模式下政府、资本与农民的利益关系及其制度成因，探求乡村建设的内在规律。③ 以乡村可持续发展为目标，提出新型地权制度建构与乡村共建共治共享机制设计的思路，破解乡村建设面临的悖论及系列难题。

（二）研究内容

本书遵循“发现问题→分析问题→解决问题”的思路展开研究，在叙述上则按照从抽象到具体、理论与实践相结合的范式设计研究框架，主要包括九章内容：

第一章：导论。包括：本书背景与意义，文献综述，研究思路、内容与方法，可能的创新与不足。

第二章：核心概念与理论基础。主要包括两节内容：第一节对本书涉及的两个核心概念“地权”与“乡村建设”进行界定；第二节对本书涉及的主要理论包括产权经济理论、城乡关系理论和共享发展理论进行梳理和介绍。

第三章：地权演化与乡村建设的互动：理论分析。本章试图构建一个地权演化与乡村建设的理论分析框架，为后文的分析奠定理论基础。包括四节内容：第一节综合借鉴马克思与诺思的制度演化理论构造一个乡村建设的演化模型;第二节运用该模型分析乡村建设的本质;第三节和第四节进一步运用该模型分析乡村建设诸因素对乡村地权演化的影响,以及乡村地权对乡村建设绩效的影响。

第四章:地权演化与乡村建设的互动:历史分析。本章主要从历史逻辑考察地权演化与乡村建设的互动关系。包括三节内容:第一节对中国乡村地权的历史演化进行分析,为理解新中国保障性地权制度的形成与演化奠定历史基础;第二节对民国时期传统地权制度下的乡村建设运动进行分析,得到"乡村建设运动的历史局限性之一是没有变革传统地权制度"的结论;第三节对保障性地权制度下的新农村建设进行分析,得到"社会主义新农村建设的局限性之一是没有变革保障性地权制度"的结论。通过本章研究,可以从历史视角看到乡村地权对乡村建设绩效的重要影响以及基于应对乡村问题而引致的乡村地权演化逻辑。

第五章:地权演化与乡村建设的互动:现实分析。本章主要从现实逻辑考察地权演化与乡村建设的互动关系。现有研究对土地产权制度的变迁多是宏大叙事,缺乏对改革开放以来 40 多年在保障性地权制度框架下土地发展权生成与配置模式适应性演化的细致研究,第一节拟对此方面的研究空白加以填补,详细考察保障性地权制度下土地发展权的生成与演化过程。不同的土地发展权配置模式,导致相关参与者的利益关系不同,博弈策略不同,形成不同的美丽乡村建设模式,面临不同的矛盾和问题,最终导致差异化的美丽乡村建设绩效,由此又推动着土地发展权不断动态演化,形成多样性的土地发展权配置模式与美丽乡村建设模式;第二节拟对中国各地实践中涌现出的三种典型土地发展权配置模式以及相应的美丽乡村建设模式进行具体分析,发现随着保障性地权制度向财产性地权制度的渐进演化，地权配置与乡村建设呈现出“地权的行政化配置与政府主导型乡建模式→地权的市场化配置与资本主导型乡建模式→地权的金融化配置与农户自主型乡建模式”的动态协同演化特征，市场及农户在地权配置与乡村建设中的作用逐步增强；第三节，基于农户福利视角对三种美丽乡村建设模式的效果进行实证分析与比较，发现农户自主型乡建模式下农户综合福利改善最多，应顺应地权与乡村建设的演化规律，倡导农户自主型乡建模式，并发挥好政府与资本在美丽乡村建设中的积极作用。

第六章：土地发展权配置对乡村建设绩效的影响分析。本章主要运用理论与实证相结合的方法分析土地发展权配置对乡村建设绩效的影响。现有研究成果主要集中于家庭联产承包责任制、城乡二元土地制度、土地流转或土地要素市场化改革对乡村发展的影响方面，缺乏对保障性地权制度下不同地权配置模式的影响研究。本章拟基于空间配置的视角从中国实践中提炼出“转移型、保留型、拓展型”三种典型的土地发展权配置模式，从理论上分析三种地权配置模式对乡村建设绩效的影响，并通过典型案例分析的方式从经验上加以佐证，然后构建乡村建设绩效评价指标体系，进一步进行实证检验，以期从土地发展权配置角度对乡村建设绩效差异给出科学解释，为深化乡村地权制度改革提供决策支撑。

第七章：乡村共建共治共享的理论与实践创新。本章旨在回答“什么是共建共治共享”“乡村为什么要共建共治共享”以及“乡村共建共治共享需要具备什么条件”三个问题。为此，首先对习近平“共建共治共享”社会治理理论进行阐释，然后回答乡村共建共治共享的必要性与实现条件，最后以典型案例从经验上阐明普通乡村在特定的经济（城市化发展到一定高度）与制度（城乡融合体制与新型地权制度）条件下通过共建共治共享走上振兴之路的现实可行性。

第八章：新型地权制度与乡村共建共治共享机制设计。本章将基于前文的分析研究，立足于新时代人地关系的变化与新型工农城乡关系的调整，以乡村的可持续发展与现代化为目标，系统地提出新型地权制度建构思路与乡村共建共治共享机制设计思路，期望为破解乡村建设面临的悖论及系列难题提供决策参考。

第九章：总结与展望。本章的主要任务是总结全文研究，归纳提炼出本书的主要结论或思想观点，同时对本书未来可以深化拓展的方向进行展望。

（三）研究方法

本书在研究过程中主要采用以下研究方法：

1. 矛盾分析法。将矛盾分析法贯穿于研究全过程，在对地权制度的演化分析中，从土地功能的二重性及其矛盾出发，分析不同地权安排对乡村建设的影响，在问题倒逼下推动着地权制度的渐进演化；在乡村建设的研究中，抓住政府、资本与农民之间的利益矛盾这个重点进行分析，提出设计一套简便务实管用的共建共治共享机制，促进乡村可持续发展。

2. 历史分析法。在对地权制度演化与乡村建设的互动关系分析中，按照理论逻辑、历史逻辑与实践逻辑相一致的方法，运用制度变迁与演化理论进行理论分析、历史分析与现实分析。

3. 比较分析法。从农户福利的视角，对政府主导型、资本主导型、农户自主型的美丽乡村建设模式进行比较研究，分析不同美丽乡村建设模式的农户福利差异及原因；从乡村建设绩效的视角，对转移型、保留型和拓展型三种典型的土地发展权配置模式进行比较研究，分析不同土地发展权配置模式下的乡村建设绩效差异及原因。

4. 案例分析法。分别从东部、中部和西部地区选取乡村建设的典型案例进行实地调查，通过案例的深入剖析，发现问题、总结经验，探寻乡村建设的内在规律；对通过共建共治共享走上乡村振兴之路的明月村、鲁家村，进行实地调查研究，通过典型个案的分析阐释乡村共建共治共享路径的现实可行性。

5. 实证分析法。在分析地权配置对乡村建设绩效的影响时，通过实地调查采集农户问卷数据 1 006 份，建立乡村建设绩效评价指标体系，运用模糊综合评价法、双重差分模型、双向固定效应模型、熵权法等进行计量分析及稳健性检验；在分析不同美丽乡村建设模式的农户福利差异中，运用实地调查获取的数据资料，建立农户福利评价指标体系，运用模糊综合评价法和灰色关联分析法等进行计量分析。

四　可能的创新与不足

（一）可能的创新

1. 研究视角的创新

学术界有关乡村建设的研究成果丰硕，但从地权演化的角度对乡村建设中的主体关系及治理机制进行系统研究的成果不多，尤其是将共建共治共享“三者一体”合成起来进行研究并运用于乡村建设研究的成果更少。有鉴于此，本书将地权演化、共建共治共享与乡村建设结合起来研究，在大历史观下从地权演化的视角切入，在揭示地权演化与乡村建设的互动关系基础上，分析乡村共建共治共享的必要性与实现条件，提出新型地权制度与乡村共建共治共享机制设计的思路，通过多学科交叉融合，在一定程度上拓展了乡村建设研究的视域。

2. 学术思想的创新

本书以马克思主义政治经济学为指导，合理吸收西方产权经济理论、制度演化理论、协同治理理论等有益成果，从城乡关系、乡村地权与乡村建设的互动关系、多元主体利益关系等方面丰富和拓展了中国特色乡村建设理论，形成了以下四个方面的学术思想。

第一，乡村建设应有大历史观和大发展格局。乡村问题不是一个孤立存在的问题，它内生于中国上百年工业化、城市化与现代化转型的过程中，从根本上取决于社会生产力的发展状况，内嵌于工业与农业、城市与乡村、国家与农民、政府与市场等一系列社会关系与结构之中。乡村建设应避免就乡村问题而讨论乡村问题，落入“技术化”“内卷化”陷阱，应顺应社会生产力的发展要求，遵循工业化、城市化和现代化转型的发展规律，既不消极等待也不急躁冒进，以历史的耐心，在对工农与城乡关系、国家与农民关系、政府与市场关系动态调整的过程中加以系统解决。

第二，乡村建设必须适应性变革乡村地权制度。民国时期的乡村建设运动是改良式的，没有变革地权制度，没能触动乡村社会结构，没能发动农民广泛参加，没能从根本上改变乡村贫困落后的面貌。中国共产党成立后，抓住乡村地权这个关键“锁钥”，先后领导了土地革命时期、抗日战争时期、解放战争时期的地权变革，发动农民广泛参与，乡村社会发生了翻天覆地的变化。新中国成立后，长期受赶超主义、工业化优先、城市化偏向以及城乡二元体制的影响，特别是伴随着农业的社会主义改造，中国逐步建构起了独特的保障性地权制度，虽对低成本快速推进工业化和城市化发挥了重要作用，但也是导致乡村相对于城市日新月异发展而日渐衰退的重要原因。改革开放后，中国在统筹城乡发展、城市反哺农村方面采取了一系列政策措施，但城乡发展差距不仅没有缩小反而拉大，主要原因是没有变革保障性地权制度，破除城乡二元体制的束缚。历史经验表明，实现乡村振兴，必须变革保障性地权制度，赋予乡村与城市平等的发展权利，为乡村现代化转型提供支撑。

第三，乡村地权与乡村建设具有内在的互动共演关系。土地是乡村社会最重要的生产资料，地权安排是乡村生产关系的核心。从根本上讲，乡村地权取决于乡村生产力的发展水平，并随着乡村生产力的不断发展而适应性演化；同时，乡村地权对乡村生产力发展有重要的阻碍或促进作用。乡村地权演化的基本逻辑可以概括为：外部环境变化引起技术变化，技术变化引起生产关系变化，生产关系变化最终引起地权制度变化；地权制度变化反过来又引起生产关系变化，生产关系变化进一步作用于技术，技术变化再引起外部环境变化。在同一的地权制度安排下，会形成不同的地权配置模式。地权配置模式不同，相关参与者的利益关系不同，博弈策略不同，形成不同的乡村建设模式，面临不同的矛盾和问题，最终导致差异化的乡村建设绩效，由此又推动地权不断动态演化。在保障性地权制度下，土地发展权配置与美丽乡村建设呈现明显的协同演化特征，即“地权的行政化配置与政府主导型乡建模式→地权的市场化配置与资本主导型乡建模式→地权的金融化配置与农户自主型乡建模式”。在多重力量的推动下，乡村地权呈现从保障性向财产性方向演化的趋势，但在较长时期内会稳定为一种兼顾保障性与财产性功能的复杂地权结构，地权分置、地利共享、价值形态的发展权交易和实物形态的使用权有条件流转可能成为新型地权制度建构的重点。

第四，新型地权制度为乡村共建共治共享奠定制度基础。政府、市场与农民关系是百年乡村建设面临的最大困惑。“号称乡村运动而农民不动”，民国时期以知识分子为主推动的乡村建设运动没能激活农民的主体意识，这是导致运动变得“无声无息”的重要原因。在当代中国的乡村建设实践中，农民主体意识仍然没有很好地激活，主要原因是在地权残缺的制度条件下地方政府或社会资本沿循单边治理的思维，在乡村建设中唱“独角戏”，挤压了农民自主作为的空间，消解了农民的主体意识。乡村建设的本质是通过生产方式变革与生产关系调整，走出中国乡村普遍存在的要素流失、农民主体缺位、内生动力不足以及政府或资本单边主导引致利益失衡和矛盾冲突的困境。习近平“共建共治共享”社会治理理论，为新时代中国乡村建设走出一条“共建共治共享”的新路提供了理论指引。新型地权制度为促进城乡要素优化组合、提升农民可行能力和激励多元主体共建共治共享提供了制度条件。新时代实施乡村建设行动，关键是抓住城市化带动消费升级的历史机遇，建立城乡融合体制和新型地权制度，形成一套可操作的共建共治共享机制，让城市化辐射到的乡村以市场方式率先振兴起来，同时把节约的财力转移给城市化辐射不到的乡村进行保底建设。

3. 学术观点的创新

本书提出了一些较有价值的学术观点，主要包括：

第一，乡村建设的演化模型。乡村社会是一个耗散结构的复杂系统。其内部系统由生产力、经济基础和上层建筑三个子系统以及技术、资源、产权、分配、制度和文化六个关键因素构成，各系统间及诸因素间存在着复杂的交互影响关系；其外部环境主要由国内环境、国际环境以及一些不可控因素构成，国内环境中最重要的是城市因素的影响，城乡关系对乡村社会有着重要影响，国际环境以及自然灾害、战争、瘟疫等不可控因素也对乡村社会有着直接或间接的影响。乡村社会内部系统与外部环境之间也不断进行着物质与能量的交换。乡村建设绩效是乡村社会内外系统诸因素长期交互影响与作用的结果。

第二，乡村建设的本质。乡村建设归根结底可以理解为乡村生产力与生产关系的矛盾运动，通过乡村生产力与生产关系的互动演化，最终从传统乡村转型为现代乡村。乡村建设，一方面需要引入市场机制解决要素不活、动力不足等难题，另一方面资本逐利性带来的无限张力可能造成利益失衡、危害生态安全等风险，设计一种共建共治共享机制至关重要，共建机制解决乡村生产力“蛋糕”做大的问题，共享机制解决“蛋糕”分配的问题，是乡村生产关系调整的根本目的，共治机制解决“蛋糕”分配规则的问题，是分好“蛋糕”的制度保障。

第三，土地功能的二重性及其矛盾。土地功能具有二重性，土地功能的保障性与财产性处于既相互依存又相互矛盾的关系当中。一方面，二者相互依存。土地的保障功能是财产功能的物质承担者，如果土地没有保障功能，它对人而言就是无用之物，也就不存在基于人的需要而产生的土地交易收益；反过来，如果土地不能通过交易为产权人带来财产收益，它就是普通的有用物，从土地产权人利益最大化的角度来看，将面临功能性收益损失。另一方面，二者又相互矛盾。土地产权人要么占有土地用于农业生产或作为生活场所，要么将土地出售、出租或抵押而获取财产性收益，任何人不能在同一时空内既拥有土地的保障功能又拥有土地的财产功能。土地功能的二重性及其矛盾，是理解乡村地权制度演化的逻辑起点；乡村地权制度的安排，实质是对土地保障性与财产性功能的取舍或兼顾。

第四，土地发展权的生成与演化及其配置效应。现有研究对地权制度的变迁多是宏大叙事，缺乏对保障性地权制度下土地发展权生成与配置模式适应性演化的细致研究，本书详细分析了保障性地权制度下土地发展权的生成与演化过程；现有地权制度对乡村发展的影响研究主要集中于家庭联产承包责任制、城乡二元土地制度、土地流转或土地要素市场化改革方面，缺乏对保障性地权制度下不同土地发展权配置模式的影响研究，本书基于中国实践首次总结提炼出“转移型、保留型、拓展型”三种典型的土地发展权配置模式，基于农户认知视角构建了乡村建设绩效评价指标体系，通过理论、案例与实证相结合的方法分析了三种地权配置模式对乡村建设绩效的影响，并得出土地发展权配置正向影响乡村建设绩效的结论。

第五，新型地权制度与乡村共建共治共享机制设计。地权残缺是乡村建设利益失衡的重要原因。兼顾保障性与财产性功能的新型地权制度，是落实农民主体地位、保障农民利益、促进城乡要素优化组合、形成乡村共建共治共享的制度基础。新型地权制度建构，应遵循乡村地权与乡村建设互动共演的规律，保持历史耐心，精准把握新发展阶段中国城乡结构与人地关系的变化特征，以地权分置、地利共享、价值形态的发展权交易和实物形态的使用权有条件流转作为重点，对不同群体的土地利益诉求加以理性观照。据此，本书从建立土地发展权配置制度、探索集体土地“三权分置”实现形式、推进集体经营性建设用地入市、完善耕地保护制度、联动社保与财税等相关制度改革五个方面创新性提出了新型地权制度建构思路；同时，从产业兴旺共营机制、生态宜居共建机制、乡风文明共育机制、农民权利保障机制、政府权力约束机制、资本张力规制机制、土地收益共享机制、产业收益共享机制、生态收益共享机制九个方面创新性提出了乡村共建共治共享机制的设计思路。

4. 研究方法的创新

首先，本书运用理论逻辑、历史逻辑与实践逻辑相一致的研究方法，较为系统地分析了乡村地权与乡村建设的互动共演关系，在一定程度上揭示了乡村建设的内在规律。其次，坚持“把论文写在祖国大地上”，深入四川、贵州、河南和浙江四省实地调查村庄 27 个，完成有效农户问卷调查 1 006 份，从中国实践中总结提炼出“保留型、转移型和拓展型”三种典型的土地发展权配置模式，通过理论分析、案例分析与实证分析相结合的研究方法，分析了不同土地发展权配置模式对乡村建设绩效的影响，为构建中国特色的土地发展权配置制度提供了支撑。最后，基于明月村和鲁家村“共建共治共享”的创新实践，按照从具体到抽象、从特殊到一般的研究方法，通过多学科交叉融合，对习近平总书记关于“共建共治共享”的重要论述进行了学理化阐释，并将理论成果应用于实践，创新性提出了乡村共建共治共享的实现路径。

（二）不足之处

本书还存在着一些不足：一是本书所提以共建共治共享助力乡村建设的思路，需要具备一定条件，即乡村具有一定的交通、区位或资源环境禀赋优势，有社会资本愿意入乡投资或地方政府愿意选其作为示范试点，缺乏优势的传统农区乡村很难引入社会资本或政府力量通过共建共治共享走上振兴之路，这类村庄该何去何从，本书未作深入探讨。二是本书虽然在一定程度上揭示了中国乡村建设的内在规律，也从城乡关系、乡村地权与乡村建设的互动关系、多元主体利益关系等方面丰富和拓展了中国特色乡村建设理论，但由于能力所限，本书对中国乡村建设内在规律的把握还不够准确全面，也未能构建起完善的中国特色乡村建设理论体系。三是本书虽然尽力想办法减少调查数据的误差，但相信依然存在数据误差问题，可能会对实证分析的可靠性产生影响。四是本书可能在语言表述和文献引用等方面存在错漏之处。不足之处，恳请同行专家谅解并不吝赐教。

第二章

核心概念与理论基础

本章首先对书中涉及的两个核心概念——“地权”与“乡村建设”进行内涵界定，以避免不必要的认知分歧；接着，对书中涉及的主要理论——产权经济理论、城乡关系理论与共享发展理论按照马克思主义与西方范式分别进行简要介绍，为后文研究奠定必要的理论基础。

一 核心概念

（一）地权

地权有广义和狭义之分。广义的地权，是治权、身份权与产权的三合一。由于土地的公共性，土地在进入市场交易时就存在着根本的障碍，这种障碍体现为对于占用资格的重重设定，比如对于什么人可以成为农民就有限定，这种限定可能是传统的社区身份，也可能是现代的技术资格或者资本条件，进一步，对于这些资格条件是谁来定的，是怎么定的，又是怎么执行的，也是要害的问题，是一个国家根本的政治问题。因此，地权不仅有可交易的产权之义，还有交易资格的身份权以及设定和执行这些规则的国家治权之义（熊万胜、毕菲荣，2018）。

狭义的地权，即土地产权的简称，包括土地所有权以及由土地所有权衍生出的占有权、使用权、处分权和收益权等权能组成的权利束。经济学多从这个角度定义地权。马克思指出，“一些人垄断一定量的土地，把它作为排斥其他一切人的、只服从自己私人意志的领域”。[①] 这不仅

---

① 马克思.资本论（第3卷）[M].北京：人民出版社，2004：695.

表明了土地所有权的排他性，而且表明了土地客体的归属关系。这就是说，不管土地权能有多少，也不管土地权能的分离组合关系如何，土地客体在法律上或意志上最终都属于土地所有权主体所有，所有者可以按其私人意志支配和利用土地。简言之，土地所有权就是土地的排他的独立的一切权利。

土地占有权，是指根据所有者的意志和利益，从所有权中分离出去，由非所有者拥有的事实上的控制权，是除终极所有权之外的一切权利，包括对土地的使用、处分和收益等权利。土地使用权是土地使用者根据一定规则对土地实际利用的权利，比如农民可以利用宅基地建造房屋用于居住，它是从所有权派生出来的一种重要权能，但使用者如何利用土地则受到所有者意志的一定约束。土地处分权是指土地所有权人或使用权人决定怎样安排、处分土地的权利，比如土地所有权人享有决定土地是自用、出租、出让还是抵押的权利，土地使用权人享有决定土地是耕种玉米、水稻还是小麦的权利。土地处分权可以分为最初处分权和终极处分权，享有终极处分权的只能是土地所有权人。土地收益权，是指土地产权人根据自己享有的权能而获取收益的权利，比如所有者凭借所有权享有获取地租的权利，使用者凭借使用权享有获取经营利润的权利。

在法学界，地权常常表述为物权。物权分为自物权和他物权，自物权是指所有权，他物权是指从所有权分离出的用益物权和担保物权（龙登高，2018）。用益物权，是指使用和收益的权利；担保物权，主要是指抵押权和质权。土地是否能够抵押与担保，是判断土地财产属性的重要标志。从学科的通约性看，法学界的他物权类似于经济学界的占有权。通过特定的制度安排，同一块土地可以由不同的产权主体共享。例如，中国古代的“田面权”和“田底权”，田底权主凭借土地所有权而获取地租，田面权主则享有土地使用、收益和抵押等其他权利，田面权主可以将土地拿去抵押，所有权人、占有权人、抵押权人通过订立契约明确各自权益，此时一块土地由三方共享产权，各自获得不同层面的土地权利（龙登高，2018）。

除了土地实物形态的权利，还存在土地价值形态的权利，即土地发展权。土地发展权（Land Development Right），是指变更土地用途或提高土地集约利用程度的权利（吕云涛，2016）。1947 年，英国在《城乡规划法》中创设了土地发展权制度，目的是基于公共利益的需要去实现国家和土地所有者之间关于土地开发和资源保护之间的平衡（王育红、刘文海，2017）。之后，土地发展权制度被美国、法国、德国等引入，并结合本国实际作了本土化改造，在应对工业化和城市化快速发展而带来的环境污染、耕地锐减、文化遗产保护等问题方面发挥了重要作用。近年来，中国开展的城乡建设用地增减挂钩、"地票"交易实践也被一些学者阐释为"土地发展权的转让"（张占录等，2019）。

最后，需要说明的是，本书所讲地权，主要遵循经济学对土地产权的界定逻辑，并包含土地实物与价值两种形态的权利。而且，出于对乡村建设的研究目的，我们将研究范围主要限定在乡村地权。

（二）乡村建设

"乡村建设"的话语有着特殊的时代背景。自 1840 年鸦片战争以来，中国面临"千年未有之大变局"，内忧外患，民不聊生，国家始终处于动乱之中，到 20 世纪二十年代北伐战争结束，"经济破坏，已达极点”,[1]然“有此非常之破坏,则不可无非常之建设,是革命之破坏与革命之建设,必相辅而行,犹人之二足鸟之双翼也”。[2] 孙中山先生基于时局判断提出革命破坏之后进行建设的紧迫性,并于 1919 年 8 月 1 日亲自创办了《建设》杂志。他在发刊词中指出,创办杂志是为了“鼓吹建设之思潮,展明建设之原理”,建设成为世界最富强、最快乐的国家。此后,建设的浪潮涌起于中国,得到社会各界的广泛认同,成为 20 世纪二三十年代最富感召力的时代话题。

当中国被迫卷入西方国家主导的现代化体系之后,乡村自然难以幸免,“农业衰落、农村凋敝、农民破产”成为 20 世纪二三十年代中国乡村危机的集中体现,其时的乡村危机是一种普遍贫困化的危机和极为严重的全面性崩溃。正是在这样的背景下,以晏阳初、梁漱溟等为代表的一大批知识分子上山下乡,掀起近现代以来中国历史上第一次“乡村建设运动”。据王先明等人(2021)考证,“乡村建设”一词最早由卢作孚在 1929 年 10 月《乡村建设》一书中提出,但遗憾的是他没有对“乡村建设”的含义进行明确界定;对“乡村建设”的含义作出系统论述的是梁漱溟,他指出:“救济乡村便是乡村建设的第一层意义;至于创造新文化,那便是乡村建设的真意义所在。”[3]“所以乡村建设,实非建设乡村,而意在整个中国社会之建设,或可云一种建国运动。”[4]王先明等通过对百年乡村建设思想的共性考察,将乡村建设的含义界定为“以乡村为本位(或重点),以民生为目标,以实现中国现代化和中华民族伟大复兴为使命的建设事业”。[5]

---

① 冯潸.建设问题与本党现状[J].革命评论,1928(12).

② 孙科.革命建设与民生主义[J].铁道公报,1929(05).

③ 梁漱溟.梁漱溟全集(第 1 卷)[M].济南:山东人民出版社,2005:611.

④ 梁漱溟.梁漱溟全集(第 2 卷)[M].济南:山东人民出版社,2005:158.

⑤ 王先明等.百年中国乡村建设的思想与实践论集[M].北京:商务印书馆,2021:40－49.

新中国成立后，特别是进入21世纪以来，党中央相继提出“社会主义新农村建设”“美丽乡村建设”“乡村振兴战略”，尽管三者提法不同，含义随着时代语境也有所变化，但从主题来看，都是破解“三农”问题、推进城乡发展一体化，所以三者的含义是一脉相承、同根同源的。进一步从政策目标来看，社会主义新农村建设的目标是“生产发展、生活宽裕、乡风文明、村容整洁、管理民主”；《美丽乡村建设指南》(GB/T 32000－2015)按照“总则、村庄规划、村庄建设、生态环境、经济发展、公共服务、乡风文明、基层组织、长效管理”9个部分共21项量化指标对美丽乡村建设的标准化进行了规范；党的十九大依据社会主要矛盾的新变化，总结以往乡村建设的经验教训，高屋建瓴地提出实施乡村振兴战略，并将乡村振兴的目标凝练为“产业兴旺、生态宜居、乡风文明、治理有效、生活富裕”20字方针。从这些表述可以看出，国家在解决“三农”问题上不仅体现了政策的延续性，而且体现了认识的逐步深化、内涵的不断丰富以及目标的渐进提升。比如，美丽乡村是基于国家生态文明建设战略，针对乡村日益严重的生态环境问题，响应党的十八大“建设美丽中国”以及习近平总书记“中国要美，农村必须美”的号召于2013年中央一号文件提出的(韩喜平、孙贺，2016)，但不应将美丽乡村狭义地理解为生态乡村，美丽乡村不只限于视觉上的山清水秀、环境优美，而应是“内外兼修”，既包括乡村的生态之美，也包括乡村的经济、文化、社会和治理之美，美丽乡村实际上是内含了生态文明要求的社会主义新农村的升级版。再如，乡村振兴战略相较于社会主义新农村建设的目标要求，除了“乡风文明”之外，经历了“生产发展→产业兴旺”“村容整洁→生态宜居”“管理民主→治理有效”“生活宽裕→生活富裕”的过程，均实现了目标要求的提升和与时俱进。

综上所述，自1840年鸦片战争算起，在中国已历的180余年现代化建设进程中，乡村建设的话题被反复提出，表明在中国这样一个土地资源紧缺、乡村人口众多的国家，乡村社会的现代化建设是多么艰难！尽管经过改革开放40多年的建设，中国已从百年屈辱中崛起成为世界第二大经济体，但并没有彻底改变在国际经济分工中的劣势地位，乡村发展不充分、城乡发展不平衡问题已成为中国社会的最主要矛盾，乡村现代化已成为中国开启全面现代化新征程面临的重点和难点任务。从这种意义上看，乡村现代化实现之日即是中国全面现代化建成之时。因此，党的十九大明确提出实施乡村振兴战略，其最终目标就是实现乡村的现代化。可见，虽然乡村振兴与乡村建设用语不同，但从“实现中国现代化和中华民族伟大复兴”的历史使命来看，二者并没有本质上的区别。

二　理论基础

（一）产权经济理论

1. 马克思主义产权经济理论

在经济思想史上，“马克思是第一位有产权理论的社会科学家”。[①] 吴易风（2007）经检索发现，在《马克思恩格斯全集》中，与产权

① S. Pejovich. Karl Marx, Property Rights School and the Process of Social Change[M]. In Karl Marx's Economics: Critical Assessments, ed. by J. C. Wood, London: Croom Helm Ltd, 1988, vol. VI, p.240.

(property rights)相关的名词出现的次数相当多,其中:"财产关系"出现 74 次,"财产权"出现 42 次,"产权"出现 77 次,"所有权"出现 1 284 次,"占有权"出现 60 次,"使用权"出现 50 次,"支配权"出现 116 次,"经营权"出现 4 次。他指出,那种认为"马克思只有所有制理论而没有产权理论"的观点是严重误读,马克思不仅详尽剖析了资本主义生产方式以及和它相适应的生产关系,而且全面剖析了作为资本主义生产关系法律表现的资本主义财产关系,构建了产权理论大厦的主体工程。马克思主义产权理论的要点如下:

(1) 产权与所有制的关系。马克思论证了产权与所有制的关系,指出"财产关系……只是生产关系的法律用语"。[①] 认为生产关系是在物质资料的生产过程中形成的以物为媒介的人与人之间的社会关系,生产资料所有制是生产关系的前提和基础,决定着一个社会的性质。生产资料的私人占有,必然带来生产资料所有者之间以及他们与劳动者之间的矛盾。为此,生产资料所有者往往通过建立国家和制定法律等手段来维护自身利益。所有制是生产资料归谁所有的经济制度,所有权是所有制的法律形态,是私有制产生和保护私有财产的法律出现后的产物。产权是历史的,国家消亡后,所有权随之消失,而所有制会继续存在。因此,经济关系决定产权关系,产权关系随着经济关系的变化而变化。

(2) 产权各项权能的统一与分离。产权是包含着所有权、占有权、使用权、支配权、经营权、索取权等一系列财产权利的集合。产权包含的这些权能既可以统一,全属于同一主体,也可以分离和组合,分属于不同主体。马克思详细分析了包括劳动力所有权与使用权、土地

① 马克思恩格斯全集(第 13 卷)[M].北京:人民出版社,1962:8－9.

所有权与经营权、资本所有权与使用权等产权统一与分离的情形，深刻揭示了产权关系背后的生产关系与阶级关系。在劳动力成为商品，发生了劳动力所有权与使用权分离之后，马克思一针见血地指出："产权对于资本家来说，表现为占有别人无酬劳动或产品的权利，而对于工人来说，则表现为不能占有自己的产品。"①在考察资本主义农业时，马克思也详细分析了土地所有权与经营权分离的情形，揭示了土地所有者、租地农场主与农业雇佣工人之间的阶级关系。马克思还通过分析资本所有权与使用权的分离、借贷资本家与职能资本家的关系、股份公司发展中职业经理与股东的关系，深刻揭示了资本所有者的寄生性、腐朽性和资本主义私有制必然被取代的历史趋势。

(3) 产权制度对经济效率的影响。马克思认为产权制度对经济效率有着重要影响，但他不是抽象地讨论产权制度的效率，而是根据生产关系要适合生产力性质与发展要求的客观规律来进行历史的分析。他指出："社会的物质生产力发展到一定阶段，便同它们一直在其中活动的现存生产关系或财产关系（这只是生产关系的法律用语）发生矛盾。于是这些关系便由生产力的发展形式变成生产力的桎梏。"②马克思一方面肯定了私有产权制度取代原始公有产权制度的进步意义以及资本主义私有产权制度对生产力的巨大促进作用，另一方面又论证了随着生产力与生产社会化程度的高度发展，资本主义私有产权制度对生产力发展的阻碍作用以及被社会主义公有产权制度取代的必然性。同时，进一步指出，进入共产主义社会，因为消除了劳动者与生产资料所有者之间的对立，劳动者获得了自由全面的发展，极大地激发了劳动积极性，加之生产的计划性、组织性能够

① 马克思恩格斯全集（第23卷）[M].北京：人民出版社，1972：640.
② 马克思恩格斯全集（第13卷）[M].北京：人民出版社，1962：8－9.

克服资本主义生产的无政府状态，所以公有产权制度有利于提高经济效率。

2. 西方产权经济理论

科斯被誉为西方产权理论的奠基者。他在1937年发表的《企业的性质》中提出的“交易成本”概念为西方产权理论的形成奠定了基础；他在1960年发表的《社会成本问题》被公认为西方产权理论的经典之作，文章的核心思想被施蒂格勒、威廉姆森、张五常等概括为“科斯定理”。此后，阿尔钦、德姆塞茨、威廉姆森、张五常、诺思等进一步丰富和发展了西方产权理论，从而成为现代西方经济学中很有影响的经济思潮。西方产权理论的要点如下：

(1) 产权的定义。科斯虽被誉为西方产权理论的奠基者，但在其论文中并没有清晰地界定过产权的概念，只是在一次采访时说，产权是指一种人们所享有的权利。德姆塞茨在《关于产权的理论》中指出：“产权是一种社会工具，其重要性就在于事实上它们能帮助一个人形成与其他人进行交易时的合理预期。这些预期通过社会的法律、习俗和道德得到表达。……要注意的很重要的一点是，产权包括一个人或其他人受益或受损的权利。”[①]埃瑞克·G.菲吕博腾、斯韦托扎尔·平乔维奇在《产权与经济理论：近期文献的一个综述》中认为：“产权不是指人与物之间的关系，而是指由物的存在及关于它们的使用所引起的人们之间相互认可的行为关系。”[②]平狄克和鲁宾费尔德则认为：产权是“描述人们或厂商可以对他们的财产做什么的

---

① 罗纳德·H.科斯等.财产权利与制度变迁——产权学派与新制度学派译文集[M].上海：格致出版社，上海三联书店，上海人民出版社，2014：71.

② 罗纳德·H.科斯等.财产权利与制度变迁——产权学派与新制度学派译文集[M].上海：格致出版社，上海三联书店，上海人民出版社，2014：148.

法律规则。”[①]尽管这些学者对产权的定义不尽相同，但从本质特征来看，产权无非是产权主体对财产所享有的权利，这种权利由所有权及其派生出的一系列权能包括占有权、使用权、处分权、收益权等组成。产权主体可以享有财产的全部权能，谓之完整产权，也可以只享有一项或几项权能，谓之残缺产权。简言之，“产权是一系列权能的组合”（于鸿君，1996）。

(2) 科斯定理。科斯定理是西方产权理论的核心，它主要讨论产权界定与经济效率的关系。科斯定理有许多表述，约瑟夫·菲尔德（2002）把科斯定理划分为三个层次，或称三个定理。科斯第一定理：在交易成本为零的情况下，权利的初始界定不重要。科斯第二定理：当交易成本为正时，产权的初始界定有利于提高经济效率。科斯第三定理：通过政府来较为准确地界定初始权利，将优于私人之间通过交易来纠正权利的初始配置。罗必良（2017）认为，理论界没有深刻理解科斯的思想，科斯对交易成本为零的假定，只是通往分析正交易成本的真实世界的起点，科斯定理不为了说明交易成本为零条件下效率与产权无关的结论，而是通过论证存在交易成本时产权制度对经济效率的影响进而强调产权的重要性。他把科斯定理的核心含义概括为：① 一旦交易成本大于零，产权就是重要的；② 不同的产权界定，隐含的交易成本是不同的；③ 尽管可以选择不同的交易方式，但只能消除部分而不是全部与权利初始配置相关的社会福利损失。因交易成本为正，产权交易的代价很高。要降低交易成本，必须寻求交易成本相对较低的产权制度安排。也就是说，如果产权初始界定导致较高的交易成本，就应该重新界定产权。④ 由于能

① 平狄克，鲁宾费尔德.微观经济学[M].北京：中国人民大学出版社，1997：524.

力不同，不同的产权主体使用同一资源的效率是有差异的，稀缺资源的产权应该配置给更有能力或更有利于降低交易成本的主体，这样才能降低交易成本，实现社会福利最大化。总之，科斯定理主要表明了产权界定或产权清晰对资源配置效率的重要性。

(3) 私有产权与公有产权的效率比较。西方产权理论一般认为私有产权有效率或效率高，公有产权无效率或效率低。他们认为，公有产权之所以效率低下，主要是公有产权会导致高昂的交易成本，无法克服外部性；同时，公有产权还会导致"公地悲剧"以及严重的偷懒问题。德姆塞茨在《关于产权的理论》一文中认为，"产权的一个主要功能是导引人们实现将外部性较大地内在化的激励"，[①]他根据产权制度是否能够为人们提供比外部性更大的内在激励来判断产权制度的效率。他运用这一标准，以土地财产为例，分析了私有制、共有制和国有制三种产权制度的效率，最后得出私有产权更有效率的结论。但正如田世野和李萍(2021)所说："西方产权理论的这种私有产权有效论和公有产权无效论，一方面源于西方的个人主义意识形态，另一方面则是由于该理论在方法论上的局限性。"因此，必须批判地借鉴西方产权理论的合理成分，对私有化的错误论调保持高度警惕。

（二）城乡关系理论

1. 马克思主义城乡关系理论

马克思指出："城乡关系一改变，整个社会也跟着改变。"[②]他认

① 罗纳德·H.科斯等.财产权利与制度变迁——产权学派与新制度学派译文集[M].上海：格致出版社，上海三联书店，上海人民出版社，2014：71.

② 马克思恩格斯选集(第1卷)[M].北京：人民出版社，1995：157.

为,城乡关系取决于社会生产力的发展水平,生产力的发展推动着人类生产方式与生活方式的变革,由此带动城乡关系不断演进。在人类社会发展中,城乡关系要依次经历城乡依存、城乡分离、城乡融合三个阶段。第一阶段是农村孕育城市,生产力的发展促进了城市的产生,但城市依存于农村而存在。第二阶段是工业革命推动城乡分离,导致城乡对立。马克思从产业分工的角度论证了城乡分离的必然性,认为城乡分离和对立是工商业劳动与农业劳动分工的必然结果,"一切发达的、以商品交换为媒介的分工的基础,都是城乡分离。可以说,社会的全部经济史,都概括为这种对立运动"。[①] 第三阶段是城乡融合,最终实现城乡发展一体化。恩格斯在学说史上率先提出"城乡融合"的概念,主张通过城乡融合来消除工农之间的阶级对立,实现发展成果的共享。斯大林把城乡发展一体化作为苏联经济建设的重要目标,提出城市和乡村应当有"同等的生活条件"[②]。

2. 西方城乡关系理论

早期的西方学者大多强调城乡关联发展。亚当·斯密认为,在遵循自然秩序的前提下,城市和乡村是相互依存、互惠互利的关系。他指出:"设使人为制度不扰乱事物的自然倾向,那就无论在什么政治社会里,城镇财富的增长与规模的扩大,都是乡村耕作及改良事业发展的结果,而且按照乡村耕作及改良事业发展的比例而增长扩大"。[③] 大卫·李嘉图注意到了工业收益递增而农业收益递减的城乡背离发展趋势,以农业为主要产业的农村会逐渐走向衰败,而城市在

---

① 马克思.资本论(第1卷)[M].北京:人民出版社,2004:408.

② 斯大林选集(下卷)[M].北京:人民出版社,1979:558.

③ 亚当·斯密.国民财富的性质及其原因的研究[M].郭大力,王亚南译.北京:商务印书馆,2002:348.

工业的推动下会得到很大进步，导致城乡发展水平以及城乡居民收入的巨大差距。[①]

二元经济理论的提出使城乡关系的研究由联系走向分离。阿瑟·刘易斯提出著名的“二元经济”理论，他把农村以自给自足的农业经济为核心的体系和城市以工业为重心的体系称为二元经济，指出发展中国家普遍存在二元经济现象，经济发展的过程实质上就是从二元经济向一元经济转化的过程。20 世纪 70 年代以后，一些学者开始批判城乡分割和城市偏重的理论倾向，城乡联系的观点得到重视。Cecilia Tacoli(1998)认为许多理论在探讨城乡关系时只看到了两者的分离而忽视了城乡之间的联系，研究了在不同的经济、社会和文化条件下，城乡相互作用的路径及二者联系的模式，形成了著名的“城乡连续体”理论。

（三）共享发展理论

1. 马克思主义共享发展理论

党的十八届五中全会提出的“共享发展”新理念，具有深厚的马克思主义理论渊源。经文献梳理，可将马克思主义共享发展理论的要点概括如下：

(1) 共享发展的价值追求：人的自由全面发展。到了共产主义社会，“通过社会化生产，不仅可能保证一切社会成员有富足的和一天比一天充裕的物质生活，而且还可能保证他们的体力和智力获得

---

① 斯拉法.大卫·李嘉图全集(第 1 卷).政治经济学及赋税原理[M].郭大力，王亚南译.北京：商务印书馆，2013：57 - 80，329 - 338.

充分的自由的发展和运用”。① 即是说，社会发展的目的，既要实现人的物质生活充裕，又要实现人的精神生活自由，是包括物质与精神在内的自由全面发展。

(2) 共享发展的制度保障：生产资料公有制。只有废除了私有制，才能“结束牺牲一些人的利益来满足另一些人的需要的状况；彻底消灭阶级和阶级对立；通过消除旧的分工，通过产业教育、变换工种、所有人共同享受大家创造出来的福利，通过城乡的融合，使社会全体成员的才能得到全面发展”。②

(3) 共享发展的物质基础：生产力高度发达。只有实现了物质财富的极大增长，才能为社会全体成员共享发展提供必要前提，强调要“尽可能快地增加生产力的总量”，③没有发达的社会生产力创造的丰裕的社会总产品，共享的结果只能是共同贫困。“劳动生产率，归根到底是使新社会制度取得胜利的最重要最主要的东西。”④

(4) 共享发展的实现机制：社会扣除与按劳分配。在马克思设想的社会主义社会里，共享发展是通过社会总产品的扣除和按劳分配实现的。他在《哥达纲领批判》中提出首先要从社会总产品中进行六项扣除，六项扣除体现的是全体社会成员组成的社会利益。他认为，与资本主义社会相比，社会主义社会用来满足教育、医疗、文化、保健等共同需要的费用会显著增加；为丧失劳动能力的人等设立的扶贫救助基金体现了共同富裕的原则（赵学清，2016）。在完成六项

---

① 马克思恩格斯选集（第 3 卷）[M].北京：人民出版社，2012：670.
② 马克思恩格斯选集（第 1 卷）[M].北京：人民出版社，2012：308－309.
③ 马克思恩格斯文集（第 2 卷）[M].北京：人民出版社，2009：52.
④ 列宁专题文集：论社会主义[M].北京：人民出版社，2009：151.

扣除后,“才谈得上在集体的各个生产者之间进行分配的那部分消费资料”。[①] 而消费资料的分配则应遵循按劳分配原则,以协调拥有不等劳动能力的劳动者个人和联合劳动者集体之间的利益关系。当过渡到共产主义社会后,全体社会成员就会通过“各尽所能、按需分配”的共享机制实现理想的共同富裕状态了。

2. 西方共享发展理论

在西方的语境中,更多使用“分享”一词。西方分享发展的思想最早可追溯至古希腊时期,柏拉图在《理想国》中描述了一个三个等级的人各司其职、正义和公道得以实现的理想国度,可以看作是分享思想的萌芽。亚里士多德提出要通过改良财富分配,实现社会公平正义。以康帕内拉、托马斯为代表的文艺复兴时期的人文主义者,提出“天赋人权”“人生来自由而平等”。启蒙时期,孟德斯鸠提出蕴含着追求自由平等和公平正义的主张。进入 19 世纪,空想社会主义者提出要建立一种共同劳动、平等分享劳动成果的制度。杜能在《孤立国》中认为,解决资本主义劳资矛盾的办法是改革工资制度,使工资与企业经营成效挂钩,通过分享制度使每个员工都成为资本所有者。

进入 20 世纪,美国掀起雇员持股运动。Carver(1925)认为,通过雇员持股可让更多的雇员成为资本所有者,有利于提高生产力,改善劳资关系。随着资本市场的繁荣与股份公司的日益普及,Johnston(1944)提出“人民资本主义”的概念,认为雇员持股给企业所有权关系带来革命性变化,宣扬“在美国人人都是资本家”。Kelso 和 Adler(1958)进一步将人民资本主义定义为一个全民资本家共同分享收益的无阶级社会,雇员不仅可以获得劳动报酬,而且还可以获得资本收

① 马克思恩格斯文集(第 3 卷)[M].北京:人民出版社,2009:433.

入。20世纪60年代人力资本理论的兴起，也为人力资本参与剩余价值分配提供了理论支撑。1984年，威茨曼出版了《分享经济：用分享制代替工资制》一书，成为现代分享经济理论的集大成者。他认为，资本主义经济运行中的滞胀问题产生于工资制度，提出把工人的工资与厂商经营的指数联系起来的分享制度。当经营环境不佳时，工资成本会自动下降，企业无须通过解雇员工来缓解压力，从而让分享制度发挥"内在稳定器"的作用。James E. Meade和Louis Kelso也是现代分享经济理论的代表人物。James E. Meade在《分享经济的不同形式》中对分享经济的具体形式进行了研究；Louis Kelso(1996)认为现代经济是资本和劳动共同创造财富的双因素经济，主张在美国企业中开展职工持股计划。公平正义理论的集大成者约翰·罗尔斯在《正义论》中强调了研究公正实现的重要意义，并分析了不同类型的正义及其性质。他指出要保证公民基本自由分配的平等，保证每个人都有平等的权利和机会去享受社会福利，而收入分配由于受到个人能力和自然因素的影响允许有所差别。罗纳德·德沃金在《认真对待权利》中认为政府有合理分配社会财产、实现资源平等、从而维护社会正义的责任。

第三章

地权演化与乡村建设的互动：理论分析

本章试图构建一个地权演化与乡村建设的理论分析框架，为后文的分析奠定理论基础。本章分为四节，第一节综合借鉴马克思与诺思的制度演化理论构造一个乡村建设的演化模型，第二节运用该模型分析乡村建设的本质，第三节和第四节进一步运用该模型分析乡村建设诸因素对乡村地权演化的影响，以及乡村地权对乡村建设绩效的影响。

一　乡村建设的演化理论

（一）制度演化理论述评

1. 关于制度演化的动力研究

马克思关于生产力与生产关系、经济基础与上层建筑的矛盾分析是迄今为止经济学说史上制度演化理论研究的最简洁、最深刻的表述。他指出："人们在自己生活的社会生产中发生一定的、必然的、不以他们的意志为转移的关系，即同他们的物质生产力的一定发展阶段相适合的生产关系。这些生产关系的总和构成社会的经济结构，即有法律的和政治的上层建筑竖立其上并有一定的社会意识形式与之相适应的现实基础。物质生活的生产方式制约着整个社会生活、政治生活和精神生活的过程。不是人们的意识决定人们的存在，相反，是人们的社会存在决定人们的意识。社会的物质生产力发展到一定的阶段，便同它们一直在其中运动的现存生产关系或财产关系（这只是生产关系的法律用语）发生矛盾。于是这些关系便由生产力的发展形式变成生产力的桎梏。那时社会革命的时代就到来了。随着经济基础的变更，全部庞大的上层建筑也或慢或快地发生变革。”[①]从他的论述可以看出，生产关系变革以及竖立于生产关系总和（经济基础）之上的上层建筑即制度（包括政治、法律等正式制度和文化、习俗、意识形态等非正式制度）变革的根本动力是生产力的发展，由于马克思常用技术进步表述生产力的发展，因此可以将技术进步理解为制度演化的根本动力。但是，马克思不是单向的“技术决定论者”，他在强调生产力作为生产关系变革根本动力的同时还认为生产关系对生产力的发展具有反作用。这种“反作用”在一定条件下会表现为“决定性作用”，毛泽东明确指出：“生产力和生产关系的矛盾，生产力是主要的；理论和实践的矛盾，实践是主要的；经济基础和上层建筑的矛盾，经济基础是主要的；它们的地位并不互相转化。这是机械唯物论的见解，不是辩证唯物论的见解。诚然，生产力、实践、经济基础，一般地表现为主要的决定的作用，谁不承认这一点，谁就不是唯物论者。然而，生产关系、理论、上层建筑这些方面，在一定条件之下，又转过来表现其为主要的决定的作用，这也是必须承认的。当不变革生产关系，生产力就不能发展的时候，生产关系的变更就起了主要的决定的作用。”[②]由此看来，生产力与生产关系或者说技术进步与制度演化之间实质是一种相互影响、制约和依存的对立统一关系。

诺思对制度变迁理论进行了更加精致和更加具体化的研究（钱忠好，2021）。他的制度变迁理论可简单概述如下：制度变迁源于外部环境的变化，当外部环境发生变化后，就会产生外部利润（按照马

---

① 马克思恩格斯选集（第2卷）[M].北京：人民出版社，1995：32－33.
② 毛泽东.毛泽东选集（第1卷）[M].北京：人民出版社，1991：325－326.

克思的逻辑，可理解为生产力发展或潜在利益)，而这种外部利润在现行制度安排下经济当事人无法获取，为获取这种外部利润或使外部利润内部化，经济当事人就会产生制度创新的需求(用马克思的语言表述，即是生产关系成了生产力发展的桎梏)，如果制度创新的收益大于制度创新的成本，就会诱致经济当事人推动制度创新，从而完成制度变迁与外部利润的内部化。简言之，制度变迁因外部环境变化而起，以外部利润内部化而终，获取外部利润是制度变迁的根本动力。显而易见，虽然诺思与马克思对制度演化根本动力的表述不同，但从本质来看，诺思所说的“外部利润或潜在收益”和马克思所说的“生产力发展或技术进步”大体可理解为一回事。

2. 关于制度演化的主体和过程研究

诺思(1990)将制度界定为人们之间的博弈规则，并将制度区分为正式制度与非正式制度。他和戴维斯构造了一个制度创新的五步骤模型(张宇燕，2017)：第一步，形成预见到外部利润的第一行动集团；第二步，第一行动集团提出若干可选择的制度创新方案；第三步，第一行动集团选择能最大化自身利益的方案加以实施；第四步，形成追随的第二行动集团；第五步，两大行动集团共同努力促成制度创新。其实，现实中的制度创新过程远比该模型复杂得多，制度创新的经济当事人既有倡导者、响应者(追随者)，也有反对者、观望者(中立者)，随着事件的发展变化，他们的角色和作用也会发生转换，如原来的观望者、反对者转为响应者，倡导者的力量由弱变强。值得肯定的是，诺思等注意到了人或利益集团在制度演化中的作用，然而，他们的分析远不如马克思那么深刻。马克思根据人们在社会经济关系中对生产资料的不同占有状况分为不同的阶级(即不同的利益集团)，由于不同的利益集团追求的利益目标不同，在自身利益最大化目标的驱动下，不同的利益集团会选择不同的制度安排方案进行行动，这就使得制度演化表现为不同利益集团之间的博弈过程（洪名勇，2011）。对此，马克思一针见血地指出："一句话，压迫者和被压迫者，始终处于相互对立的地位，进行不断的、有时隐蔽、有时公开的斗争，而每一次斗争的结局都使整个社会受到革命改造或是斗争的各阶级同归于尽。"[①]因此，对制度演化过程的分析，不仅应吸收诺思等关于个体认知与偏好以及利益集团协商一致等相关研究成果，而且应吸收马克思关于阶级（或阶层、群体、利益集团）冲突与对抗的相关研究成果，经济当事人的认知、合作与竞争策略不仅深刻地影响着制度演化的进程，而且决定着制度演化注定是艰难的、曲折的、复杂的过程。

3. 关于制度演化的方式和类型研究

制度变迁分为诱致性和强制性两种类型。诱致性变迁通常是在基本制度不变的前提下自发产生的、自下而上的、渐进式或改良式的制度适应性调整，是演化主义的；而强制性变迁通常是由国家自上而下发动的有意识的制度变革，是建构主义的，它的极端表现形态就是通过暴力革命从根本制度层面摧毁一个旧的社会经济形态，并创造一个新的社会经济形态。

事实上，更为常态化的制度变迁方式是诱致性与强制性两种制度变迁方式的结合。它可以是先发生诱致性制度变迁后发生强制性制度变迁，制度演化沿着"个体认知变化并创设制度→地方政府默认甚至主动实施制度→更多地方政府模仿创新和推动制度扩散→中央政府修改法律并自上而下推动制度普遍实施"这个链条进行；它也可以是先进行强制性制度变迁后进行诱致性制度变迁最后再进行强制

① 马克思恩格斯选集（第1卷）[M].北京：人民出版社，1972：251.

性制度变迁，制度演化的基本链条是：(1) 中央领导认知变化，率先发起制度改革的倡议，经过中央集体决策，形成制度改革决议（第一行动集团）；(2) 为减少制度改革的风险，中央选择若干地方作为试点开展制度改革试验，地方根据中央提出的制度改革方向或框架进行具体制度的改革探索，其间会经历多轮自下而上的反馈和自上而下的指导，在上下互动中不断地修正制度改革方案；(3) 经过一定时期的试验和科学评估，中央将地方改革的成熟经验吸收入法，形成正式制度并在全国推广实施。在政府分级治理的体制下，必须重视制度变迁的层级传导机制和地方政府作为制度变迁执行者的策略行为，地方政府的多重角色与利益目标可能导致制度变迁执行的消极应对或选择性应对，最终影响制度改革的实施效果。因此，在制度变迁的过程中，建立一种上下之间互动与反馈的机制以及信息的充分披露机制十分必要。

马克思与诺思等人有关制度演化的研究内容十分丰富，他们不仅探讨了制度演化的动力、主体、过程、方式和类型等核心问题，而且探讨了国家、利益集团在制度演化中的重要作用，还对个体认知、风俗习惯与意识形态等非正式制度对制度演化的影响以及制度演化的路径依赖和多样性等诸多问题进行了探讨。这些研究成果为我们构建乡村建设的演化理论奠定了良好基础。

（二）乡村建设的演化模型

当把乡村看作一个社会系统时，就可以基于马克思与诺思等人的制度演化理论，构建起一个乡村建设的演化理论框架，如图 3－1 所示，该图是阐释乡村社会如何在社会经济结构与制度结构相互作用的过程中演化的模型。图 3-1 中各因素的含义及相互关系说明如下：

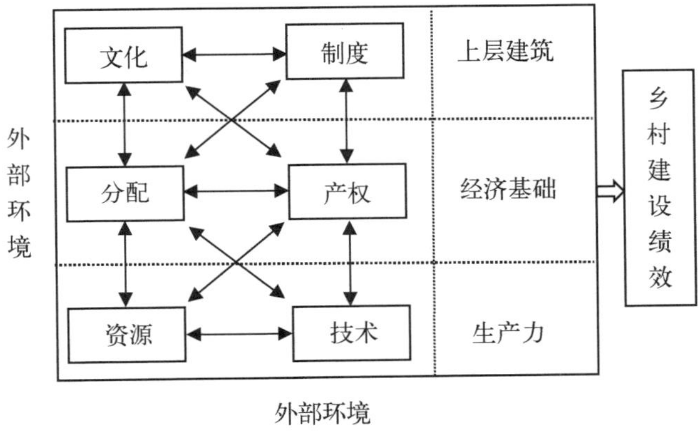

图 3-1　乡村社会系统间的相互关系

1. 生产力系统由技术和资源之间的相互作用构成。生产力发展水平可以用人均产品价值或人均收入的增加来度量，它主要是依靠资源要素投入的增加和给定资源要素投入条件下的技术进步实现的。在现代社会，技术是衡量生产力发展水平的决定因素。一方面，技术进步可以突破资源制约的瓶颈，例如灌溉与水利工程技术的发明，使无法利用的土地转化为可以耕种的土地，从而生产出更多的粮食；另一方面，技术进步还可以提高资源要素的配置效率和生产效率，在资源要素投入既定的条件下生产出更多的产品价值。因此，我们将技术视为狭义生产力的代名词，在不加说明的情况下，二者等同使用。

2. 经济基础由社会生产关系及与之相关联的交换关系、分配关系和消费关系构成。我们在遵循马克思对经济基础定义的前提下将生产关系表述为现代社会人们惯常使用的产权关系，其核心依然是生产资料所有制以及由之决定的人们之间的相互利益关系，同时出于简便考虑，撇掉了交换关系和消费关系，保留分配关系与产权关系相对应。按照马克思的观点，生产关系决定分配关系，分配关系反作用于生产关系，“分配关系本质上和生产关系是同一的，是生产关系的反面”。①

3. 上层建筑由制度和文化之间的相互作用构成。广义地看，上层建筑是一个结构体系，它由一系列正式或非正式的制度构成。正式制度是指人们有意识制定的一系列法律、法规、政策和契约等，非正式制度通常是指价值观、道德伦理、风俗习惯、意识形态等。为通俗易懂，我们将正式制度界定为制度，而将非正式制度界定为文化，制度与文化之间也是一个相互影响的关系，当制度与人们普遍认同的文化发生冲突时，这项制度就不会有效地运转。

4. 生产力与生产关系、经济基础与上层建筑的关系，或者说技术进步与制度演化之间的关系，实质是一种相互影响、制约和依存的对立统一关系。生产力具有层次性，在社会发展的同一时期，可能并存着先进的、落后的、中等水平的生产力。生产力的发展不能独立存在，它始终处于现有的生产关系和上层建筑之中，受到现有生产关系与上层建筑的影响。生产关系具有历时性，在社会发展前期是能够促进生产力发展的新生产关系，在社会发展中期演变成基本适应生产力发展的不新不旧的生产关系，在社会发展末期蜕变为阻碍生产力发展的旧生产关系。生产力发展有着自身的规律，它体现为人类在生存与发展需要的驱动下通过与自然界的斗争提高了技能与创新

---

① 马克思.资本论(第3卷)[M].北京：人民出版社，1975：993.

能力，发明了先进生产工具，积累了知识与经验，发现了新的劳动对象和拓展了原有劳动对象的新用途。生产力的发展比较活跃，而生产关系一经确立就相对稳定，因此，二者不可避免地会发生矛盾。生产力变化引起生产关系变化不是一蹴而就的，通常需要经历很长的时期；生产关系具有路径依赖性、自我强化性，从一种转型到另一种通常需要外力作用（如革命、权威人物的强力推动、中央政府自上而下的自我改革）才能实现。生产关系和上层建筑的变革，不一定基于生产力的发展，可以发挥人的主观能动性，但不能随意超越生产力的发展水平。

5. 乡村社会是一个耗散结构的复杂系统。其内部系统由生产力、经济基础和上层建筑三个子系统以及技术、资源、产权、分配、制度和文化六个关键因素构成，各系统间及诸因素间存在着复杂的交互影响关系；其外部环境主要由国内环境、国际环境以及一些不可控因素构成，国内环境中最重要的是城市因素的影响，城乡关系对乡村社会有着重要影响，国际环境以及自然灾害、战争、瘟疫等不可控因素也对乡村社会有着直接或间接的影响。乡村社会内部系统与外部环境之间也不断进行着物质与能量的交换。

6. 相较于单维的“技术决定论”“制度决定论”“文化决定论”“地理决定论”，我们更倾向于认为，乡村建设绩效是乡村社会内外系统诸因素长期交互影响与作用的结果。在一个既定的乡村社会结构中，从发挥人在改善乡村建设绩效方面的主观能动性出发，应重视发挥制度特别是反映生产关系的产权制度安排的重要作用，有效的产权制度安排不仅可以提高资源要素的利用效率，而且可以激励知识与技术创新的供给，从而极大地解放和发展乡村社会生产力。

7. 制度演化是乡村社会内外系统诸因素长期交互影响与作用的

结果。从最抽象、最简便的角度分析，制度演化的逻辑可概括为：外部环境变化引起技术变化，技术变化引起经济过程中人们的产权关系变化，产权关系变化最终引起法律和政治等制度的变化。四者不是单向的决定关系，而是互馈关系，即制度变化也会引起产权关系的变化，产权关系变化进一步作用于技术，技术变化又会引起外部环境的变化；同时，制度变化也可以直接作用于外部环境与技术的变化。四者的互馈关系如图 3－2 所示。此外，国家、农民、个体认知、文化和资源禀赋等因素对制度演化也具有重要的影响。制度演化的方式既包括诱致性和强制性两种方式，也包括诱致性与强制性相结合的方式；制度演化的过程既是中央政府、地方政府与农民之间的上下互动过程，也是不同利益集团之间的互动博弈过程。

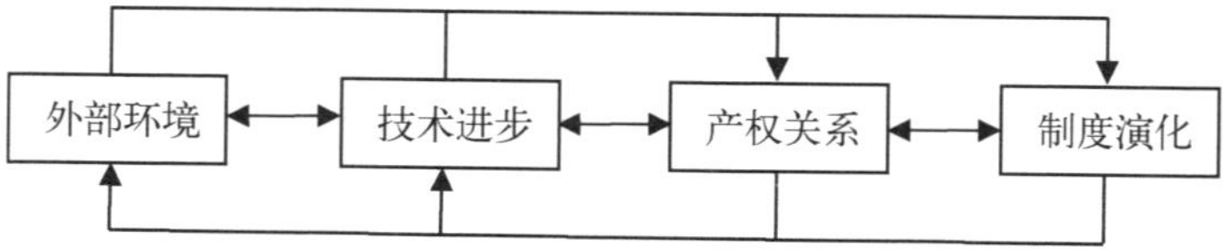

图 3－2　制度演化的动态模型

二　乡村建设的本质

在图 3－1 中，我们把乡村看作一个社会系统，提出乡村建设绩效是乡村社会内外系统诸因素长期交互影响与作用的结果。本节进一步从马克思主义政治经济学的基本原理出发，认为乡村建设本质上是乡村生产力与生产关系的矛盾运动过程，通过乡村生产力与生产关系的互动演化，最终从传统的乡村转型为现代化的乡村。一方面，乡村发展很不充分，乡村建设的首要任务是解放和发展乡村生产力。长期以来，受诸多因素的影响，乡村的产业功能窄化为农业生产，而传统农业的弱质性决定其相比于工商业而言的低回报率，在市场经济条件下，生产要素总是向高回报率的地区或部门流动。中国百年城乡结构的演变趋势，就是生产要素从乡村向城市的单向流动，导致了农业粗放化、村庄空心化、人口贫困化、生态脆弱化等问题，乡村建设面临着资本与人才双重不足的困扰（姚树荣、周诗雨，2020）。谁来建设乡村成了一个棘手问题！要解决乡村发展农民主体缺位、内生动力不足的难题，就必须突破传统观念束缚，赋予乡村与城市平等的发展权，促进乡村的多功能转型，通过生产方式变革，推动现代科技赋能农业发展、促进农业与二、三产业融合创新，大幅度提高产业回报率，吸引城市资本与人才入乡，同时加大农民人力资本投资，重塑乡村发展主体格局。另一方面，乡村生产力的发展，必然要求调整生产关系与之适应，进而又会引起交换关系、分配关系和消费关系的连锁变动。乡村建设的过程是一系列制度变迁及经济利益关系调整的过程。在此过程中，城乡融合程度进一步加深，乡村不再是麦田守望者的乡村，它可能成为政府、资本与农民利益的角力场，也可能成为城乡人民共同营造的美好家园。由于不同主体嵌入社会经济结构的位置、角色与作用不同，相应地也就表现出不同的行为模式与利益诉求（Freeman，2008），如何通过有效治理与合理的利益分享，寻找到相关利益主体在乡村共生的交互点，并最终导向农民共同富裕，实现乡村现代化，是乡村建设的终极使命。总之，乡村建设的本质在于通过生产方式变革与反映生产关系的制度调整，走出乡村普遍存在的生产要素流失、农民主体缺位、内生动力不足以及政府或资本单边主导引致利益失衡、矛盾冲突的困境，最终实现农业强、农村美、农民富的现代化目标（姚树荣、周诗雨，2020）。

三　乡村建设对乡村地权演化的影响

按照马克思主义政治经济学的观点，生产资料所有制是生产关系的基础。在乡村社会，土地无疑是最重要的生产资料，因而基于土地的产权制度安排（地权制度）是乡村生产关系的基础。从根本上讲，乡村地权制度取决于乡村生产力的发展水平，并随着乡村生产力的不断发展而适应性演化；同时如图 3－1 所示，乡村地权制度也受到乡村社会内部系统及外部环境的影响。下面，我们对乡村建设诸因素对乡村地权演化的影响进行具体分析。

（一）逻辑起点：土地功能的二重性及其矛盾

在乡土社会，土地是人生存的重要生产生活资料。人们利用一部分土地从事农业生产，利用另一部分土地建造住宅用于居住生活，二者缺一不可。用于农业生产的土地称为农用地，在使用价值形态上具有生存保障的功能，用于修建住宅及其他建（构）筑物的土地称为建设用地，在使用价值形态上具有居住保障的功能。同时，在私有制商品经济条件下，土地也成为可交易的特殊商品，在价值形态上具有财产性收益的功能。土地功能的保障性与财产性处于既相互依存又相互矛盾的关系当中。一方面，二者相互依存。土地的保障功能是财产功能的物质承担者，如果土地没有生存与居住保障的功能，它对人而言就是一种无用之物，当然也就不存在基于人的需要而产生的土地交易收益；反过来，如果土地不能通过交易为产权人带来财产收益，那么它就是一种普通的有用物，从土地产权人利益最大化的角度来看，将面临功能性收益损失。另一方面，二者又相互矛盾。土地产权人要么占有使用价值形态的土地用于农业生产或作为居住生活场所，要么将土地出售、出租或抵押而获取价值形态的财产性收益，总之，任何人不可能在同一时空内同时既拥有土地的保障功能又获得其财产功能。由于土地功能的这种相互矛盾的“二重性”，在长期的市场交换与社会结构变迁中，一小部分群体因购置、祖业继承甚至巧取豪夺及战争等方式集聚了大量土地财富，而更大部分的群体则因丧失了土地而沦为无地无房无业的“流民”，社会贫富差距逐渐拉大，当矛盾激化到一定程度，就会引发农民起义和王朝更替。新王朝建立后，又通过分封诸侯、奖赏领地形成新的土地占有格局。这种追求土地财富的循环往复，便构成了中国古代的历史（易小明，1992）。什么样的地权制度，可以避免王朝循环往复更替的历史周期律？这成为早期中国共产党领导人孜孜以求的宏大命题，并在长期的革命与建设实践中探索建构起了一套以平均地权为基础、土地社会保障为核心功能、严禁土地交易为显著特征的地权制度，我们可将这套地权制度概括为“保障性地权制度”。然而，在土地资源稀缺、人地矛盾突出的中国，因市场机制缺失而导致的土地利用效率损失备受社会诟病；随着计划经济向市场经济的转轨，土地产权人对土地固有的财产性收益的追逐具有内在张力；等等。这些因素不断冲击着保障性地权制度的秩序，共同驱动着乡村地权制度不断演化与变迁。

（二）要素相对价格、技术进步与乡村地权的演化

图3-1的基本逻辑是：要素相对价格的变化会诱发技术创新，技术创新进而会诱发制度创新，但只有制度创新与文化传统相匹配时，制度创新才能成功，并反过来促进技术创新。希克斯(1932)阐释了要素相对价格变化诱发技术创新的经济学机理：当一种要素的禀赋相对于另一种要素变得更为丰富时，特定的相对要素价格会诱导出使用更多相对丰富要素和节省相对稀缺要素的技术创新，这种有偏向的技术创新源于追求利润的企业家用相对丰富因而更便宜的要素替代相对稀缺因而更昂贵的要素来降低生产成本的努力。

理解乡村地权的演化逻辑，对要素相对价格与技术进步(或曰生产力发展)进行分析是必要的。首先，要素相对价格的变化，诱发了狩猎与采集经济向农业经济、土地公有产权制度向土地私有产权制度的演化。在原始社会，由于地广人稀，人通过简单的生产工具如石头、棍棒等就能获取自然界的食物(野生动植物)来满足生存需要，土地之于人，其价值极低，人对土地的占有欲不强烈，加之协作劳动对生产的必要性，土地公有产权制度得以确立。随着人口的不断增长，人地关系开始逐步变化，相对于人口，土地的稀缺性不断上升，如何在有限的土地上生产出更多食物，成为人的生存需要，这诱发了农业技术的进步(如动物饲养、农田开垦、耕种、排灌等)。可是，这些技术知识的累积并不足以支撑狩猎与采集经济向农业经济的演化。因为在公有产权制度下，掌握着农业技术的人不得不面临着制止他人拿走他饲养的动物和培育的农作物的困难，从而缺乏农业技术投资的激励。因此，农业经济形成的前提是建立起明确界定产权的新制度，

从而推动了土地公有产权制度向土地私有产权制度的演化，同时形成了与这种正式产权制度相匹配的“你不应该偷”的道德伦理观念，减少了制度实施成本（速水佑次郎、神门善久，2009）。

其次，要素相对价格的变化，进一步诱发了农业经济向工业经济、土地所有权与使用权分离的演化。随着人口的进一步增长，土地的稀缺性日益凸显，人对土地的占有欲持续加强，由此推动了土地产权交易制度的建立和完善，土地向少数人集中的趋势越来越明显，在英国表现为圈地运动，而圈地运动为土地生产力的显著增长准备了必要条件（North 和 Thomas，1973）。农业的发展进一步诱发了工业化，为了解决人口过密造成的资源不足问题，人们不得不充分利用现有的资源，致力于发明节约资源或提高土地单产的技术方法，如肥料工业、化学工业、机械工业的技术革新。按照张培刚（2019）的研究，农业对工业化有食粮、原料、劳动力、市场和资金“五大贡献”，工业化反过来又可以对农业的现代化提供机器、肥料、动力、储藏设备及运输工具等方面的支持，农业与工业是一种相互依存与相互制约的关系。在农业经济向工业经济转型的过程中，乡村地权也逐渐发生了“两权合一”向“两权分离”的演化，即农业资本家租用土地所有者的土地、并雇佣农业工人进行专业化、规模化农业经营的新型地权制度。这种地权制度既是在要素相对价格变化诱发技术变化、农业与工业化的互动过程中形成的，又在形成之后反过来促进了土地流转与集中、农业的专业化与规模化经营，提高了土地生产力。

最后，要素相对价格的变化，也是诱发改革开放以来中国乡村地权制度从“两权分离”向“三权分置”演化的重要原因。改革开放以来，中国实现了乡村地权从“两权合一”向“两权分离”的演化，调动了农民从事农业生产的积极性，农业生产实现了显著增长，进一步诱发了工业化、城市化，随着工业化、城市化的快速发展，在农业与工业的比较利益驱动下，乡村劳动力大量向非农产业和城市转移，乡村人口急剧减少，农业在国民经济中所占的比重持续下降，农业生产方式发生了重大转变，2012年18个省份的农作物耕种收综合机械化水平已超过50%(孔祥智等，2015)。要素相对价格与农业技术的变化，迫切要求破解小农经济的困境，为农业的专业化、规模化和现代化经营提供地权制度支撑，但在“两权分离”的保障性地权制度下，农地所有权与承包经营权的产权关系不清、农地产权保护不足、农地产权稳定性不够、农地产权流转不畅，造成耕地细碎化、土地长期投资激励不足、土地流转意愿不强与规模不大等问题。在农业与工业化、城市化的互动发展中，乡村地权开始从“两权分离”向“三权分置”的产权结构演化，呈现出产权清晰、保护严格、稳定长久、流转顺畅的趋势。

（三）城乡关系与乡村地权的演化

城乡关系作为整个社会的结构性问题，对乡村地权的演化甚至经济社会发展全局都有着重要影响。按照马克思主义政治经济学的观点，城乡关系的演化有其自身规律，归根结底取决于生产力的发展水平。按照城乡人口的流动趋向与空间分布结构，在人类社会的历史长河中，大致要经历乡土社会、乡城社会、城乡社会和城市社会四个阶段。当乡村人口≥80%时，可归为乡土社会；当城市人口≥80%时，可归为城市社会；当50%<乡村人口<80%时，可归为乡城社会；当50%<城市人口<80%时，可归为城乡社会。与之相对应，城乡关系也将经历城乡依存、城乡分离、城乡融合和城乡共生四个阶段。在

乡土社会，经济活动主要以农业生产为主，极少量的城市依存于乡村；进入乡城社会，在农业与工商业的利益比较以及城市对乡村的虹吸效应下，人口不断从乡村流向城市从事工商业活动，城市快速生长，乡村逐步衰退，形成了城乡对立的格局；到了城乡社会阶段，无论城市的人口规模还是工商业产值都已占据社会主体地位，城市对乡村发展的辐射带动能力明显增强，“大城市病”等也导致城市要素向乡村的返流，城乡经济社会不断融合，乡村发展进入加速期；到达城市社会，工业化、城市化、信息化与农业现代化的任务均已完成，城乡在互动融合中实现了共生共荣，城乡人口流动基本处于均衡状态。按此标准划分，改革开放之初中国10亿人口，有8亿在乡村，2亿在城市，也就是说，改革开放之前的中国均可归为乡土社会。如果按常住人口计算，2011年中国城镇人口占总人口的比重首次超过50%，达到51.3%，可以视为经过30多年乡城社会的演化，已进入城乡社会阶段；根据第七次全国人口普查数据，2020年中国户籍人口城镇化率为45.4%，常住人口城镇化率为63.89%，按户籍人口计算尚处于乡城社会的后期阶段，按常住人口计算已处于城乡社会的前期阶段。如果按城镇户籍人口每年增长1个百分点测算，中国大约在2025年左右进入城乡社会阶段，这个阶段估计会持续到21世纪中叶。从乡城社会转型到城乡社会的阶段，是城乡关系最为复杂的阶段。在这个阶段，农民分化加剧，以地谋生固守乡土者有之，离开乡土进城务工者有之，离开城市返乡创业者也有之。从趋势看，城市化仍是中国经济发展的主旋律，以地谋生的农户会愈来愈少，土地的保障功能会进一步削弱、财产功能会进一步增强。但是，这个阶段也是乡村建设的加速期，城乡经济逐步从分离走向融合，乡村建设对国土空间的开发与保护格局提出一系列新的挑战。乡村地权制度如何顺应城乡关系的演化规律做出适应性调整，是新发展阶段面临的一个重要课题。

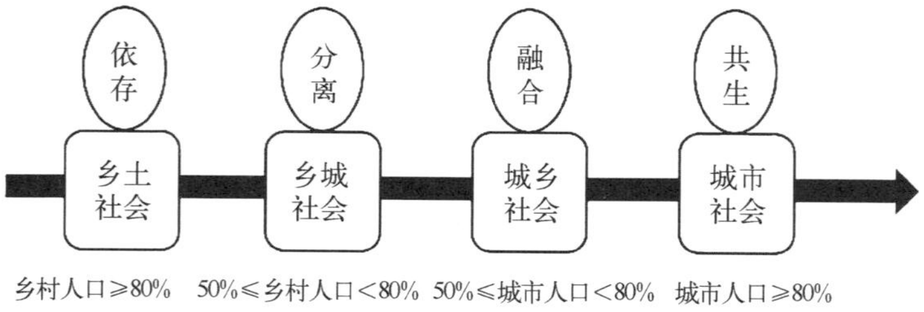

图3-3　城乡关系的演化规律

（四）国家、农民与乡村地权的演化

新制度经济学认为，国家的行为同样符合“经济人”假设，决策过程遵循成本——收益分析方法，国家推动乡村地权制度演化的动机也是为了获取外部环境变化带来的潜在利润，只不过其追求的潜在利润并非仅仅从经济上考虑，通常是包含着财政收入、经济增长、社会稳定、政权安全、选民支持、国家竞争等多目标的函数。当国家对实施制度创新的预期收益高于成本时，国家就会通过改革废除旧制度或创设新制度；反之，国家不会启动制度创新的行动。在现代社会，国家的职能主要由政府代理完成，政府包括中央政府和地方政府，在特定的央地财权与事权关系下，地方政府会形成自身的利益目标函数，且与中央政府的利益目标函数不一致。因此，央地关系会对乡村地权的演化产生重要影响，不应笼统地讨论国家的行为，至少应区分为中央政府与地方政府两类利益集团。同时，政府职能又是由具体官员履行的，“一把手”通常在政府机构的决策中具有绝对权威，因此，“一把手”基于自身学历和经历等形成的心智模式对乡村地权的演化也有重要影响。

无论诱致性还是强制性的制度演化，中央政府的作用都不可或缺。在强制性的制度演化中，中央政府通常发挥着决定性作用，这不仅因为中央政府承担着制度创新的第一行动集团的角色，而且中央政府可以动用行政的、法律的、经济的等多种手段自上而下推动制度快速在全社会低成本地实施。新中国成立至改革开放之前，中国乡村地权制度的两次剧烈变迁均是由中央政府主导完成的，先是将土地的地主所有变成了农民所有，实现了土地的农有农营，然后又将土地的农民所有变成了集体所有，实现了土地的公有公营。在诱致性的制度演化中，中央政府的作用主要是对自下而上发生的制度创新给予“事后追认”，即以法律、法规或政策的“立、改、废”等形式进行合法化承认。改革开放之初，由农民群众自下而上发动的“包产到户”最终得到中央政府的合法化追认，由此推动中国乡村地权制度从“集体所有、两权合一、公有公营”向“集体所有、两权分离、公有农营”的第三次变迁。

改革开放之后，随着央地关系的调整，地方政府作为一个相对独立的利益集团，成为乡村地权制度演化中的关键一环。地方政府的角色比较复杂，它首先是中央命令的执行者、制度创新的实施者，起着制度创新上传下达的作用，但因其有着独立的利益追求，它可能对制度实施采取选择性应对策略，即对自己不利的制度采取消极或扭曲应对策略，而对自己有利的制度采取积极实施策略，从而对制度绩效产生重要影响。其次，地方政府成为制度创新的重要主体。主要有三种情况：一是由中央政府授权就一项或多项制度进行改革试点，待改革试验取得成熟经验后，再由中央政府启动法律修订实现制度的正式变迁；二是由个体或群体自下而上发动制度创新，地方政府积极响应，在所管辖的区域内自主推动制度的实施和推广，并积极争取中央政府的合法化追认；三是地方政府基于自身的认知与利益追求，作为第一行动集团率先在所管辖区域内发动制度创新，取得成熟经验后再争取中央政府的合法化追认。在乡村地权的演化过程中，地方政府作为制度创新主体的例子不胜枚举，如广东南海的土地股份合作制、山东平度的"两田制"、贵州湄潭的"增人不增地，减人不减地"、四川成都的农村土地产权制度改革、重庆的"地票"交易、33个试点县的"三块地"改革等。地方政府的制度创新精神值得鼓励，但也常因追求局部利益、短期利益而突破中央的改革授权范围，"钻政策的空子"或打"擦边球"，并导致不规范或侵权现象的发生。制度创新空间成为地方政府与中央政府博弈的焦点之一。

农民是直接使用土地进行农业生产的主体，掌握着土地与农业生产的大量信息，是乡村地权制度演化中最重要的参与者。无论是中央政府还是地方政府发动的乡村地权制度创新，都不应忽视农民群体的存在，不应违背农民群体的意愿和侵害其利益。虽然他们在与国家的博弈中处于弱势地位，但他们最大的优势是人数众多，当他们面临生存危机等特定情形时，就会基于共同利益作出协商一致的行动，形成一股势不可挡的潮流，影响乡村地权制度的实施绩效，推动乡村地权制度发生演化。当一项制度安排符合农民群体的意愿和利益时，就会得到农民群体的认同，制度实施的成本就比较低，从而形成良好的制度绩效；反之，就会遭到农民群体的抵制，增加制度实施的成本，降低制度绩效。无论是新中国成立前解放区的土地改革，还是新中国成立之初的土地改革，或者是改革开放时的家庭联产承包责任制改革，都是因为迎合了农民群体的意愿和利益，所以得到了农民群体的拥护和支持，取得了良好的制度绩效；相反，由于违背了农民群体的意愿和利益，人民公社时期形成的地权制度最终退出了历史舞台；同样，由于遭到被征地农民群体的反抗，中国的征地制度也朝着缩小征地范围、提高征地补偿标准、规范征地程序的方向持续演化。

以诺思、青木昌彦和鲍尔斯为代表的新制度经济学派，十分重视制度演化的认知根源分析以及文化、习俗、意识形态等非正式制度对制度演化的影响。理解乡村地权的演化，对相关利益集团及其领导人的心智模式和非正式制度进行分析也是必要的。在中国共产党及其领导人的认知中，从农业国转变为工业国、实施重工业优先发展战略是新中国成立前后就已形成的重要认知，这一认知成为驱动农业集体化进而建构城乡二元地权制度的根源之一；改革开放以来，无论乡村地权制度怎样持续演化，都始终坚持农村土地集体所有制毫不动摇，这是因为我们党把土地公有视作社会主义制度的基石，并上升到意识形态的高度，“不管怎么改，都不能把农村土地集体所有制改垮了”。此外，“不患寡而患不均”的平均主义观念、土地“命根子”观念、家庭和家族观念等在农民群体的心中仍然根深蒂固，对乡村地权的演化同样有着重要影响，在进行乡村地权制度改革方案设计时不可不察。因此，改革乡村地权制度，即使主观愿望是良好的，改革方向是正确的，只要大多数农民还没有觉悟，还不愿实行改革，就应耐心地等待。

四　乡村地权对乡村建设绩效的影响

乡村建设绩效可以通过农业生产效率的提升、农民收入的增加、农村人居环境的改善以及文明的乡风和有效的治理等指标进行衡量，但归根结底或者用最重要的指标衡量，就是乡村生产力的发展。按照马克思主义政治经济学的观点，乡村地权制度取决于乡村生产力的发展，但也对乡村生产力的发展具有反作用；当不改革乡村地权制度，乡村生产力就不能发展的时候，地权制度改革就会起主要的决定的作用。下面，我们主要从农业生产绩效和农民家庭收入两个方面分析乡村地权制度的影响。

（一）乡村地权对农业生产绩效的影响

张宇燕（2017）在《经济发展与制度选择：对制度的经济分析》一书中通过改进佳林·库普曼等人的经济体制与经济结果之间关系的数学函数式，提出一个“制度—行为—结果”的理论分析框架，即制度影响人的行为，人的行为影响经济结果，从而打开了制度影响经济结果的“黑箱”。他用图 3－4 描述了制度对个人行为的影响过程，[①]能够弥补我们在图 3－1 中描述的理论逻辑，即制度通过影响经济当事人的行为进而对乡村建设绩效产生影响。我们尝试运用该理论逻辑分析乡村地权制度对农民行为进而对农业生产绩效的影响机理。

首先，“好”的乡村地权制度能够减少外部性，形成激励效应。经济学理论表明，人们从事经济活动，目的无疑是获取各种潜在的利益，如规模效益或比较利益。如果经济当事人的投入努力与取得的回报一致，经济当事人就会加大投入努力；反之，如果回报与投入努力不相关，“干多干少一个样，多劳不多得”，个人投入努力产生的收

---

① 张宇燕.经济发展与制度选择：对制度的经济分析[M].北京：中国人民大学出版社，2017：158－182.

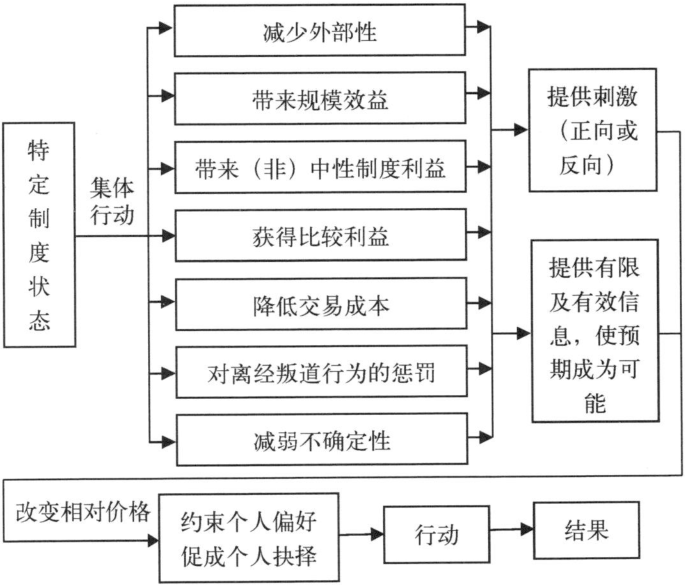

图 3-4　制度对个人行为的影响过程

益被他人享有，即收益的外部化，经济当事人就可能产生偷懒、搭便车等行为，减弱个人的投入努力程度。人民公社制度下的农业生产绩效低，一个重要原因是农用地产权制度安排使得农民的收益报酬与投入努力不相关；而家庭联产承包责任制下的农业生产绩效高，一个重要原因则是农用地产权制度安排实现了农民投入努力与收益报酬的一致性，消除了农业劳动中的激励扭曲，最大限度调动了农民从事农业生产的积极性（曲福田等，2001）。

其次，"好"的乡村地权制度能够减弱不确定性，形成稳定预期。制度的功能之一是经济当事人在经济活动中必须共同遵守规则，对遵守者给予表扬而对违反者给予惩罚，从而使经济当事人对他人的行为及未来的经济结果形成稳定预期，以便经济当事人形成协商一致的集体行动。如果缺乏有约束力的制度,或者制度可以被随时调整,经济当事人不能对他人的行为及未来的经济结果形成稳定预期,甚至担心发生威廉姆森所说的“敲竹杠”等机会主义行为,简言之,担心投出去的“桃”不一定被回报以“李”,那么,他就可能减弱自己的投入努力程度,更不可能进行专用性投资和长久性投资。Besley(1995)、姚洋(2000)、俞海(2003)等对农用地产权的稳定性与农民土地投资的关系进行了研究,研究发现,农用地产权的稳定性与农民土地投资的积极性正相关,地权稳定有利于提升农业生产绩效。在允许土地流转的地权制度下,土地租期的长短与稳定性也对新型农业经营主体的土地投资行为具有重要影响,土地租期太短,地权不稳定,不利于新型农业经营主体对土地进行长期投资和维护管理,最终也必然会影响到农业生产的长期绩效。

最后,“好”的乡村地权制度能够降低交易成本,形成效率优势。迄今人类社会的实践表明,在资源配置领域,市场机制比计划机制具有比较优势。一是在市场竞争机制和平均利润率规律的作用下,资源会不断地从利用效率低的主体、部门或地区流向利用效率高的主体、部门或地区,直至达到资源配置均衡状态;二是在自利动机和市场价格机制的作用下,资源产权主体会出于自身利益最大化目的,根据市场价格信号对所能支配的资源进行最优化配置和利用。一般而言,市场秩序越完善,市场竞争越充分,资源流动越顺畅,市场价格越能真实地反映资源供求与稀缺程度,市场主体越能根据价格信号做出资源配置与利用的最优化决策。Gavian(1996)、姚洋(2000)和胡洪曙(2007)等人研究了中国农用地产权制度对资源配置效率的影响,认为中国现有含糊不清的土地交易权是无法避免“巴泽尔困境”的,离开清晰界定的产权制度,人们必会争相攫取稀缺的经济资源和机会，降低资源配置效率，而赋予农民充分的土地产权，允许土地流转，可以促使土地边际产出低的农民将土地出租或转让给土地边际产出高的农民或其他新型农业经营主体，使农民对未来获取现期投资收益时更有信心，增强农民现期投资的激励，提高土地资源的配置与利用效率。

（二）乡村地权对农民家庭收入的影响

首先，“好”的乡村地权制度可以促进经济增长，拓宽农民就业的渠道，为农民增加工资性和经营性收入提供更多的机会。“土地是财富之母”，土地不仅是一种重要的生产要素，而且是所有经济活动的空间载体，离开了土地的要素投入与空间保障作用，经济增长就成了“空中楼阁”。“好”的地权制度能够提高土地资源的配置和利用效率，成为经济增长的重要发动机。经济增长可以创造出更多的就业机会，增加农民进城务工的渠道，从而为农民增加工资性收入提供必要条件。当然，由于农民的受教育程度不同，人力资本水平存在差异，进而获取非农就业的机会也存在差异，经济增长对不同农民家庭的收入影响是有差异的。李实（2001）等人的研究发现，受教育程度对农村剩余劳动力进入非农农业市场、获得良好收益工作具有决定性的影响。相比于城镇居民，农民的受教育年限普遍较短，这在很大程度上影响了农民平等参与经济增长的成果分享。也就是说，经济增长对增加农民家庭工资性收入只是必要条件而非充分条件。

其次，“好”的乡村地权制度可以促进乡村经济多样化发展，为农民就地就近增加非农产业收入创造条件。在保障性的地权制度下，“农地只能农用”，禁止用于非农业建设，从而使得乡村产业只能“窄化”为农业，在乡农民的家庭收入也只能“窄化”为务农收入。因此，如果能够赋予农民更充分的土地产权，为乡村配置必要的建设用地资源，允许农民利用乡村建设用地发展非农产业，并通过适宜的制度安排，实现对乡村土地资源的用途配置和空间布局优化，就可以促进乡村经济的多样化发展，在保证务农收入稳定的基础上，增加农民从事非农产业经营的收入。

最后，“好”的乡村地权制度可以显化土地资源的经济价值，增加农民家庭的财产性收入。随着市场经济的深化，财产性收入在中国居民家庭收入中所占的比重日益增大，并成为影响城乡居民收入差距的重要因素。市场的功能之一是发现价格，在土地资产转化为财产性收入的过程中，市场化的广度和深度起着关键作用（刘江会、唐东波，2010）。土地不仅是农民最重要的生产资料，可以用于农业生产，而且是农民最重要的资产，特别是宅基地及附着其上的房屋，在市场经济条件下，可以通过市场交易以租金收入、分红收入、转让收入等形式转化为农民家庭的重要财产性收入。但是在保障性的地权制度下，农村土地与房屋流转受到严格限制，市场功能的缺失使得农村土地与房屋的经济价值严重受损，以致财产性收入在农民家庭收入中所占的比重很低。然而，城市居民拥有的房屋和股票等资产伴随着市场化改革的深化不断增值，财产性收入已成为城市居民家庭收入的重要组成部分。当然，我们也要清醒地认识到，市场经济内生发展的结果，很可能导致居民收入差距拉大，甚至出现贫富分化的现象。虽然有一些学者（陈美衍，2006；汪茂泰和徐柳凡，2009）通过实证分析证明市场化改革拉大了城乡居民收入差距，但也有一些学者的研究提供了反例。邢亦青（2011）的研究发现，成都市的城乡居民收入差距之所以呈缩小态势，一个重要原因是成都通过以“还权赋能”为核心的农村土地产权制度改革，强化了市场机制在配置农村土地资源中的作用，并动用土地增值的地方收益来促进城乡统筹发展；黄坤、董礼（2011）的研究也表明，在土地市场化水平较高的国家，城乡居民收入差距呈现逐步缩小的趋势，例如美国乡村的物质生活水平与城市基本相同。钱忠好（2021）的实证研究发现，土地市场化水平与城乡居民收入差距之间是一种倒U形关系。尽管理论界有关土地市场化改革对居民收入差距影响的研究存在争议，但在土地市场化改革有利于整体上增加农民家庭的财产性收入这一点上是有共识的，只不过需要通过收入再分配政策、转移支付和社会保障等相关调节措施防范出现农民分化严重和贫富悬殊的现象。

第四章

地权演化与乡村建设的互动：历史分析

本章主要从历史逻辑考察地权演化与乡村建设的互动关系。第一节对中国乡村地权制度的历史演化进行了分析，为理解新中国保障性地权制度的形成与演化奠定历史基础；第二节对民国时期传统地权制度下的乡村建设运动进行分析，得到“乡村建设运动的历史局限性之一是没有变革传统地权制度”的结论；第三节对保障性地权制度下的新农村建设进行分析，得到“社会主义新农村建设的局限性之一是没有变革保障性地权制度”的结论。通过本章的研究，我们可以从历史的视角看到乡村地权对乡村建设绩效的重要影响以及基于应对乡村问题而引致的乡村地权演化逻辑。

一　中国乡村地权的历史演化

（一）传统中国的乡村地权制度

经过几千年的缓慢演化，至民国初期，中国封建性质的乡村地权制度仍占主导地位，其基本特征如下：① 从土地所有制来看，主要有国家土地所有制、地主土地私有制和自耕农土地小私有制三种形式，其中地主土地私有制居主体地位（周诚，1989）。② 从土地占有情况来看，集中程度较高，占农村人口约 10%的地主、富农，占有土地的 70%以上，而且占有的多是好地。[①] ③ 从土地所有权与土地使用权

① 学术界对近现代中国土地占有集中程度的考证存在一定争议，龙登高（2018）在《中国传统地权制度及其变迁》一书中认为以往研究高估了土地占有的集中程度，“土地改革前夕农村前 10%的富有阶层占有土地的比例，南方各省的准确数据为 30%左右（±5%），而北方远低于这一水平”。

的统分关系来看，租佃经营与自耕农经营是主要形式，地主和富农通常将土地租给农民耕种，自己经营的土地面积一般不超过其占有土地的30%（洪名勇，2011）。④ 从土地收益分配关系来看，地主、富农出租土地，地租率一般占收获物的一半，甚至高达70%—80%，[①]地租有三种形式，以实物地租为主，劳役地租和货币地租为辅（洪名勇，2011）。⑤ 从土地产权交易情况来看，产生了丰富多样的土地产权交易形式，宋代演化出了永佃权，“一田二主或三主”的情形日渐增多。在同一块土地上，形成田底权与田面权两个产权，田底权主凭借所有权获取地租，田面权主凭借经营权可以通过出租、转让田面获取佃租，也可以通过抵押、典当田面获取贷款，并且田面权转让不影响田底权变动及收益，同时田底权主也不能干预田面权主在使用、收益、抵押、出租、转让等方面的权利行使。当田面出租时，意味着田面权主让渡田面使用权，从而形成“所有权（田底权）—占有权（田面权）—使用权”的“三权分置”及“一田三主”格局（龙登高，2018）。⑥ 从土地经营方式来看，个体家庭是中国传统农业生产经营的主要组织形式，家庭耕种的土地面积一般不大，增加粮食作物的产出主要依靠的是劳动密集型的精耕细作方式。⑦ 从土地与国家财政的关系来看，财政对土地的依赖度很高。由于土地和人丁是农业生产的基本要素，所以皇室的财政收入主要来自土地租税和人口税（赵冈，2002）。历代王朝高度重视土地租税制度，或因之而兴，或因之而衰。王朝初建，统治者通常会通过土地租税手段来调整国家与农民的利益关系，缓和阶级矛盾。如汉高祖刘邦曾“约法省禁，轻田租，什五而税一”。为了培植税源，甚至实行重农抑商政策，“文帝始开籍田，躬

---

① 刘书楷.土地经济学[M].北京：农业出版社，1996：255.

耕以劝百姓”(孙文学,2003)。王朝末期,通常因皇室挥霍和官府贪腐导致财政支出膨胀,统治者不得不加重租税,最终导致农民起义。统治者为了巩固统治或挽回王朝没落的命运,有时也会推动土地改革。例如明万历年间,为了解决国库空虚的问题,张居正在全国开展了大规模的土地丈量,推行“一条鞭法”改革,将一州县的赋税总额、银差、力役工食之费等全部加总,按州县境内田亩总数平均分摊,每亩田地分得应缴税银若干(赵冈,2002)。⑧ 从人地依存关系来看,土地是农民的命根子,农民对土地有着很强的物质与精神依赖。人们对土地的精神依赖最突出地表现在坟地上,落叶归根是人们向往的终极目标。人们对坟地的情感甚至达到了宗教信仰的程度,认为坟地的风水对子孙后代有着重要的荫佑作用,因而对坟地的选择和买卖特别重视。

(二) 新民主主义革命时期的乡村地权变革

中国共产党成立后,在马克思主义的指引下,结合中国实际,逐步探索了一条依托乡村地权变革带领全国人民实现民族独立的全新道路。在此过程中,乡村地权变革发挥了重要作用,特别是在人力与物力保障方面起了决定性作用。

1. 土地革命时期的乡村地权变革

中国共产党成立初期的工作重心是工人运动,农民没有受到重视。1923 年“二七惨案”发生后,共产党逐步认识到农民的作用(赵文姬,2016)。1925 年,党的四大第一次提出“工农联盟”的主张。1926 年,毛泽东提出“农民问题是国民革命中心问题”的论断。1927 年,毛泽东在《湖南农民运动考察报告》中又提出以土地问题为突破口,集中力量解决14件农村大事，以建设农村和发动农民运动的思想。

在共产国际的指导下，共产党最初实行的是“国有农用”的土地政策。1927年的《中国共产党土地问题党纲草案》规定：“一切私有土地完全归组织成苏维埃国家的劳动平民所公有。”1928年，在毛泽东的带领下，以湘赣边界苏维埃政府名义颁布了中共第一个土地法——《井冈山土地法》，规定“没收一切土地归苏维埃政府所有”。《井冈山土地法》使拥有土地60％以上的地主阶级消灭了，农民得到土地后农业生产的热情空前高涨，粮食收成增加，同时积极参军参战，使井冈山革命根据地的革命形势焕然一新（傅金碧，2008）。但是，《井冈山土地法》也存在着一些不足，如“没收一切土地”的政策不利于团结各阶层农民与国民党斗争。1929年，毛泽东在兴国社会调查的基础上，制定了《兴国土地法》，规定“没收一切公共土地及地主阶级的土地归兴国工农兵代表会议下政府所有”，承认了农民的土地所有权。这是一次重大的政策调整，从“国有农用”政策转为了“国有农用”与“农有农用”并存的政策。

土地革命极大调动了农民从事农业生产的积极性。在赣南闽西地区，1933年的农业产量比1932年增加了百分之十五；在中央苏区，1934年的农业收成比1933年增加1成左右。兴国县在80％的男子当红军后，仍然增产10％以上，有的增产达到20％（傅金碧，2008）。同时，土地革命也激发了农民参加革命的积极性。1930年9月到1931年3月，湘鄂赣根据地参加红军的农民达到3万多人（赵文姬，2016）。到1933年，以赣南、闽西为基础的中央革命根据地，已拥有红军10余万人，党员约13万人（傅金碧，2008）。

2. 抗日战争时期的乡村地权变革

1937年“七七事变”后，中华民族同日本帝国主义的矛盾上升为中国社会的主要矛盾，建立全民族的抗日统一战线成为共产党这一时期的主要任务。为了保家卫国、一致对外，尽可能争取一切可以团结的力量共同对付敌人，1937年通过的《抗日救国十大纲领》提出以“减租减息”政策取代用暴力手段没收地主土地的政策（张万景，2015）。1942年颁布的《关于抗日根据地土地政策的决定》提出：既实行地主减租减息，以改善农民群众的生活，提高农民群众抗日与农业生产的积极性，又实行农民交租交息，以保障地主的地权，联合地主阶级一致抗日（陈东辉，2009）。

这一时期的土地改革政策取得了显著成效。一是调动了农民抗日的积极性。抗战开始时，共产党领导的军队只有几万人，经过8年抗战，到抗战结束时已超过百万，军队的力量主要来自农民（张万景，2015）。二是促进了抗日根据地的农业发展，为“持久战”提供了有力的物资支持。陕甘宁边区1936年到1945年间耕地面积增加69.1%，粮食产量从1937年的126万石增加到1945年的175万石（陈东辉，2009）。三是巩固和发展了抗日民族统一战线，缓和了地主阶级和农民阶级之间的矛盾。四是引起农村土地关系和阶级关系的一定变化。减租减息后，农民用手中的余钱购置土地，而出卖土地的多是地主，这使土地集中的趋势变成逐步分散。土地关系变化引起阶级关系变化，阶级结构出现了两头（贫雇农和地主）缩小、中间（中农）扩大的趋势（陈东辉，2009）。

3. 解放战争时期的乡村地权变革

抗日战争结束后，国内的阶级矛盾再次上升为中国社会的主要矛盾。1947年9月通过的《中国土地法大纲》规定：“乡村中一切地主的土地及公地，由乡村农会接收，连同乡村中其他一切土地，按乡村全部人口，不分男女老幼，统一平均分配，在土地数量上抽多补少，质量上抽肥补瘦,使全乡村人民均获得同等的土地,并归个人所有。"由此,确立起了"农有农用、耕者有其田"的地权制度。同时还规定:"分配给人民的土地,由政府发给土地所有证,并承认其自由经营、买卖及在特定条件下出租的权利。"[①]由此,以法定方式确认了人民对土地财产的所有权,人民对土地拥有完整的产权,土地可以自由交易。这一时期的土地改革有力支持了解放战争。到 1948 年秋,在占中国人口 1/3 的解放区消灭了封建土地关系,[②]农村各阶层占有的土地大体平均,翻身农民被充分发动起来,积极从事农业生产和参军参战,为新中国的诞生提供了人力和物力保障。

(三) 新中国保障性地权制度的形成

保障性地权制度,是指以平均地权为基础、土地社会保障为核心功能、严禁土地交易为显著特征的地权制度。它是新中国成立之后在平均地权基础上经历农业的社会主义改造而逐步演化形成的。

1. 新中国成立初期的乡村地权变革

1950 年 6 月,中共中央颁布《中华人民共和国土地改革法》,领导全国人民开展了一场翻天覆地的土地改革运动,消灭了地主阶级,彻底废除了封建地主土地所有制,铲除了 2 000 多年封建统治的经济基础,从根本上颠覆了旧中国的乡村地权制度,确立了农民土地所有制,实现了耕者有其田,免除了每年向地主缴纳大约 3 000 万吨以上的粮食地租,全国约 3 亿多无地和少地农民无偿分得土地 7 亿多亩

---

① 中共中央文件选集(第 16 册)[M].北京：中共中央党校出版社,1992：546－548.

② 伊莎白・柯鲁克、大卫・柯鲁克.十里店(一)——中国一个村庄的革命[M].上海：上海人民出版社,2007：219.

和其他生产资料，改变了农民的政治地位和乡村的政治结构（郑有贵，2000）。在土地改革的过程中，还建立起了乡村的新型政权组织，解决了几千年来"皇权不下乡"的问题，使国家权力第一次实现了真正意义上的乡村治理（李里峰，2008）。这次地权变革也极大调动了农民从事农业生产的积极性。董志凯（1987）研究发现，土地改革后农民购置的农具和耕畜大幅度增长，耕地播种面积恢复至历史最高水平，耕种用工量明显增加，农民还千方百计改进耕种技术、兴修水利、改良品种、增加复种指数、加强田间管理，提高农业生产的集约程度。从1949年到1952年，中国无论是农业总产值、主要农产品产量还是主要农产品单位面积产量均有大幅度增长。

2. 社会主义改造时期的乡村地权变革

（1）制度背景

把农业国变为工业国、带领中国人民富强起来，成为共产党带领中国人民"站起来"之后的中心任务。经过反复研究论证，中共中央确立了重工业优先发展战略。但是，重工业是资本密集型产业，需要巨大的资金投入。在当时的国际环境下，中国既没有办法走老牌资本主义国家对外殖民掠夺积累资金的道路，也没有办法通过国际资金和技术援助发展工业，依靠国内工业自身的积累更无法满足资金需求，集中农业剩余成为当时的无奈选择。

更棘手的问题是，当时一家一户的个体农业生产根本支撑不起国家工业建设所需的资金与粮食保障。对此，毛泽东指出："个体农民，增产有限，必须发展互助合作。"[①]一方面通过农业的互助合作增产粮食，另一方面又通过对粮食等农副产品实行统购统销以保证低

---

① 毛泽东.毛泽东选集（第5卷）[M].北京：人民出版社，1977：117.

粮价，维持重工业投资和城市职工生活。但统购统销制度实行后，国家从农民手中收购定额外的所有农副产品，造成种粮者缺粮吃以及国家与农民之间的紧张关系，同时 1.1 亿的分散农户也给统购工作带来困难，加之当时中央高层确信农业的合作化、集体化能增加粮食产量，于是为了从组织上保证“统购统销”和快速增加粮食产量，农业的合作化、集体化改造便成为了当时的政策选择（肖冬连，1988）。

另外，土地改革虽然完成了地主土地所有制向农民土地所有制的变迁，实现了几千年来农民的梦想——“耕者有其田”“居者有其屋”，但由于土地私有制和土地自由市场交换的制度没有根本改变，地权平均的初始状态很快遭到破坏，农民分化的情况逐步显现，旧中国存在的土地买卖、高利贷、贫困农民等现象又开始出现。加之受意识形态的影响，实现生产资料的社会主义所有制改造提上党的议事日程。1953 年 6 月，中共中央提出要逐步实现社会主义工业化，并完成对农业、手工业和资本主义工商业的社会主义改造。在核心领导认知、意识形态、农业社会主义改造和重工业优先发展战略等诸多因素的共同驱动下，从 1953 年到 1962 年，中国的地权制度经历了从农民个体所有到人民公社所有的巨大变迁，同时建构起了中国独特的城乡二元体制和保障性的地权制度。

（2）制度演化过程

① 互助组阶段（1951—1955）：土地所有权归农。农户根据生产需要，自愿结合。互助组分为临时性和常年性两种，前者是农活干完就自动解散，不过到了 1955 年，常年性的互助组就占了绝对比例。互助组阶段，土地仍归农民私有，农户有权安排作物及种植面积。

② 初级社阶段（1952—1955）：土地所有权归农，使用权归集体。1955 年颁布的《农业生产合作社示范章程草案》规定：社员的土地必

须交给农业生产合作社统一使用。土地所有权与使用权发生了分离，所有权归农民，使用权归集体，由合作社统一安排作物种植、调配劳力、进行生产经营管理和决定收益分配，农民虽有名义上的所有权，但实际上已丧失了对土地的自由支配和使用权利。值得指出的是，这个阶段农民仍有退社自由的权利。

③ 高级社阶段(1956—1958)：按份共有的集体土地所有。1956年颁布的《高级农业生产合作社示范章程》规定：农民必须把私有的土地和主要生产资料转为合作社集体所有。在高级社阶段，土地所有权已从农民个体所有转为农民集体所有，且取消了土地报酬(不能参与收益分配)。但是，坟地、宅基地和房屋等生活资料仍归农民私有。这一阶段，农民开始以退社的方式消极抵制高级社运动，邓子恢和杜润生等党内同志也提出了反对意见(程雪阳，2014)。

④ 人民公社阶段(1958—1962)：三级所有、队为基础。1958年颁布的《关于在农村建立人民公社的决议》提出：将小社并大社、大社转公社作为当前头等大事抓紧抓好。在这个阶段，土地产权制度又进行了三次调整。第一次：人民公社成立初期，实行人民公社所有制。第二次：1960年开始，提出实行公社、生产队、生产小队三级所有，以生产队为基本核算单位。这样，绝大部分土地无偿地转归生产队所有。第三次：1962年中共八届十中全会通过的《农村人民公社工作条例(修正草案)》，对土地制度再次进行了调整，确立了公社、生产大队和生产队三级所有，以生产队(相当于原来的初级社)为基本核算单位的农地产权制度。这三次制度变迁的方向表现为：所有制的公有水平逐级下调，集体经营的规模逐级缩小。这个阶段，农民的土地不仅实现了全部集体化，而且禁止自由买卖。土地虽然在法律上归生产队所有，但实际上生产队是一个不完全的农地所有者和

经营使用者。生产队对农地的经营使用、产业结构、农作物的播种面积与规模等必须按照国家的计划进行。收益分配主要依据“工分”，但须完成国家的征派购任务，农民参加生产劳动由生产队统一调配与指挥(吴玲等，2006)。

(3) 制度形成

随着农业的合作化和集体化改造，中国逐步形成了城乡二元的经济体制，以工农产品价格剪刀差、统购统销与集体土地所有三项制度为核心，奠定了农业支持工业化的制度基础。但是，该制度带来的负效应是农民利益受损严重，大批陷入生活困境的农民选择“用脚投票”，开始涌入城市寻求生存就会。但是，由于重工业的就业吸纳能力弱，城市容纳不下进城务工的农民。于是，政府开始通过设立“劝阻站”等方式劝止农民进城、动员农民返乡甚至强制遣返原籍。1958年出台了《中华人民共和国户口登记条例》，通过设置农业与非农业户口，将城乡人口流动纳入国家管控。由此，中国正式建立起以户籍制度和社会保障制度为核心的城乡二元社会体制(折晓叶等，2014)。

城乡二元体制虽然有力促进了重工业的优先发展，但农业与农村的发展受到严重影响。这一时期，农业的功能被定位在为城市提供廉价粮食和为工业提供资金。通过工农产品价格剪刀差，农业在改革开放前向工业贡献了 6 000 亿至 8 000 亿元(蔡昉、林毅夫2003)。这一时期，政府除了严格控制农村劳动力向城市转移，还发动了史上规模浩大的上山下乡运动，来缓解城市的就业压力。结果是，1978 年相比 1952 年，全国工业总产值增加 15 倍，而农业总产值仅增加 1.3 倍(韩俊，2009)。此外，政府还实行了城乡二元的社会福利制度。一方面，为城市居民提供几乎包括“从摇篮到坟墓”的福利保障支持，同时城市实行低工资制度，遏制消费，为工业化提供积累

(张海鹏,2019);另一方面,在农村建构起保障性地权制度,生产队所有的土地一律不准出租和买卖,农民只有使用土地从事农业生产和修建住宅居住的权利。

(四) 改革开放后保障性地权制度的演化

1. 家庭联产承包责任制确立

由于"一大二公"的人民公社体制无法解决"团队生产"的偷懒、监督与激励问题,严重挫伤了农民的劳动积极性,导致农业生产严重萎缩并威胁到农民的基本生存。自 1978 年安徽小岗村开始,中国的地权制度又经历一次变迁,到 1984 年以"两权分离、统分结合"为特征的家庭联产承包责任制最终得以确立。由于合理调整了国家与农民之间的利益关系,建立了一种"剩下全是自己的"制度,农民的生产积极性显著提高,农业实现了高速增长,农产品的短缺问题与农民的温饱问题迎刃而解。这次地权变迁是一次典型的诱致性制度变迁,且与中共中央对包产到户的认知有着密切联系,大致历程如下(以下参考:杜润生,2006;孙泽学,2006;许人俊,1997):

早在 1956 年,安徽芜湖、四川江津就出现了包产到户的做法。到 1959 年,全国很多省份都出现了包产到户。在 1978 年以前,中央高层中邓子恢是支持包产到户的主要代表,陈云、刘少奇和邓小平等领导人也都在不同场合表达了赞成包产到户的意见。毛泽东最初也没有明确反对包产到户,但 1962 年北戴河会议之后他反对包产到户的态度开始明朗起来,认为包产到户的争论是"搞社会主义还是搞资本主义"的路线之争。之后,对邓子恢等所谓的"单干风"进行了批判。到中共八届十中全会，全面否决了包产到户，裁定包产到户不是社会主义集体经济。

1978 年，安徽遭遇大旱，凤阳县最为严重。面对生存危机，小岗村秘密搞起了包产到户，结果小岗村当年的粮食产量达到了上年的四倍。在小岗奇迹的鼓舞下，安徽省委顶着巨大压力允许包产到户；同时，四川也搞起了包产到户。两个农业大省彼此呼应，农村改革由此拉开序幕。

1980 年 5 月，邓小平在一次谈话中赞扬了包产到户，此后包产到户逐渐得到中央的许可。在包产到户的合法化过程中，杜润生领导的“九号院”(中央农村政策研究室)也发挥了重要作用。1982 年中央一号文件正式肯定了包产到户制度；1983 年中央一号文件赞扬包产到户是马克思主义农业合作化理论在中国实践中的新发展；1984 年中央一号文件明确第一轮土地承包期为 15 年。

2. 城乡二元体制开始松动

在实行家庭联产承包责任制之后，中央又开启了农产品购销体制改革。1985 年中央一号文件废除了农产品统购统销制度，经历价格双轨制的过渡，最终在 1993 年完全放开了农产品的市场价格，实现了农民直面市场。随着农业效率的提高，出现了农业劳动力过剩现象，农民迫切需要通过转移提高劳动生产率。农民转移分为两个途径：一是转，从农业转到其他产业；二是移，从农村移到城市(宋国青，1985)。但改革初期，在大量返城知青、“摘帽”干部需要及时就业安置的严峻形势下，农民进城的冲动被压制下去。1981 年国务院发文要求农民，“不要往城里挤”。由于“移”的权利被严格限制，农民将“转”的权利发挥到极致(周其仁，1997)，通过“离土不离乡、进厂不进城”的方式实现了向乡镇企业的就业转移。这一时期，城乡居民收入差距从1978年的2.36∶1缩小到1984年的1.86∶1(折晓叶等,2014),被认为是新中国成立以来城乡关系发展最好的时期(张海鹏,2019)。这一时期,城乡关系最显著的特征是乡镇企业推动的农村工业化,吴伟东(1988)和李克强(1991)等把这种既存在传统农业部门、城市工业部门又存在介于二者之间的农村工业现象称为“三元”经济结构。

3. 城市土地市场化配置改革纵深开展

中国的改革开放虽始于农村,但城市改革的广度和深度远强于农村。1979年到1984年国有企业开展了围绕调整国家与企业利益关系的承包制改革。随后进行了以税制改革和扩大企业自主权为中心的增强国有企业活力的改革。接着围绕企业经营机制和现代企业制度的改革被提上议程。随着国有企业改革的深化,以多种所有制经济共同发展为核心的产权改革拉开帷幕:1986年,工商登记开始有了“私有企业”类别。1990年,股市建立并开始发展,随之国有企业的股份制改造与上市启动,抓大放小、产权重组、战略性布局调整成为20世纪90年代国有企业改革的主旋律。2000年中国加入WTO,开始全面融入全球化进程。在城市土地产权制度改革方面,适应工业化与城市化的发展需要,经历了一个从无偿划拨到有偿使用、市场化配置程度不断深化、财产性功能逐步释放的演化过程,与此相适应,中国的城市住房制度也经历了一个从福利住房、实物分配到商品住房、货币分配的演化过程。

改革开放后,基于对外开放和引入外资的现实需要,1979年《中外合资经营企业法》对外资企业用地问题首先作出了响应,实行外资企业用地有偿收费制度,国有土地有偿使用制度改革由此拉开序幕。1986年《土地管理法》以法律形式明确了中国实行国有土地有偿使用制度。1987 年深圳分别以协议、招标和拍卖三种方式有偿出让国有土地使用权，这一创举标志着中国城市土地有偿使用制度改革取得突破，土地作为生产要素开始进入市场。1988 年《宪法》规定“土地使用权可以依法转让”，为土地有偿使用奠定了宪法秩序。1990 年《城镇国有土地使用权出让和转让暂行条例》规定，土地使用权出让可以采取协议、招标和拍卖三种方式，土地的财产功能正式以法律形式确认下来，国有土地出让与转让在全国逐步推行。

随着国有土地有偿使用制度改革的深化，城镇住房制度改革也提上了议事日程。1994 年《房地产管理法》颁布，1998 年全国停止了住房实物分配，开始推行住房分配货币化，由此创造了一个庞大的房地产市场，房地产市场的快速发展反过来促进了商住用地的市场化配置。2001 年，国务院针对国有土地资产市场化配置比例不高和国有土地资产流失的现象，要求各地大力推进国有土地使用权招标拍卖。2002 年，出台《招标拍卖挂牌出让国有土地使用权规定》，规定经营性用地必须以“招拍挂”方式出让，严禁协议出让。2006 年，要求工业用地也必须以“招拍挂”方式出让。这一系列政策的出台，促使城镇国有土地使用权市场化配置的范围不断拓宽、程度不断提高。

改革开放 40 多年来，中国的工业化与城市化取得了长足进展，但工业化与城市化扩张的过程也是农用地转为建设用地、集体土地变为国有土地的过程，在此过程中，集体土地转用与征收制度发挥了举足轻重的作用。按照 1998 年《土地管理法》的规定，国家为了公共利益的需要，可以依法将集体土地征收为国有土地，但因法律没有对公共利益的内涵进行明确界定，导致地方政府拥有很大的土地征收裁量权；同时，实行不平衡的土地增值收益分配制度，规定土地征收按照不超过土地原用途 30 倍的标准对被征地农民进行补偿，土地征收和转用之后的出让收益全部缴入政府财政。法律还进一步规定，任何单位和个人从事非农建设必须使用国有建设用地，农村集体土地用作非农建设必须征收为国有建设用地，由政府依法出让，政府成为唯一的供地主体，这为政府垄断土地一级市场提供了法律依据。此外，为了解决多头供地、低价供地与灰色交易等问题，2001 年国务院要求有条件的地方试行土地收购储备制度。此后，土地储备机构不仅承担了土地收储职能，而且承担了土地开发经营和基础设施建设融资的功能。土地储备制度的建立打破了多头供地的局面，实现了政府对土地一级市场的垄断，也为政府"经营城市"创造了条件。在这样城乡有别的制度安排下，地方政府成为事实上的土地拥有者，可以根据城市建设和经济发展的需要进行征地与供地，可以根据经济冷热松紧"地根"，可以通过土地资本化生财与融资，形成了"土地—财政—金融"三位一体的城市经济发展模式，并由此推动了城市日新月异的发展变化。

房地产市场的出现，极大改变了城市居民的住房条件；资本市场的出现，彻底改变了社会资本的动员能力。这一系列改革极大解放了城市生产力，城市发展日新月异，特别是东南沿海地区，现代工业和服务业取得长足发展，出现了许多高技术、高收益的产业。城市高速发展的经济福利不断地落在城市居民身上。房地产市场与资本市场的繁荣发展，也显著拓宽了城市居民的投资渠道。但是由于城乡二元体制没有破除，农民一次又一次与这些新的财富增长点擦肩而过，导致城乡居民收入差距特别是财产性收入差距不断扩大。城市高速发展对乡村产生了极强的虹吸效应，农民向城市大规模转移成为无法阻挡的趋势，形成了声势浩大的民工潮，东南沿海地区成为中西部地区农业剩余劳动力转移的主要目的地。农民通过这种"离土又离乡”的方式大大改善了家庭收入状况，但乡村青壮年劳动力流失严重，很多乡村主要依靠老人在支撑着农业生产。这一时期的城乡二元经济与地理二元经济交织在一起，东南沿海地区的城市像欧洲，中西部地区的乡村像非洲，城乡与区域发展不平衡的问题已十分严重。到2002年，城乡居民收入差距比首次扩大到3倍以上。

4. 乡村地权制度在争议中艰难曲折演化

改革开放初期的家庭联产承包责任制并未触及集体化改造中建构起来的保障性地权制度，农村集体土地依然不能流转，土地承包经营权只意味着农民可以利用农用地从事农业生产活动，而且集体经济组织有权根据农户人口的增减变化而调整土地，土地频繁调整的现象比较普遍，地权的不稳定与耕地的细碎化成为制约农业发展的重要问题。

在保障性的地权制度结构中，宅基地——农民用于建造农房及附属生产生活设施的集体建设用地，作为一个特殊范畴，首次出现在1962年出台的《农村人民公社工作条例(修正案)》中。发端于20世纪70年代末的家庭联产承包责任制未触及宅基地制度改革。改革开放以后，宅基地制度基本延续了人民公社时期的制度安排，且随着保护耕地与保障城市发展用地矛盾的日益加剧，宅基地使用权与农房所有权的权能不断被弱化，直至1998年《土地管理法》出台，保障性的宅基地制度完全建构起来。概括来看，其主要特征如下：① 两权分离，宅基地所有权归农民集体，宅基地使用权归农户；② 福利分配，农户依据集体经济组织成员资格可以无偿取得宅基地，并无限期占用；③ 名实不符，农户拥有的宅基地产权在法律名义上是“使用权”，但实际上在农户心中具有准“私有”性质；④ 房地分离，农户对宅基地享有的是使用权，而对房屋享有的是所有权；⑤ 限制流转，虽然宅基地使用权在权利性质上归为用益物权，但法律禁止宅基地使用权流转，宅基地使用权和农房所有权不具有完整的物权属性；⑥ 一户一宅，一户只能拥有一处不超标的宅基地，人均宅基地标准由省级政府依法划定，农民使用宅基地建房须由政府依法审批，严格控制宅基地利用规模。

从解决“三农”问题、促进城乡协调发展、实现乡村振兴的角度出发，学术界主张变革保障性地权制度的呼声很高，但维持保障性地权制度的力量仍很强大。概括起来，维持保障性地权制度、反对集体土地入市交易的理由主要集中在七个方面：① 基于对历史上农民起义与王朝更替的记忆，担心一旦允许土地自由买卖，会导致土地兼并与集中现象，因农民流离失所而威胁社会稳定；② 基于对农业与非农产业的利益比较，担心一旦允许集体建设用地入市流转，会导致滥占耕地现象，因失守18亿亩耕地红线而影响粮食安全；③ 基于对城市化与逆城市化的认知，担心一旦开放乡村要素市场，会导致城市人口流向乡村，出现逆城市化的问题，不符合城市化的价值追求；④ 基于对资本逐利与张力的认知，担心一旦开放乡村要素市场，会导致资本下乡和新的“圈地运动”，侵犯农民利益，破坏乡村生态环境和历史文化；⑤ 基于对土地财政的依赖，担心一旦允许集体建设用地入市用于商品住宅开发，会影响城市房地产市场的健康发展，并进而引发系统性财政金融风险；⑥ 基于对社会公平的考虑，担心一旦允许集体土地入市交易，会导致城中村与城郊村的农民暴富而形成新的“食利阶层”，远郊地区的农民并不能享受到集体土地入市改革的红利，政府又因土地财政的削弱而缺乏向远郊地区农民转移支付的财力，最终导致社会贫富差距的进一步拉大；⑦ 基于对征地制度优势的迷恋，认为中国现行的征地制度是世界上最先进的，它保障中国的工业化与城市化得以低成本快速推进，从而成就了中国的经济增长奇迹，以缩小征地范围、开放集体土地市场为导向的乡村地权制度改革，可能导致独特制度优势的丧失，进而丧失中国城市化与经济发展的优势。

由于乡村地权制度改革的分歧大、牵涉面广、利益敏感，党中央对乡村地权制度改革秉持“稳慎、渐进、先试点后推广”的思路。改革开放40多年来，承包地的制度改革方向逐渐明朗。一是向着地权稳定的方向演化，保持土地承包关系长久不变、“生不增、死不减”成为承包地改革政策的主基调，党的十九大明确在前两轮承包的基础上再延长30年不变；二是向着扩权让利的方向演化，即逐步放松政府对承包地的管制而扩大农民对承包地的使用和处分权利，减少国家来自承包地的经济利益而扩大农民对承包地的经济利益。2018年新修正的《农村土地承包法》正式确立了承包地“三权分置”的制度，承包地从保障性地权制度向保障性与财产性兼顾的新型地权制度迈出了关键一步，土地经营权从土地承包经营权中分离出来，可以流转给非本集体经济组织的成员，农户可保留土地承包权并获得土地流转的财产性收益。

相较于承包地的产权改革，集体建设用地的产权改革更加复杂。经过早期的集体建设用地流转改革试点，2015年全国33个试点县开展的农村土地征收制度改革、集体经营性建设用地入市改革与宅基地制度改革“三块地”试验，最终取得了实质性进展。2019年新修正的《土地管理法》破除了集体经营性建设用地入市的法律障碍，向“同地同权同价”迈出了实质性的步伐。但是，占农村集体建设用地70%以上的宅基地在制度改革上并未取得实质性进展。从2019年新《土地管理法》和2020年新《民法典》的修订情况来看，宅基地使用权虽然可以依法自愿有偿退出和盘活利用，具备了微弱的财产属性，但其保障属性仍然很强，基础性制度包括福利分配、一户一宅、承担农户居住保障功能、不得抵押和不得直接入市流转等都没有改变。2020年，农业农村部牵头，在全国部署开展了新一轮的宅基地制度改革试点，以宅基地“三权分置”改革为核心，进行包括完善宅基地集体所有权行使机制、探索宅基地农户资格权保障机制、探索宅基地使用权流转制度、探索宅基地使用权抵押制度、探索宅基地自愿有偿退出机制、探索宅基地有偿使用制度、探索宅基地收益分配机制、完善宅基地审批制度、健全宅基地监管机制等九个方面的改革探索。纵向观察，新中国成立 70 多年以来，宅基地产权制度大致经历了“自由流转→禁止流转→放松流转→限制流转→尝试放松流转”这样一个艰难曲折的过程，如表 4－1 所示。

表 4－1　中国乡村宅基地产权制度的演化历程

时　期	制　度　安　排	法 律 政 策
1949—1962 年	宅基地归农民所有，宅基地及房屋可以自由流转。	1950 年《土地改革法》
1962—1982 年	宅基地归集体所有，宅基地不准出租和买卖，但房屋可自由流转，遵循“地随房走”原则，房屋出卖后，宅基地使用权随之转移给房主。	1962 年《农村人民公社工作条例修正草案》、1963 年《关于各地对社员农村宅基地问题作一些补充规定的通知》
1982—1998 年	宅基地归集体所有，农村和城镇居民均可取得宅基地使用权(82 条例向回乡落户的离退休职工和军人、回乡定居的华侨和港澳台同胞放开；86 土法向城镇非农业户口居民放开)。	1982 年《村镇建房用地管理条例》、1986 年《土地管理法》

续　表

时　期	制　度　安　排	法 律 政 策
1998—2015 年	宅基地归集体所有，宅基地和房屋流转受到严格限制，禁止城镇居民在农村购置宅基地和住宅，禁止“小产权房”。	1998 年《土地管理法》、1999 年《关于加强土地转让管理严禁炒卖土地的通知》、2007 年《物权法》
2015—2022 年	宅基地归集体所有，开展以“三权分置”为核心的宅基地制度改革，尝试放松宅基地使用权流转，允许进城落户农民依法自愿有偿退出宅基地，鼓励村集体及村民盘活利用闲置宅基地和农房。	《关于农村土地征收、集体经营性建设用地入市、宅基地制度改革试点工作的意见》（中办发〔2014〕71 号）、2019 年新《土地管理法》

二　传统地权制度下的乡村建设运动

（一）民国时期的乡村危机

20 世纪二三十年代的中国乡村可谓满目惨然，经济破产、政治纷乱、社会失序、文化沦丧，陷入一种总体崩溃、普遍贫困的全面危机之中。吴觉农(1926)、钱亦石(1935)、董汝舟(1932)等描述了当时中国乡村危机的种种表现：农民逃离故乡、人口减少；荒地增加、农业产量降低；土地分配不均、田赋及捐税加重；高利贷压迫、金融枯竭；灾荒频仍、农民生活困苦。另据朱其华(1936)关于 20 世纪三十年代中国人口经济状况的统计研究，当时处于贫困线以下的人口占全国总人口的比例高达 93.7%，“全国各省都是在总崩溃的命运中挣扎”，陷入了“普遍贫困化”的境地。[①] 农村经济破产导致大量农村人口流向城市，随着人口由乡到城的单向迁移，城市人口在1900—1938年间实现了快速增长，尤其在三十年代，当时中国最大的6个城市——上海、北京、天津、广州、南京、汉口每年以2%—7%的人口增长率快速发展。[②] 伴随着人口的流动，乡村的资金也呈现出由乡到城的单向流动，一边是城市的经济繁荣，一边是农村的加速衰落，城市对乡村的绝对优势逐渐形成。农村的普遍贫困化产生了“循环累积效应”，因为经济贫困导致了“愚和弱”，更因为“愚和弱”，经济贫困的程度有加无已。这体现在：一方面，乡村教育更加衰退，十有八九目不识丁；另一方面，乡村治理失序，农村日夜不安，盗匪如毛，这些横行于乡村的盗匪大肆掳劫乡民钱财。因此，民国时期的乡村危机是乡村经济、政治、社会和文化等的“整体衰落”。

（二）知识分子推动的乡村建设运动

民国时期，在“农村凋敝、国本动摇”的险峻局势下，一批知识分子纷纷“上山下乡”，在全国掀起一场轰轰烈烈的乡村建设运动，试图以此来改造社会、救赎国家，形势蔚然壮观。据考证，中国近代最早的乡村建设始于1902年，河北定县翟城村的米鉴三、米迪刚父子创建了中国最早的农民合作组织“因利协社”，在村里施行了村民自治的三大工程——政治民主工程（以民主协议替代乡规民约）、经济互助工程（凡合力投资的经济项目都不搞户均分摊，而是根据各户出资状况确定权责利关系）、自治人才培养工程，将翟城村打造成了全国

① 朱其华.中国农村经济的透视[M].上海：上海中国研究书店，1936：3-4、54.
② 费正清.剑桥中华民国史(1912—1949年)(上卷)[M].北京：中国社会科学出版社，1993：36.

知名的模范村(姚玉珠,2008)。另据统计,20世纪二三十年代,全国从事乡村建设的组织有600多个,著名的有平教会、山东乡村建设研究院、华洋义赈会等;设立的乡村建设实验区有1 000多处,著名的有美国名校海归晏阳初主持的"河北定县实验"、北京大学国学大师梁漱溟主持的"山东邹平实验"、实业家卢作孚主持的"重庆北碚实验"等;围绕乡村建设主张形成了众多流派,著名的有乡村建设派、农村合作派、中国农村派等。[①] 下面,我们主要从乡村建设实验、乡村建设中的合作思想及实践、政府力量的介入三个方面简要介绍下民国时期的乡村建设情况。

1. 著名的乡村建设实验

(1) 美国名校海归晏阳初主持的"河北定县实验"[②]

晏阳初祖籍四川巴中,先后就读于耶鲁大学、普林斯顿大学,1920年回国时就立下志向,不做官、不发财、终身献给劳苦大众。他经过一年多游历全国19个省进行的调查认为,中国的根本问题是"人"的问题,而中国80%以上的人住在农村,差不多都是文盲,因此要对农民进行教育改造。1926年,他选择到河北定县,以平民教育为重点开展乡村建设实验。从此,他脱掉西装,穿上粗布衣衫,住着破漏房屋,一直干到1936年因日本侵华才被迫南迁。在他的感召下,当时一批海归博士也纷纷举家迁入乡村,投身乡村建设。晏阳初认为中国农民的问题是"愚贫弱私"。愚是指农民大多为文盲,贫是指农民大多贫穷,弱是指农民大多体弱多病,私是指农民大多自私散漫而不够团结。为此,他有针对性地提出四大改造方案,"以文艺教育攻愚,以生计教育治穷,以卫生教育扶弱,以公民教育

① 郑大华.民国乡村建设运动[M].北京:社会科学文献出版社,2000:456.

② 李满星.民国时期的乡村建设运动[J].炎黄春秋,2017(11):78-84.

克私”。他的实验取得了一定成效，到20世纪80年代，定县成为河北省唯一的无文盲县。但是，在社会动荡的大变局中，知识分子毕竟势单力薄，用底层平民教育改良的办法来救垂危的中国，具有很大的局限性。

（2）北京大学国学大师梁漱溟主持的“山东邹平实验”①

梁漱溟曾在北京大学任教，是一位知行合一的国学大师。1930年，他应主政山东的韩复榘之邀，来到山东邹平开展乡村建设实验。他的乡村建设思想主要收录在1937年出版的《乡村建设理论》中，要点如下：第一，重新建立一个新的社会组织构造。他通过对中西文化及社会结构的比较认为，西方社会现代化以来的长处表现在团体组织和科学技术两方面，倡导建立以乡村为单位，以传统文化为指导，借鉴西方的团体组织和科学技术优势，把分散的农民组织形成一个社会共同体。第二，新社会要以新习惯和新能力的培养为条件。他在《吕氏乡约》的基础上扩充改造，试图在乡村形成一种新的社会组织形式和新的礼俗。他撤销了邹平原有的乡公所和村公所等基层组织，代之以“乡农学校”。乡村中的全体农民都是学生，课程主要有“精神陶炼”和“实用技术”。他希望借助“乡农学校”形成新社会的基层组织，然后由村而乡、由乡而县、由县而国，最终建立一个井然有序的国家。第三，以农立国，从农业引发工业。他认为中国的工业化“必走振兴农业以引发工业的道路”。他在邹平实验中成立了信用、产业、消费和运输等各种合作社，并成立了县合作事业指导委员会，以期推动农业生产技术的进步和农业经济的发展，然后，再通过农业化学引发化学工业、农业机械引发机械工业。

---

① 李善峰.一个现代国家建设的系统方案——纪念梁漱溟《乡村建设理论》出版80周年[J].济南大学学报(社会科学版)，2017(06)：140-148.

(3) 实业家卢作孚主持的"重庆北碚实验"[①]

卢作孚是著名的实业家,也是"乡村建设"的最早提出者,并在重庆北碚开展了乡村建设实验。据史料考证,他最早提出乡村建设的时间应在1929年10月1日之前。卢作孚乡村建设思想的核心是"乡村现代化",尤其是"人的现代化。"他清醒地认识到农民最需要的是谋"民生"、保"民享",认为乡村建设就是要农民"多些收获,多些寿数,多些知识和能力,多些需要的供给,多些娱乐的机会"。他把"现代化""都市化"作为乡村建设的目标,认为乡村现代化就是在生产方式上实现工业化和在生活方式上实现都市化。他强调乡村建设必须以"经济建设"为中心。1925年,他创办了民生公司,走上了追求实业救国的道路;1927年,又创办了北川铁路公司和天府煤矿等工矿企业。在经济建设基础上,他逐步建设文化事业和社会公共事业,包括公园、学校、医院、博物馆等。此外,他十分重视秩序建设,认为乡村建设的根本问题,"不在经济,也不在教育……却在秩序。无论何种事业,秩序建设不起来,绝对不会有良好结果的"。经过20多年的建设,北碚实验取得了较好的效果,1949年初中国农村复兴委员会曾用"远非普通中国城市所能望其项背"来评价北碚的建设成就。

2. 乡村建设中的合作思想及实践

民国时期各流派乡村建设实验的内容虽然各有侧重,但有一点是共同的,即都非常重视乡村合作事业的发展。其中,农村合作派的思想最有影响,他们极力主张以合作运动推动乡村社会的改造与发展。他们出版了一系列论著,如于树德的《信用合作社经营论》

---

① 郭剑鸣.试论卢作孚在民国乡村建设运动中的历史地位——兼谈民国两类乡建模式的比较[J].四川大学学报(哲学社会科学版),2003(05): 103-108.

(1920)、《产业合作社经营论》(1921),以理论推动合作实践;他们通过进入政府合作行政体系担任要职,如王世颖和寿勉成分别担任国民政府首任和第二任经济(社会)部合作事业管理局局长、章元善担任实业部合作司司长,以行政方式直接推动农村合作实务。

乡村建设派也非常重视乡村合作事业的发展,并付诸实践。以合作运动为中心推动乡村经济建设,是梁漱溟主持的山东邹平实验的基本思路。晏阳初也意识到合作的重要性,认为要复兴农村经济,一是要把分散的原始式的小手工业组织起来合作经营,二是要加以技术方面的研究改良。在他的推动下,平教会与四川省政府合作的"华西实验区"于 1946 年 7 月成立,该实验区建设的基本思路是以合作社为出发点,实现乡村经济的恢复和发展,同时通过入社条件、创办社田等方式改善农村原有的经济社会结构,从而达到改造农村的目的。合作社的定位包括两个方面:一是集中人才和资金,开展信用、购买、运销和生产活动,促进农村经济建设;二是开展公民教育,不仅使农民拥有新的知识和技术,而且使农民养成合作的观念、习惯和技能。合作社的组织包括基层合作社、乡合作社和县合作社三个层级,类型分为农业合作社和机织、造纸等特种合作社。到 1949 年,实验区共组织成立农业生产合作社 699 个,涵盖社员 65 137 人;机织生产合作社 83 个,涵盖社员 7 508 户。合作社还对入社条件和退社进行了明确规定,试图以此调整乡村的经济社会结构,从而达到改造乡村社会的目的。①

乡村合作运动还引起了高校与科研机构的关注,南开大学经济研究所和金陵大学农学院是当时乡村合作研究的重镇。南开大学经

① 王先明等.百年中国乡村建设的思想与实践论集(上)[M].北京:商务印书馆,2021:299-314.

济研究所组织撰写了《乡村织布工业的一个研究》，书中明确提出以合作制度推动乡村工业化的主张。经济学家方显廷在为该书所作的序言中指出：交通、动力等技术的进步，为乡村工业化提供了可能性，要想通过发展乡村工业来复兴乡村，就必须打倒商人雇主制度并找到对抗大工业的方法，而最好的方法就是采取合作制度，但农民自己是建立不起合作制度的，需要银行、政府部门、社会团体及学术机构等分别从金融、技术、组织和教育等方面入手，自上而下地帮助农民建立合作制度。金陵大学农学院创办了《农林新报》，发表了一系列有关乡村合作运动、农业技术改良与推广的文章，产生了良好的社会影响，并将合作的思想融入乡村建设实践，在安徽建立了乌江合作实验区，成立棉花产销合作社，致力于美棉改良与推广，还与陕西棉产改进所合作，共同推动陕西棉花运销合作事业。最值得指出的是，社会学家费孝通撰写的《江村经济》，详尽考察了开弦弓村生丝精制运销合作社取代家庭手工业的情况，展现了合作组织对乡村工业与乡村社会变迁的深刻影响。费孝通还在《中国乡村工业》一文中提出以合作方式实现家庭手工业和作坊工业的组织联系，将作坊里生产工具的所有权分散到所有参加生产的农民手里，而非集中在少数有资本的人手里，以此避免因新式工业发展而导致的乡村社会贫富差距扩大问题。

通过社会各界的推动，民国时期乡村合作事业的发展取得了一定成效。据统计，到 1944 年，全国共有各类合作社 295 003 个，涵盖信用、农业生产、工业生产、供给、运销、消费、公用、保险等众多业务领域。①

① 王先明等.百年中国乡村建设的思想与实践论集(上)[M].北京：商务印书馆，2021：251.

3. 乡村建设运动走向农政

1935年前后，政府力量逐渐介入乡村建设领域，乡村建设开始由社会运动转向政府农政。[①] 究其原因，主要受到两个方面的因素驱动。一是乡村建设涉及面广，仅由知识分子或社会组织推动存在局限性，需要政府力量的支持。正如晏阳初在1935年全国乡村工作第三次讨论会上所说："乡村运动是民本的，建设是包括科学的技术和内容……已往以至今日下的乡村建设运动还是在研究实验的阶段，如何将研究实验的东西推广出去，绝不是私人团体所能为力。"因此，"现在是需要这一套乡村建设的办法，装入制度里去，大规模的推广出去，这就要从亲民政治的地方自治入手"。[②] 其实，他主持的乡村建设实验后期逐步走向县政建设，特别是他1946年推动成立的华西实验区更是与政府合作的产物，因为要完成他所主张的经济、教育、卫生、地方自治，包括户政、地政、保甲和警卫等县政建设工作，离开政府力量的支持，是绝不可能实现的。梁漱溟在1935年全国乡村工作第三次讨论会上也指出：现在这样"零零碎碎，东一实验区，西一实验区，办法既不一致，事业又很散漫"，如果没有强有力而清明的政府运用国家权力总持经济建设之事，"乡村建设决建设不出什么来"，因此，需要政府"用统一的计划，整个的力量，来推行乡村建设"。[③] 其实，他所主持的山东邹平的乡村建设实验，是受当时主政山东的韩复榘之邀进行的，从一开始就得到了政府力量的支持。

二是国民政府出于战时统制体制实施的现实需要以及对乡村建

① 王先明等.百年中国乡村建设的思想与实践论集（下）[M].北京：商务印书馆，2021：614-640.

② 王先明等.百年中国乡村建设的思想与实践论集（下）[M].北京：商务印书馆，2021：633.

③ 王先明等.百年中国乡村建设的思想与实践论集（下）[M].北京：商务印书馆，2021：633.

设运动自由发展“后患”的顾虑等多种因素考虑，开始把乡村建设纳入议事日程，在采取措施振兴乡村的同时加强了对乡村建设运动的干预管理。这一时期，国民政府采取的措施主要包括成立农村复兴委员会、制定《促进乡村建设方案》、试行地方自治、开展合作运动、推广民众教育等，特别是将乡村建设运动与县政建设合二为一，给予从事乡村建设工作人员“政府公务员资格”或“乡村新绅士”待遇，将乡村建设运动中的许多重要人物整合进体制内，从而将乡村建设运动导入了政府行政规范。在政府主导的乡村建设实验中，比较知名的有青岛市长沈鸿烈主导的青岛乡村建设、江宁县长梅思平主导的江宁县政建设以及广东的中山模范县建设，其中又以青岛开创的以城带乡、城乡互动模式最为典型。青岛由于其特殊的历史背景，至民国时期已形成严重的城乡发展差距，沈鸿烈 1931 年 12 月就任青岛市长后，本着全面建设青岛、复兴农村以繁荣都市、发展都市以救济农村的理念，致力于推动青岛市区与乡区的整体协调发展。其主要做法可简要概括为四个方面：① 乡村建设由政府力量主导，乡村建设的组织机构和人员安排由市政府设立和任命，乡村建设的各项事业均由相关政府部门牵头制定建设方案和组织实施，乡村建设的主要经费也由政府保障；② 官治与民治相结合，起步阶段以官治辅导民治，中期阶段官治与民治并重，成熟阶段以民治为主、官治辅助，渐次推进乡村自治建设；③ 与当时主流的城乡割裂的乡村建设实验不同，青岛乡村建设的一个鲜明特点是注重城市与乡村的协同发展，能根据城乡之间的内在联系，将城市的资源优势用于乡村建设，并通过乡村建设解决城市发展中的问题，在乡村建设的各项事业中均力图实现城乡之间的有机结合；④ 乡村建设内容全面，涵盖经济、社会、教育、农林、工务、治安等各个领域。经过 7 年的努力，青岛乡村建设取得了较为突出的成效。但正如梅思平、梁漱溟等总结的那样，尽管政府主导的乡村建设有足够的人力和财力支持，见效快，但行政力量也有其局限性，超过一定的限度反而会产生负面作用，在国民政府的管制下，乡村建设运动最终变得“无声无息”了。[①]

（三）对民国乡村建设运动的评价

民国时期的乡村建设运动具有重要的历史意义，一些探索至今仍有启示价值。比如，在乡村建设的思路上，梁漱溟与晏阳初等没有局限于“一时一事”的战术性讨论，而是从战略和整体着眼认为中国的根本问题是文化破坏、教育不兴，因此要创造新文化、救活旧农村，并从乡村中寻求解决中国经济、政治、社会和文化等一切问题的治理之道，他们心中的乡村建设不仅仅是建设乡村，而是从乡村出发找到国家现代化与民族复兴的特色道路。再如，以合作制度推动乡村经济建设、发展乡村工业化的思想，以及以城带乡、以乡济城、城乡协同发展的青岛模式，均值得进一步挖掘，以资今用。但是，我们也必须清醒地认识到，民国时期主要由知识分子推动的乡村建设运动具有历史的局限性。一是依附于军阀，独立性不够。二是号称乡村建设运动而农民不动。由于他们没有抓住农民的痛痒——减轻农民的困苦，乡村建设运动与农民“从心理上合不来”，没有得到农民的积极响应，农民参与度低。而卢作孚因其实业家身份，不需要依附于军阀，也能抓住农民的生存需求，乡村建设的效果相对好些。三是在没有驱逐帝国主义侵略和铲除封建残余势力的情况下开展乡村建设，效果必然是有限的，需

① 王先明等.百年中国乡村建设的思想与实践论集（下）[M].北京：商务印书馆，2021：485-505，635.

要认识到国家独立是乡村建设成功的基本前提。四是民国时期的乡村建设运动本质上是改良主义的，没有变革乡村地权制度，没能触动乡村的社会结构，没能发动农民群众广泛参加，因而最终没有从根本上改变乡村贫困落后的状况，更没有实现整个国家的现代化。

三　保障性地权制度下的新农村建设

（一）21 世纪初的“三农”问题

1921 年中国共产党成立后，逐渐认识到土地之于农民的重要性，通过领导乡村地权变革，调动了农民参加革命与抗日以及农业生产的积极性。特别是在延安时期，共产党领导军民开展了模范村庄建设等一系列卓有成效的乡村改造运动，涌现出南泥湾等典型示范。新中国成立后，党中央再次通过乡村地权变革来动员和改造乡村社会，出台了《一九五六到一九六七年全国农业发展纲要（草案）》，强调城市工人和合作社的农民必须互相支援，提出在 12 年内基本消灭老鼠、臭虫、苍蝇和蚊子“四害”，实行了一系列促进农业发展的政策措施，涌现出大寨村、红旗渠等典型示范。该纲要被定位在“建设社会主义农村的伟大纲领”的高度，是集体化时期中国乡村建设的思想指南与行动纲领（王先明，2016）。改革开放以来，随着人民公社的解体，中国的农业生产与农村工业化掀起新的热潮，乡镇企业发展与小城镇建设取得了不凡的成绩。但是，进入 20 世纪 90 年代后，城市的市场经济体制改革加速，极大地解放了城市生产力，城市发展日新月异，加之城乡二元体制没有破除，工业优先发展和城市偏向的战略也未根本扭转，乡村相比之下呈衰落态势。在比较利益的驱动下，农村青壮年劳动力大量涌入城市，农村老龄化、空心化和凋敝现象日趋严重，至2002年城乡居民收入差距首次扩大到3倍以上，城乡发展不平衡问题已十分严重。这主要体现在以下三个方面：

第一，农村基础设施建设与公共服务供给滞后。根据第三次农业普查，到2016年，中国仍有52.3%的农民没有用上自来水，38.1%的村内主要道路没有路灯，10.5%的村内主要道路为沙石或砖石板，44.2%的农户在使用柴草做生活能源，钢筋混凝土结构住房的比例仅为12.5%，52.2%的农户手机联通不了互联网。尤其是，农村道路尽管实现了“村村通”，但是农村道路多数以3.5米标准建设，难以满足未来农村小客车增长速度，也很难满足城镇居民返乡或入乡休闲旅游、养生养老、创业创新的需求。此外，有3.5%的乡镇没有幼儿园、托儿所，近41%的村没有健身场所，45.1%的村没有执业医师，城乡之间在教育、养老、医疗和社会保障方面的差距很大。

第二，城乡居民收入差距大。中国城乡居民收入比从1978年的2.57倍缩小到1984年的1.82倍，之后逐年扩大，直至2007年达到历史空前的3.33倍(何爱平等，2019)；而美国1995—2001年间，以中位数收入家庭衡量的城乡居民收入比一直处于1.28—1.34之间；日本20世纪70年代中期以来，城乡居民收入比始终位于0.86—0.97之间，实现了“乡富城穷”；韩国1970—1988年间，城乡居民的收入比也基本维持在0.86—1.49之间，表现为“乡城均富”(曾国安等，2008)。

第三，农业发展面临挑战。首先，老人农业突出。根据第三次农业普查，2016年农业生产经营人员年龄在55岁以上的比例高达33.6%，老年农民对现代科技掌握能力有限，很难适应农业现代化的要求。其次，农业生产成本高于世界主要农产品出口国，国际竞争力不足。土地流转虽然促进了农业的规模经营，但雇工和租地抬升了农业生产成本。最后，化肥、农药、农膜大面积过量使用，农业污染严重，资源环境承载力已接近上限。不少土地已不适合粮食生产，目前有 3 亿亩耕地受到重金属污染。

图 4－1　弥渡县空心院落

（二）政府主导的社会主义新农村建设

“三农”问题引起党中央的高度重视。2003 年，胡锦涛总书记在中央农村工作会议上明确提出把解决好“三农”问题作为全党工作的重中之重。此后，“以工补农、以城带乡、多予少取”等提法作为科学发展观的重要内容陆续提出。中央一号文件从 2004 年至今连续保持“三农”议题不变，破解“三农”问题的改革举措与政策陆续出台。2004 年，全面放开粮食市场，农产品市场体制得以建立。2005 年，党的十六届五中全会明确提出建设社会主义新农村。2006 年，全面取消农业税，结束了 2 000 多年农民种地交税的历史，充分体现了“多予少取”方针。2007 年，成都和重庆获批国家统筹城乡综合配套改革试验区，允许在城乡发展一体化体制机制改革上先行先试。2012年，中央提出开展美丽乡村建设。2014年，启动了户籍制度改革，取消了农业与非农业户口的区分。2015年，全国人大授权国务院在33个县开展农村土地征收、集体经营性建设用地入市和宅基地制度改革试点，启动《土地管理法》等相关法律的修订议程。在2003—2007年间，农村社会保障体系不断完善，养老保险、医疗保险、义务教育和最低生活保障等基本做到了城乡居民全覆盖；各级财政用于"三农"的资金投入也是逐年增加，仅中央财政投入就达1.56万亿元。但是，这一期间城乡居民收入差距不但没有缩小，反而再创历史新高，2007年达到3.33倍。之后，国家持续增加对"三农"的投入，虽然遏制了城乡居民收入差距拉大的趋势，但从1998年《土地管理法》修订至2017年的长时间轴来看，城乡居民收入差距缩小的只有成都、杭州、重庆、西安等少数大城市，全国和多数大城市不仅没有缩小差距，反而有所扩大(如图4-2所示)。总体来看，乡村衰退的态势尚未得到根本扭转，村庄空心化、人口老弱化和贫困化以及生态脆弱化的问题依然严重。

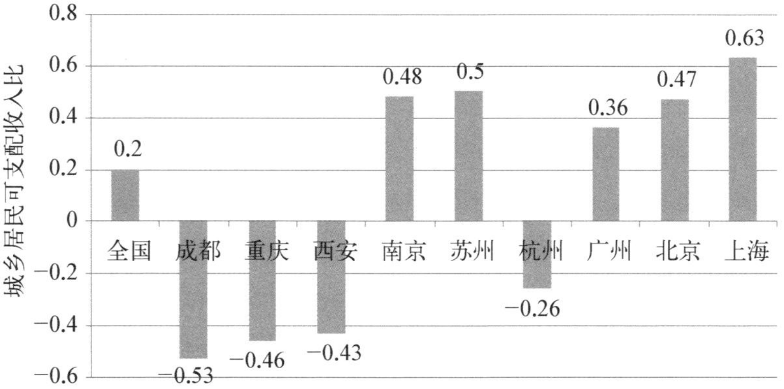

图4-2 全国和主要城市城乡居民收入比变化图(1998—2017年)

（三）对社会主义新农村建设的省思

作为全党工作重中之重的“三农”问题，为何历时之久、耗力之大，始终难以根本解决呢？

1. 对乡村产业发展的省思

规划是政府配置土地资源的重要手段，只有规划为建设用地才能从事非农产业建设，农用地只能进行农业生产。众所周知，政府在编制土地利用规划时，城市主要配置建设用地而乡村主要配置农用地。至于为何如此配置，人们可能不假思索地回答，因为城市主要是搞开发建设而乡村主要是种地的。然而，为什么城市主要是搞开发建设而乡村主要是进行农业生产的呢？人们又可能认为城乡产业分工“天然如此”。的确，自人类社会产生以来，乡村就承担着农业生产的功能，城市则伴随着工商业的发展而兴盛起来。粮食安全事关国家安全，基于对粮食安全重要性的认知，中国逐步建立了世界上最严格的耕地保护制度，18 亿亩耕地红线成为中国的基本国策，随着 20 世纪 90 年代乡镇企业的衰落，乡村的产业发展日益“窄化”为农业生产。

乡村衰退，首先源于城乡之间的产业分工。与城市的工商业相比，传统农业的要素回报率低。在市场经济条件下，生产要素总是必然地流向要素回报率高的地方。因此，中国出现了人力资本、物质资本等生产要素长时期从乡村向城市单向流动的现象。1995—2018 年，中国农村人口从 8.6 亿减少到 5.6 亿，农业生产主要依靠留守老人，传统手工耕作、粗放经营的情形十分普遍；农村 54%的存款流向城市，农民以占全国 70%的人口仅用了不到全国 6%的贷款（贾万志,2011)。按照发展经济学的观点,一个国家或地区经济落后的根源在于物质资本形成不足或人力资本投资不足(速水佑次郎、神门善久,2009)。中国乡村的问题是,不仅物质资本形成不足,而且人力资本投资不足,"双重不足"是乡村衰退的经济根源。因此,要实现乡村振兴,必要条件是引导人力资本与物质资本等生产要素入乡,这进一步要求重构乡村产业体系,一方面推动传统农业的现代化改造,以现代科技赋能农业发展,另一方面以农业为基础延伸产业链,推动一二三产业融合发展,提高产业附加值和要素回报率,形成城市要素入乡与乡村产业重构相互"赋能"的良性循环。

当前,中国的土地单产水平已经高于发达国家的平均水平,土地产出贡献率基本上达到了目前技术允许的极限,在土地供给限制下仅靠农业的进一步发展来提高农民收入、缩小城乡差距并不是一条有效的道路(陈纪平,2010)。要提高农业附加值,一方面,需要推进乡村地权制度改革,允许土地流转,并保持承包关系长期稳定不变,解决耕地细碎化和地权不稳定的问题,向适度规模经营和长期投资要效益;另一方面,需要建立城乡统一的要素市场,推进农业转移人口市民化,减少农业人口数量,提高农业劳动力质量,同时提高农业的科技含量与农业的劳动生产率水平。

实现乡村振兴,除了做足农业发展本身的文章,还要推动乡村经济多样化转型,产业融合是重要途径。中国经过70年的工业化与城市化发展,城市居民消费不断升级,他们对乡村生态、休闲、美学、文化等的消费需求与日俱增,休闲农业与乡村旅游、民宿与度假、健康与养老经济兴起,为乡村产业重构提供了需求侧的可行条件。同时,随着城市经济转型升级,一部分传统行业难以适应产业升级要求或难以满足高准入门槛,只有到乡村寻找新的生存空间;另一部分行业则从分散经营风险、完善产业链或增加利润增长点等角度出发，也希望到乡村寻找新的发展机会。城市资本与人才等生产要素入乡，为乡村产业重构提供了供给侧的强劲动力。可见，乡村产业重构正当其时，已具备了经济上的可行性。但问题是，乡村产业重构需要占用部分建设用地，到哪里去找连片成规模的建设用地？如何避让耕地与永久基本农田呢？显然，不解决好建设用地保障的问题，乡村振兴的效果必将大打折扣。

2. 对乡村地权制度的省思

乡村建设用地保障不仅是一个规划问题，更是一个制度问题。1998 年《土地管理法》规定："任何单位和个人进行建设，需要使用土地的，必须依法申请使用国有土地。""农民集体所有的土地的使用权不得出让、转让或出租用于非农业建设。"《物权法》规定："耕地、宅基地、自留地、自留山等集体所有的土地使用权不得抵押。"这些正式制度形塑了乡村只能进行农业生产，阻断了生产要素从城市向乡村流动的渠道，限制了农民以土地谋发展的可行能力。因此，乡村振兴面临严重的制度束缚。

基于发展的视角，部分学者从产权稳定性、完整性和实施强度等方面对土地制度进行了剖析，主张推动土地制度改革，破除城乡二元制度，实现生产要素在城乡之间自由流动（周其仁，2015）。但另一部分学者持反对意见，认为土地是农民最重要的社会保障，城乡二元制度是对农民返乡权的重要保护机制（贺雪峰，2018）。这两派观点长期争执不下，也深刻影响了土地产权制度的变迁，现行土地产权制度主要以保障社会稳定、粮食安全和城市发展为目标。

保障性地权制度对塑造中国经济奇迹发挥了重要作用，但近年来越来越不适应社会生产力的发展要求。首先，从社会稳定的角度来看,“农二代”与土地的黏度降低(刘守英,2018);非农收入成为许多农户的重要来源甚至超过农业收入,土地不再是这些农户的命根子;不少农户希望拥有更充分的土地权利,增加财产性收入,变现为创业资本。龙登高(2018)的研究澄清了平均地权、自耕农最优论、租佃制度无效率论等旧有陈说,他发现土改前夕土地占有不均的程度并没有通常认为的那么严重;而且平均地权由于家庭析产、继承人能力差异、人口变动与迁移等因素不可能长期保持不变,通过定期均分又会带来土地零碎化等低效率问题;清代和近代中国没有出现土地集中的趋势,原因是存在一种土地集中的负反馈机制。近年来,在东部地区和大城市近郊的乡村,土地的财产功能显著增强,农民以土地谋发展的愿望强烈。其次,从粮食安全的角度来看,耕地数量≠粮食安全,保障粮食安全可以多管齐下。比如:进一步拓展粮食进口渠道,整合若干以粮食生产为主营业务的央企,支持其到海外长期租赁农地建设粮食生产基地,用好国际市场;实施调水改土、土壤污染治理、旱地改水田、高标准农田建设等系列工程,增加可耕地面积,提高耕地质量和产出率。最后,从城市发展的角度来看,依靠征地制度推动城市高速扩张的负面效应开始显现,不仅社会资源“脱实向房”,对实体经济产生了明显的资源挤占效应,而且社会矛盾加剧,征地拆迁引发的冲突和群体性事件频发,高房价加剧了财富分配不公。更致命的是,财政金融风险加大,政府平台贷款、开发商贷款、居民住房贷款全部与银行信贷捆绑在一起,整个资金链条维系于“房价上涨预期”,一旦房价出现大幅度波动,很可能引发系统性财政与金融风险。

综上所述,把乡村产业“窄化”为农业生产,土地功能“固化”为社会保障,是导致中国乡村衰退的重要原因。实施乡村建设行动,实现乡村振兴,呼唤更新思想观念,中国现代化的后半程不应继续以牺牲农民利益和乡村发展为代价,需要赋予乡村与城市平等的发展权利,通过乡村地权制度变革,为乡村经济的多样化、市场化和现代化转型提供支撑。

第五章

地权演化与乡村建设的互动：现实分析

本章主要从现实逻辑对地权演化与乡村建设的互动关系进行分析。现有研究对地权制度的变迁多是宏大叙事，缺乏对保障性地权制度下土地发展权生成与配置模式适应性演化的细致研究。第一节详细考察保障性地权制度下土地发展权的生成与演化过程。不同的地权配置模式，导致相关参与者的利益关系不同，博弈策略不同，形成不同的乡村建设模式，面临不同的矛盾和问题，最终导致差异化的乡村建设绩效，由此又推动着地权不断动态演化，形成了多样性的地权配置模式与乡村建设模式。第二节对中国实践中涌现出的三种典型土地发展权配置模式以及相应的美丽乡村建设模式进行具体分析，发现随着保障性地权制度向财产性地权制度的渐进演化，地权配置与乡村建设呈现出“地权的行政化配置与政府主导型乡建模式→地权的市场化配置与资本主导型乡建模式→地权的金融化配置与农户自主型乡建模式”的协同演化特征，市场及农户在地权配置与乡村建设中的作用逐步增强。第三节基于农户福利视角对三种美丽乡村建设模式的效果进行实证分析与比较，发现农户自主型乡建模式下农户综合福利改善最多，应顺应地权与乡村建设的演化规律，倡导农户自主型乡建模式，并发挥好政府与资本在美丽乡村建设中的积极作用。

一　保障性地权制度下土地发展权的生成

宅基地作为一种特殊的集体建设用地，受到严格的政府管制，但在保障发展与保护耕地以及解决“三农”问题的多重目标驱动下，政府围绕宅基地的用途转换、区位调整与开发强度开展了一系列改革实验，推动了土地发展权在中国的生成与配置模式演化。在土地发展权制度的形成与演化过程中，地方政府扮演了重要角色。在“晋升锦标赛”的激励模式下，谁能改善经济绩效，谁就更有机会获得晋升（周黎安，2007）。21世纪以来中国经济发展的显著特征是：一方面，城市化进程加速，保护耕地与保障城市发展用地（简称“双保”）的矛盾十分尖锐；另一方面，城乡发展的差距扩大，“三农”问题突出。中央强调耕地保护和“三农”问题，地方政府普遍以土地谋发展，这种独特的“央—地”关系与发展模式把宅基地制度改革推到风口浪尖。在保障性地权制度的法律框架内，地方政府通过土地资本化生财与融资，使城市发展深深烙上了土地扩张的印记。但是受18亿亩耕地红线的约束，建设用地指标紧缺成为地方政府推动城市发展最为头痛的事情。同时，解决新农村建设“钱从哪里来”等难题也是地方政府面临的艰巨任务。正是在“双保”矛盾与“三农”问题的挤压下，土地发展权制度在地方实践探索与中央顶层设计的互动中形成了（如图5－1所示）。

（一）农用地整理起步

与西方公共服务型政府不同，中国的地方政府承担了制度创新型企业家的功能，他们必须在法律框架内以改革的名义找到破解经济发展制度梗阻的策略。如何解决城市发展过度占用耕地威胁粮食安全的矛盾呢？《土地管理法》规定实行耕地占补平衡制度，这为城市建设占用耕地开辟了通道，农用地整理就是解决方案（北京大学国家发展研究院综合课题组，2010）。地方政府发现，除了通过土地平整等措施可以增加耕地外，还可以通过“吃台账”的方式增加耕地面

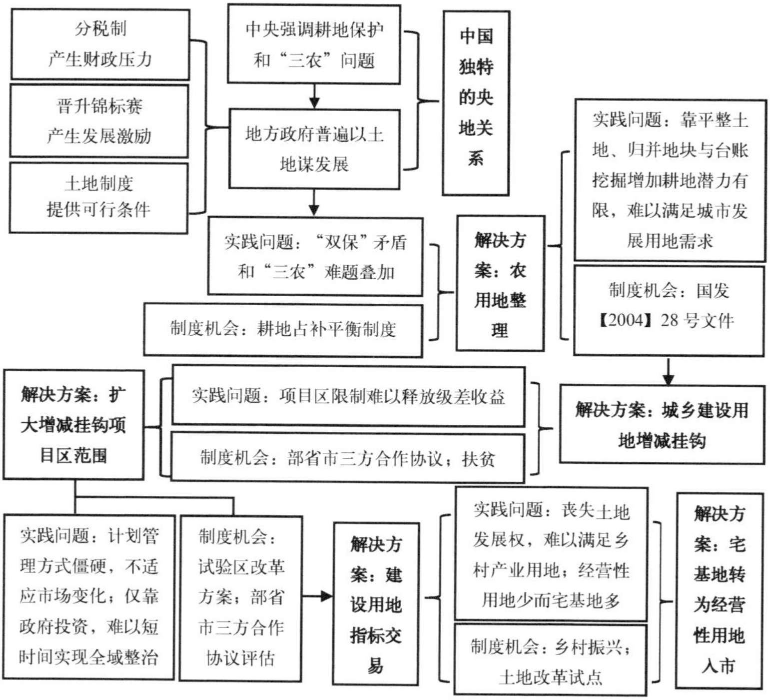

图 5-1　土地发展权的生成与演化过程

积，原来台账中的耕地面积不是实测面积而是按产量折算的。2007年前，很多城市的新增耕地都来源于农用地整理。但是，靠工程措施增加耕地的潜力十分有限，靠“吃台账”增加耕地的办法更不具有持续性。城市经济的快速增长，使农用地整理新增耕地的后备资源耗尽，解决“双保”矛盾只能另寻出路。

（二）开展增减挂钩试点

在政府治理体系中，政策研究是重要一环，有专门的人员通过调查研究为政府决策提供智力支撑，基层的合理诉求或有益经验通常会以巧妙方式反映到政策文件中，以改革试点的名义稀释正式制度的黏性，推动渐进式改革不断前行。2004年印发的《国务院关于深化改革严格土地管理的决定》提出，“鼓励农村建设用地整理，城镇建设用地增加要与农村建设用地减少相挂钩。”此后，增减挂钩试点陆续在各地推开。

增减挂钩的要义是，项目区内建设用地规模不增加，耕地面积不减少、质量不降低。因农村建设用地大部分为宅基地，所以增减挂钩主要依托宅基地复垦进行。其运作分为三块：一块为拆旧区，由政府垫资完成旧房拆除和宅基地复垦；一块为农民集中居住区，由政府垫资完成农民新居与公共设施配套建设；一块为建新区，政府把节余的建设用地指标调剂到建新区（现状一般为农用地，规划中为有条件建设区），征收为国有建设用地后出让，然后返还农村一定收益。

相比于征地，增减挂钩是一种重要的帕累托改进，在现行制度约束下较好兼容了中央、地方政府和农民之间的利益目标。一是建设用地指标供需机制。受用途管制与年度计划的约束，城市发展用地紧缺与农村建设用地闲置并存，为城乡之间建设用地指标的有偿调剂提供了条件。二是城乡地价级差机制。城乡经济发展的落差，导致城乡地价的落差，将城市地价的少部分返回农村，就能较好地解决拆旧复垦与补偿安置、新农村建设的资金难题。三是农民集中居住机制。很多农村以散居为主，人均宅基地面积大，但居住条件差，通过适度集中，可以节约出建设用地指标，换取改善居住条件的资金。四是宅基地复垦还耕机制。农民上楼后，宅基地复垦还耕，保证项目区内建设用地不增加，耕地不减少。

增减挂钩的重要意义还在于创设了土地发展权。自人民公社以来，宅基地作为特殊的建设用地，是不能出租、买卖和抵押的，也不能用于非农业建设。对农民而言，宅基地使用权只是一种居住保障权，即基于集体经济组织成员资格而无偿获得，可在其上修建住房用于永久居住的权利，不能像国有建设用地使用权人那样利用土地建造建(构)筑物并获取收益。随着城市化的发展，农民大量进城，宅基地闲置十分普遍。通过增减挂钩，农民获得一笔资金，改善住房和居住环境，宅基地复垦还耕后还能增加农业收入。一些学者认为，增减挂钩与国外的土地发展权制度有异曲同工之妙，宅基地复垦为农地实质上是农民退出宅基地基本发展权换取资金(张占录等，2019)，来改善住房和居住环境。

在增减挂钩制度下，土地发展权还很不完整。是否与何时实施项目、土地发展权交易价格如何确定等重要事项，基本都由政府决定，有的地方连尊重农民意愿的原则都抛弃了，搞大拆大建，强行合村并居、逼迫农民上楼。因此，增减挂钩遭到不少学者的批评，农民利益得不到保障最受诟病。

(三)扩大增减挂钩项目范围

土地级差收益是增减挂钩的奥妙所在，其来源有二：一是从农用地转为建设用地的用途级差收益；二是从农村拆旧区转移到城镇建新区的区位级差收益。建新区离中心城市越近，拆旧区离中心城市越远，区位级差收益就越大，反哺农村的能力就越强。但早期的增减挂钩被严格限制在县域范围内实施，土地级差收益无法得到释放。因此，扩大项目范围，成为增减挂钩制度的改革方向。

2008年，成都市人民政府与国土资源部、四川省人民政府达成一个合作协议(简称“三方合作协议”),提出一揽子土地制度改革任务,包括“允许成都市在市域范围内设置增减挂钩项目区”。通过运用跨县设置增减挂钩项目区的政策,成都市在 2008—2011 年筹集资金 88 亿元,有力支持了灾后重建和城乡统筹发展。2016 年,为了支持精准扶贫,国土资源部同意集中连片特困地区、国家扶贫开发工作重点县和开展易地扶贫搬迁的贫困老区将增减挂钩节余指标在省域内流转使用;2018 年,增减挂钩项目范围再次拓展,“三区三州”及其他深度贫困县增减挂钩节余指标可由国家统筹跨省域调剂使用。这样,原本在县域范围内不足 20 万元/亩的建设用地指标价格,通过将项目范围扩大至省域甚至全国,建设用地指标价格达到了 30 万—120 万元/亩,在支持精准扶贫中发挥了重要作用。

(四)探索建设用地指标交易

增减挂钩制度带有浓郁的计划管理色彩。一是实行封闭管理,拆旧区与建新区要一对一捆绑设置;二是实行额度控制,项目立项、变更与验收必须自下而上层层报批。但从运行机理看,增减挂钩有着市场经济的内在逻辑。建设用地指标的价值性,决定其可以按市场规则进行交易;拆旧区农民腾退意愿与建新区用地者需求的变化,决定项目区不可能事先一次性确定好,需要相机变更。增减挂钩市场逻辑与计划管理的矛盾再次诱致了制度变迁。

2008 年,重庆市率先启动了“地票”交易,不需要事先确定增减挂钩项目区,允许农民零星整理复垦宅基地,通过“地票”交易获得收益,“地票”购买者可在全市符合规划的建设用地区优先选地。2010 年,成都市开展了建设用地指标交易。通过“持证准用”,即企业购买首次出让的国有经营性建设用地，需持有同等面积的建设用地指标，形成指标需求；允许企业投资增减挂钩项目，将取得的建设用地指标拿到农村产权交易所公开交易，形成指标供给。通过指标交易，不仅确认了土地发展权，而且促进了资本下乡，实现了建设用地指标的市场化供给。2011 年 4 月至 2017 年 4 月，成都市撬动社会资本投资增减挂钩项目 302 个，投入农村资金 220 亿元。此后，浙江、河南和广东等地区也先后引入市场方式探索开展建设用地指标交易。这些地方的改革探索，为土地发展权从政府行政方式配置转向市场方式配置提供了有益经验。

（五）推动闲置宅基地转换入市

增减挂钩制度虽通过土地发展权向城市转让，为农民筹得了改善住房与居住环境的资金，但导致了乡村发展空间的丧失。随着乡村振兴战略的实施，大城市近郊或具有资源禀赋优势的乡村内生动力增强，产业发展的建设用地需求愈来愈旺盛，保留一定的发展空间至关重要。虽然集体经营性建设用地可依法入市用于非农产业发展，但大多数农村存量集体经营性建设用地少而闲置宅基地多，如何保障农村建设用地需求成了棘手问题。

地方政府的解决方案是，通过土地综合整治，将闲置宅基地转换成集体经营性建设用地入市，以成都的“小挂钩”为典型模式。“小挂钩”与增减挂钩的原理基本相似，不同之处在于“小挂钩”的建新区只能在本村镇范围内设置，且保留为集体建设用地性质（邓国营等，2018）。“小挂钩”的运作方式如下：由农民集体作为投资主体，成立集体资产管理公司，自然资源部门注销农户的宅基地使用权证，为公司颁发集体建设用地使用权证，实现“小证换大证”，然后用产权证到银行抵押贷款用于项目实施；项目竣工验收后，将节余建设用地指标覆盖到建新区，经规划调整转换成集体经营性建设用地入市；入市收益用于偿还银行贷款，土地用于产业发展。“小挂钩”经过归并零星宅基地、易地集中，形成连片建设用地布局，为乡村产业融合发展提供了空间保障。

（六）促进宅基地多功能利用

无论是增减挂钩、指标交易还是“小挂钩”，都不可避免地因集中居住导致了农民宅基地面积的缩小，这对经济条件好的农户是没有吸引力的。随着乡村旅游的快速发展，游客对乡村住宿、餐饮和休闲娱乐等需求与日俱增，越来越多的农户抓住商机自觉参与到相关配套服务中。为解决用地问题，农户通常自筹资金利用宅基地改（扩）建房屋，修成多层并精心装潢设计，用于从事民宿和农家乐等经营活动。此时，农户对宅基地的功能诉求已经不仅仅是满足自身的居住需要，而是从事经营活动，获取更多收入。农户这种自发改变宅基地功能和利用强度的现象，在浙江等经济发展水平高的乡村日益增多。其制度创新的价值是，在不缩减宅基地面积的前提下，农户通过改变土地利用强度，提高容积率与密度，修建多层房屋，拓展宅基地的功能，在满足自身居住需求的同时，增加了农户的经营性与财产性收入，实现了资源的复合利用与效率提升。更重要的是，农户对土地发展权享有了自主配置的权利，可根据自身意愿决定是否改（扩）建房屋以及用作什么用途等。

综上所述，在中国独特的“央—地”关系与发展模式约束下，在

“双保”矛盾和“三农”问题的挤压下，地方政府为了应对面临的现实问题，不断寻找制度创新的机会，以改革的名义稀释正式制度的黏性，持续推进了宅基地制度的微更新与渐进演化，且呈现出以下特征：一是避开实体形态的土地权利流转限制，侧重于指标形态的土地权利流转制度创新；二是以“空间分置”为手段，在让部分宅基地承担居住保障功能的同时，释放出部分宅基地的财产功能，提高了宅基地资源利用效率；三是土地发展权的配置模式多样化，有利于差别化地解决偏远农区、大城市近郊以及区域经济发展水平高等不同类型乡村建设中的发展空间与资金筹集问题；四是土地发展权配置从主要保障城市发展用地转向主要服务乡村振兴用地，从政府行政方式配置转向市场导向的农民集体及农户自主配置，市场在土地发展权配置中发挥的作用越来越大。

二　地权配置与美丽乡村建设模式的协同演化

（一）新时代的美丽乡村建设

2012 年，党的十八大提出建设“美丽中国”的目标，而中国要美、乡村必须美，2013 年中央一号文件首次提出美丽乡村建设的目标。实际上，早在 2008 年，安吉县就开始了美丽乡村建设的行动。2010 年，浙江省把美丽乡村建设升级为省级战略，出台了《浙江省美丽乡村建设行动计划（2011—2015 年）》，成为全国美丽乡村建设的排头兵。2013 年，为贯彻党的十八大精神，农业部发布了《关于开展“美丽乡村”创建活动的意见》;财政部依托“一事一议”财政奖补政策平台，选择浙江等 7 省市、1 146 个乡村率先启动美丽乡村建设试点(王卫星,2014)。2015 年,《美丽乡村建设指南》国家标准(GB/T 32000 - 2015)发布,为美丽乡村建设提供了技术标准和基本遵循(王传发,2019)。2018 年,《美丽乡村建设评价》国家标准(GB/T 37072 - 2018)发布,进一步促进了全国美丽乡村建设的标准化与规范化。在国家的支持和指导下,各省市围绕美丽乡村建设制定了一系列政策措施,进行了不同程度、各具特色的实践探索(详见表 5 - 1)。

表 5 - 1　部分省市出台的美丽乡村建设政策

省份	政策文件	政策要点
浙江	《浙江省深化美丽乡村建设行动计划(2016—2020 年)》	以水为镜,以净为底,以美为形,以文为魂,以人为本。
江苏	《江苏省关于开展美丽乡村建设示范工作的通知》	以城乡发展一体化为主线,以农村产业发展为基础,以乡村人居环境提升为核心,以村庄基本公共服务完善为切入点,以农村综合配套改革为保障。
安徽	《安徽省美好乡村建设规划(2012—2020 年)》	布局规划合理,配套基本公共服务和基础设施,保护乡村历史文化和发展特色文化。
广东	《广东省全面推进拆旧复垦促进美丽乡村建设工作方案(试行)》	十年内完成农村旧住宅、废弃宅基地、空心村等闲置建设用地的拆旧复垦,促进扶贫开发和易地扶贫搬迁。
福建	《福建省实施宜居环境建设行动计划(2014 年)》	整治裸房,垃圾处理,污水治理,村道硬化,村庄绿化。
四川	《四川省幸福美丽新村建设总体规划(2017—2020 年)》	业兴、家富、人和、村美;小规模、组团式、微田园、生态化。

续　表

省份	政策文件	政策要点
云南	《云南省美丽宜居乡村建设行动计划(2016—2020年)》	建设新村寨;发展新产业;过上新生活;形成新环境;实现新发展。
贵州	《贵州省"四在农家·美丽乡村"基础设施建设六项行动计划(2013年)》	小康路行动;小康水行动;小康房行动;小康电行动;小康讯行动;小康寨行动。
陕西	《陕西省人民政府关于全面改善村庄人居环境持续推进美丽乡村建设的意见》	抓好生态工程建设,建设一批森林村庄;挖掘历史文化、特色景观等资源;保留村庄原始风貌,慎砍树、不填湖、少拆房。
河北	《河北省关于加快推进美丽乡村建设的意见(2016年)》	改房、改水、改路、改厕、改厨。
河南	《河南省美丽乡村建设示范县试点实施方案》	村庄秀美,环境优美,生活甜美,社会和美。
湖南	《湖南省改善农村人居环境建设美丽乡村工作意见》	布局美、产业美、环境美、生活美、风尚美。

资料来源:课题组通过网络收集整理。

党的十九大提出乡村振兴战略,总要求是:"产业兴旺、生态宜居、乡风文明、治理有效、生活富裕",这不仅是对社会主义新农村建设"五句话、二十字"要求的升级版(叶兴庆,2018),也是对党的十八大以来美丽乡村建设实践的经验总结与提升。2020年,党的十九届五中全会提出"实施乡村建设行动"。乡村建设行动成为百年乡村建设思想在中国进入新发展阶段后的最新阐述与时代表达,是推动乡村振兴、实现乡村现代化的系统性工程。从"运动"到"行动"的语境转换提醒各地既不要无声无息,也不要"刮风"搞运动,要着眼长远、科学谋划、从容建设、久久为功（萧子扬，2021）。

总结中国美丽乡村建设的实践情况，土地发展权配置与美丽乡村建设模式呈现出明显的协同演化特征。与地权的行政化配置模式相适应，形成了政府主导型的美丽乡村建设模式；与地权的市场化配置模式相适应，形成了资本主导型的美丽乡村建设模式；与地权的金融化配置模式相适应，形成了农户自主型的美丽乡村建设模式（姚树荣、龙婷玉，2019）。

（二）地权行政化配置与政府主导型乡建模式

1. 模式阐释

政府主导型乡建模式，是指由政府投资实施并主导乡村建设的情形。在保障性地权制度下，地方政府推动乡村建设最主要的政策工具是城乡建设用地增减挂钩政策。自 2005 年党中央提出社会主义新农村建设目标以来，各地普遍面临着“钱从哪里来”“地向哪里要”“人往哪里去”的难题。2006 年，国土资源部在全国部署开展了第一批城乡建设用地增减挂钩试点，为解决新农村建设的资金、土地与人员安置问题提供了政策机会。试点地区抓住政策机遇，运用城乡建设用地增减挂钩政策推进新农村建设。但是，由于增减挂钩政策没有明确宅基地复垦整治的权利性质，加之长期以来政府对集体土地管制的惯性思维，各地在推动乡村建设中没有把宅基地复垦整治作为农民的“发展权”看待，而是当作一种“公权”在行使。把哪个村庄纳入土地综合整治项目、何时实施项目、如何筹措资金、如何规划建设新村、复垦指标转移到哪里、交易价格多少、收益怎么分配等重要事项，均由地方政府决定，项目的申报、投资实施与验收主体也都是地方政府(姚树荣,2020)。

政府主导型乡建模式的操作流程大致如下：① 规划编制,确定拆旧区、城镇建新区与农民新居选址;② 资金筹措,通常由拆旧区政府垫支或城镇建新区政府预支;③ 项目立项与报批;④ 项目实施,就补偿安置等事项征求农户意见后施工建设;⑤ 项目验收,包括农民新居质量验收与宅基地复垦验收;⑥ 投资回收,节余建设用地指标由政府配置到城镇建新区用于"报征",转为国有建设用地上市交易,获得土地出让收入,与拆旧区政府完成土地指标价款结算;⑦ 配套跟进,包括土地流转、产业发展、社区治理、公共服务等。经过这一系列操作,美丽乡村就"造"出来了(姚树荣、龙婷玉,2019)!

在政府主导型乡建模式下,农户利益得不到保障最受诟病。刘建生(2011)指出,个别政府罔顾农户意愿强拆强建,片面追求指标。苟兴朝(2012)认为,增减挂钩形成级差地租Ⅰ与级差地租Ⅱ,但在进行利润分配时,政府规划下分配比例的模糊,导致利益分配不均,损害了集体与农户的利益。华生(2014)强调,增减挂钩政策本质上是给地方政府开口子搞发展的土地权力而不是给外出农民工在就业地安居的民生权利,对农民而言,虽然住房条件有所改善,但宅基地大幅减少,有很多要自己另外交钱买房,同时离耕种的田太远,还要承受上楼后务农带来的生产养殖和生活的诸多不便与费用支出增加。姚树荣(2017)研究发现,在乡村建设中,尽管政府会通过宣传动员、思想工作甚至"群众斗群众"等方式取得农民同意,但农民始终处于被动接受的地位,农民福利保障很大程度上取决于政府动机。如果地方政府的出发点是解决"三农"问题,就会尊重农民意愿,在增进农民福利上下功夫;如果地方政府只是为了保障城市发展,攫取土地指标,就可能出现大拆大建、农民"被上楼"现象。由于各地政府官员对城乡发展的认知与偏好不同，他们运用增减挂钩的动机也就不同，从而农民福利的保障情况也迥然不同。凡是乡村建设做得好的地方，政府通常以尊重民意为前提；乡村建设产生问题的地方，多数是政府意志凌驾于民意之上。因此，政府主导型乡建模式对农民福利缺乏稳定的制度保障。

在政府主导型乡建模式下，财政支出压力巨大。在美丽乡村创建实践中，一个示范项目所需投入资金少则千万元，多则上亿元；同时，基础设施与公共服务设施投入使用以后的运行维护费用也十分庞大。美丽乡村建设，仅靠政府的财政支撑难以为继（伍琳瑜、刘静娴，2017）。

政府主导型乡建模式引发的不公平以及可持续性问题也值得重视。具有区位与资源禀赋优势的乡村更容易争取到政府财政资金、项目及政策的支持，成为美丽乡村建设的试点、示范，政府倾向于整合各种涉农资金甚至包括本该投向其他普通乡村的资金来打造政绩工程、样板项目，导致美丽乡村建设财政支持上新的不公平；在财政资金的使用上，政府倾向于农房与基础设施及公共服务设施建设等短期“看得见、摸得着”的项目，对生态环境改善、农民素质教育培训等建设周期长且见效慢的项目投入明显不足，导致政绩工程通常只能“网红一时”，随着政府换届、人事调整与领导注意力转移而逐渐衰落。

2. 典型案例：安居村的美丽乡村建设

传统农业村落占全国农村的80%以上。这类农村如何振兴？实践中，面对资金匮乏问题，部分农村依托城乡建设用地增减挂钩政策，通过土地发展权的行政配置，建设美丽乡村，走上振兴之路，但也面临着新的发展困境。下面，我们以安居村为例加以详细说明。

（1）安居村建设情况

安居村位于四川省巴中市恩阳区下八庙镇。恩阳区曾属省级贫困县，于 2018 年 7 月被批准退出贫困县序列。安居村辖区面积 6 平方公里，下辖 9 个村民小组、570 户、2 000 余人，其中常住人口 800 余人。安居村曾是一个贫困的小山村，通过几年的乡村建设，实现了脱贫，先后获省级“四好村”“生态文明村”“幸福美丽新村”等称号。

图 5－2　安居村印象

① 巴山新居建设

2009 年，巴中市启动巴（中）南（充）高速建设，其出口离安居村仅有 400 米。此时的高速路两旁，破烂的土坯房随处可见。为改善村貌，安居村抓住高速路修建契机，积极向上级申请，成为首批建设巴山新居的乡村。巴山新居建设项目充分运用增减挂钩政策，通过拆除农民原来零星分散的土坯房，然后修建集中居住区获得节余建设用地指标，通过交易换取乡村建设资金。巴山新居项目于 2012 年启动、2014 年完成，全村共有 126 户、600 余人参与该项目，住进了红瓦房。

一是土地补偿。按当时政策规定，土坯房拆旧补偿标准为16 000元/户，但是这一政策由于不够“接地气”，在群众中引起不满。最后，经村委会协调、议事组讨论后，与村民达成一致，按照 1 200 元/间房的标准(房屋 1 000 元/间；瓦片 200 元/间)进行补偿。祖坟深埋或搬迁补偿标准为：碑坟 1 500 元、条石坟 1 200 元、乱石头坟 1 000 元，土坝坟 800 元。经过村委会协调、村民积极配合，在 3 个月内，安居村顺利拆除了 60 余座土坯房、30 余座坟，完成拆旧工作。拆旧完成后的土地将复垦为耕地，由原住户耕种。巴山新居集中居住区的选址位于安居村第三村民小组，项目居住区规划占用了部分村民的耕地、宅基地等，经村民议事会商议，最终通过了两种土地调整与补偿方式：一是土地置换。若新居购买者为安居村三组村民，按照“谁占地谁补偿”的标准，占地者与被占地者进行同等面积的土地置换。二是经济补偿。若新居购买者不是安居村三组村民，则进行经济补偿。其中安居村本村外组人员购房价格上涨 150 元，外村人员购房价格上涨 300 元，用于支付土地租金。收取的所有购房款在支付完项目建设成本、土地占有补偿费后，剩余部分全部收归安居村第三村民小组集体所有。

二是新居建设。巴山新居的房屋主体建设由在外经营建筑公司的本村人联合外地投资商共同投资修建，共设计三种户型，人均住房面积为 30—35 m^2。房屋主体建设完成后，房屋外部风貌、道路、管网等基础设施建设由政府负责完成。项目整体实施完成、经验收合格后，农民按照自愿的原则进行购买，购房价格为：安居村三组村民购房价格为 900 元/m^2；安居村其他组村民购房价格为 1 050 元/m^2；外村人员购房价格为 1 200 元/m^2。如此一来，村民若要购买一套新房，户均花费约为 10 万—20 万元。在新房的选择上，按照“谁先选中谁入住”的原则，村民选中一套新房后，只需要交购房款的一部分（一般为 2 万—5 万元），就可以入住。也正是由于大部分村民均未足额缴清购房款，导致目前该巴山新居项目仍拖欠施工方 300 多万的建房资金，被占地农民也尚未收到土地租金。2014 年，巴山新居项目建设完成，126 户村民如期住进了漂亮的红瓦房。有了巴山新居项目的工作经验后，2015 年安居村再次争取了增减挂钩项目。这次参与增减挂钩项目的共有 130 余户村民，其补偿标准是：根据旧房面积，以 150 元/m^2 进行补偿；另外，石头院坝 120 元/m^2，土院坝 80 元/m^2。该增减挂钩项目的实施由企业主导，原宅基地的拆旧复垦、集中居住区的基础设施配置工作由企业完成，新房由村民按照规划设计标准自行修建。若村民不再新建住房，则需根据巴中市政策规定，按照人均 50 m^2 的标准在农民集中居住区预留建设用地指标，安居村共有 80 余户村民未再新建住房。零星分布的土坯房变为整齐集中的新楼房，住房与基础设施明显完善；但是，住房集中与公共服务设施的完善也推高了村民的生活成本，加大了农民生产半径，如何破解这一矛盾，成为亟待解决的问题。

② 产业项目引进

巴山新居项目实施让农民住上了好房子，接下来还得让农民富起来，能够过上好日子。作为西南地区典型的传统农村，在产业项目引进以前，安居村主要以家庭为单位进行传统的耕种，种植作物以玉米、水稻为主。受到山区地势高低起伏的影响，种植面积分散，难以达到发展机械化农业的条件，这严重制约着农民增收，传统农业种植仅能解决农民的温饱问题，离生活富裕还有很大的差距。2013 年，在政府的引荐下，安居葡萄园成为首个产业项目入驻安居村。随后，农业实现了快速增长，目前安居村流转农用地达 1 700 亩，形成了 3 个农业生产园区、5 个农业专业合作社、12 个家庭农场。

农业产业的发展，改变了安居村传统的农业耕作方式，通过土地流转解决了生产半径问题，也通过三种方式提高了农民收入。一是土地流转租金收益。安居村对所有的农用地承包者收取统一的年租金：每亩土地以 450 斤国家二级稻谷计价（目前折算为 600 元/亩），租期至二轮承包结束。二是就近务工收入。在产业引入时，安居村对外来投资者提出的第一个要求就是在普通用工方面首先满足本村需求，工资水平统一为 60 元/天，务工人群年工资在 5 000 元左右，这主要解决了村内 50—70 岁的老年人就业问题。例如，安居葡萄园全年可稳定吸纳 30 余名农民工、原乡农庄长期稳定雇佣 20 余名农民工，农忙时节用工需求达 400 余人，可一定程度上解决村内老年人就业问题。三是产业发展收益。当看到外来资本投资的产业发展起来后，安居村内有想法、敢作为的一些农民开始发展自己的产业，变传统小农为新型农业经营主体，实现自身收入的提高。在安居村，新型农业经营主体有两种形式。一种是以村主任为代表的家庭农场。"每年养一头牛就可以供一个大学生上学"，村主任从中嗅出了发展前景，2014 年，经过多方考察后在村内流转了 200 亩土地，经营起肉牛养殖农场——来福家庭农场。目前，来福家庭农场长期雇佣村内 10 位农民务工，每人月薪 1 400 元；农场每年可稳定供应肉牛 150 只，年净利润可达 50 万元。另一种是由原乡农庄发起的"公司＋农户"PGS（参与式保障体系）模式。原乡农庄项目由四川原乡农业开发有限公司投资建设，该公司系本地企业返乡创业，于 2015 年 11 月落户安居村和钱库村，预计总投资 3 亿元。原乡农业公司的发展模式为：以原乡农庄作为特色农产品种植示范基地，然后通过 PGS 联合其他企业、小农户进行有机农产品生产，以严格的考核制度全程监管农户生产过程，通过考核的，最后收购其农产品作为原乡农业的产品进行销售。在农产品一轮生产周期结束后，企业将按考核评分等级，用一定比例的农产品利润对农户进行奖励。2018 年，安居村农业总产值达到 2 559.67 万元，位居全镇之首。

③ 推进乡村治理

“住上好房子，过上好日子，形成好风气”，这是安居村村支书家外墙上的标语。通过实施增减挂钩政策实现“住上好房子”，通过土地流转、规模化经营使“过上好日子”有了一定的产业基础，接下来还要“形成好风气”，推动村民精神面貌和思想观念的改变。

一是多主体参与乡村治理。除了普遍的村规民约、定期宣传以外，评比制度是安居村村庄治理的特色之处。为激发群众参与乡村治理的积极性，提高乡村治理效果，安居村由村老年协会、村两委、村小组干部、妇联四方共同组成评定组，制定了“好公婆、好儿媳、遵纪守法户、文明卫生户、四好家庭户”五个星级评定标准，每三年进行一次评比。此外，为保护绿水青山、打造生态宜居乡村，安居村自 2017 年开始进行村庄环境整治，形成了一套更为严谨的清洁卫生评定方案：由村小组组长每月定期对村民住房的清洁卫生进行检查核定是否过关并承担责任；再由评定组每季度对村民家庭卫生情况进行检查打分（分为好、中、差、较差四个等级），并在村委会上进行通报。

二是乡风文明改善。自 2015 年以来，安居村在以评比制度为核心的多主体共治下，大力推动村内精神文明建设工作，取得了良好的治理效果，乡风文明得以改善。一方面，村民环保意识增强。在安居村宣传活动积极开展以及卫生评比制度严格执行下，村民更加注重环境保护，保持了生态宜居乡村的风貌。另一方面，村庄文明程度不断提升。据村支书回忆，以前每年村内的民事纠纷事件大约有 15

起，而现在每年不超过3起。根据调研小组对巴山新居内35户农户所做的问卷调查，结果如表5-2所示：项目实施前（2012年）只有14.29%的村民表示几乎没有或较少发生纠纷矛盾；而到2018年，有57.14%的村民认为村民之间几乎没有矛盾纠纷；有42.85%的村民表示村内较少发生矛盾纠纷，说明乡风文明建设效果明显。

表5-2　村民之间纠纷矛盾发生频率如何?

村民纠纷发生频率	2012年		2018年	
	频率	百分比	频率	百分比
几乎没有	1	2.86%	20	57.14%
发生较少	4	11.43%	15	42.85%
一　　般	23	65.71%	0	0
发生较多	7	20%	0	0
合　　计	35	100%	35	100.00%

资料来源：课题组调研整理。

回望安居村的建设过程，可以总结以下两点。第一，从土地发展权配置方式看，安居村属于典型的行政化配置方式。从前期的巴山新居项目，到后来的增减挂钩项目，房屋拆旧补偿、发展权出售、项目实施成本、项目资金使用等都由地方政府负责，政府的主导作用明显。第二，土地发展权转移成为安居村美丽乡村建设的“触发器”。巴山新居和增减挂钩项目，首先推动了安居村的住房改善和基础设施完善；其次推动了农用地规模化流转，为农业适度规模经营提供了条件；最后，住房改善与产业发展使村民物质生活日益丰富，村民美好生活需要开始转向精神文明层面，在有效的乡村治理下，文明乡风逐渐形成。由此可见，如果说这个曾经的贫困小山村是一潭死水，那么土地发展权转移就像是投入其中的一颗石子，激起层层浪花活跃了整个湖面。

（2）安居村振兴的原因分析

作为西南地区传统农村的缩影，安居村在没有特色资源优势、区位优势的背景下，用6年时间进行住房改善、基础设施和公共服务设施完善，提升农业产值，凭借的是多方主体共同参与美丽乡村建设。

① 政府主导——以土地发展权换发展资金

按照相关政策，巴中市所在的秦巴山区属于11个国家连片特困地区之一，可以在省域范围内设置增减挂钩项目区。巴中市借助省内跨区域开展增减挂钩的政策机遇，助推“巴山新居”建设，改善农村生产生活条件，并在同年2月正式批准了27个增减挂钩项目。2016年，巴中市出台了《城乡建设用地增减挂钩项目实施指导意见（试行）》，明确规定了项目拆旧复垦以及农民集中居住区规划建设的基本要求。在拆旧区方面，要求在农民自愿参与的基础上，选择参与整理的农村建设用地整理地块，并且要优先安排实施易地扶贫搬迁村。在农民安置方面，一是明确了农民集中居住区的选址原则和聚居规模：在坚持“宜聚则聚、相对聚居”的前提下，建新区规模由各地根据实际情况自行确定，原则上以不低于10户为宜，人均综合用地控制在50—70平方米之间；实行货币化安置的，按照人均50平方米的标准在农民集中居住区预留安置用地。二是明确了农民集中居住区的配套设施建设要求，达到“五通”（通路、通电、通水、通电视和通讯）、“五有”（活动广场、购物中心、卫生室、文化站、垃圾收运点）、“五化”（道路硬化、路灯亮化、村庄绿化、环境净化、庭院美化）标准。

在增减挂钩项目节余指标流转资金管理上，巴中市的具体操作如下：由市政府对外签署增减挂钩节余指标流转协议，交易价格为 29.5 万元/亩；其中 4.5 万元留在市政府，交由财政统筹，主要用于全市范围内的农村建设，区县如需使用，可由国土局代表区政府向巴中市政府申请；剩余 25 万交给县政府统筹安排。恩阳区的节余指标流转资金运作方式是：区政府留取 1.25 万元用于农村建设；剩余 23.75 万元交由国有平台公司做增减挂钩项目，国有平台公司收取 0.75 万元费用，余下的资金可由国有平台公司通过招商的方式引入其他民营企业或与其他企业合作以完成项目。同时，根据巴中市局的相关规范性文件规定，项目的投资成本不得低于 16.7 万元/亩。

在地方政府积极争取、有力推动下，以土地发展权换发展资金——实施增减挂钩项目在巴中市有序开展。从以上一系列政策文件、实施规范中，可以总结出政府的主导作用体现在两个方面：

一是对项目实施的质量把控。一是通过严格的项目审批制度控制增减挂钩项目的“量”。增减挂钩项目的实施意味着以当地土地发展权换取发展资金，如果不加以控制，允许其“遍地开花”，可能会导致未来地方建设用地后备资源缺乏、发展后劲不足的后果，因而地方政府对增减挂钩项目“量”的把控，是对地方长期发展负责的表现。二是通过明确农民住房质量与基础设施建设要求，保障居住权益。农村住房是农民安身立命之所，政府通过规范住房建设标准，保障良好的基础设施和公共服务设施配套，能够增加农民的获得感和幸福感。

二是为乡村建设提供资金保障。市、区（县）政府通过留取部分指标收益，为乡村建设提供资金支持。在住房与基础设施建设方面，巴山新居项目中，政府出资进行住房外部风貌打造、道路等基础设施改善，保障新农村建设质量。同时，政府还需出资支持农村产业结构调整与重构。在安居村的产业引入过程中，政府资金主要通过三种方式支持农村建设：第一，土地流转租金补助。为鼓励农用地流转进行规模化经营，农用地经营权承租方前三年的土地流转租金由政府代为支付，一定程度上减轻承租方的前期投资压力，扶持安居村产业发展。第二，基础设施配套跟进。原乡农庄项目所处区位原本不属于安居村道路设施改善区域，为引入该项目，政府出资完成了该处道路的改善。第三，农用地整理。由于原乡农庄项目进行有机生产的要求较高，项目区内不适宜村民长期居住，考虑到产业入驻的需要，当地政府整理项目区内农用地，并完成了项目区内原住户的搬迁工作，以满足企业入驻的前提条件。

政府通过控制土地发展权转移的数量、保证农民集中居住区建设的质量、支持农村产业的发展，发挥政府在土地发展权换取发展资金过程中的主导作用。土地发展权转移的目的在于换取发展资金，加速当地农村建设的步伐，而政府主导的增减挂钩项目通过政府统筹资金，为全域内的农村建设“输血”，与土地发展权转移的初衷相契合，为安居村的新农村建设提供了制度与资金支持。

② 资本介入——农用地规模化经营促产业发展

在安居村产业发展的道路上，社会资本的推动作用不容忽视。从 2013 年安居葡萄园的引入，到目前支撑安居村发展的十大产业，在六年的时间里，社会资本的介入为安居村产业发展、农民增收作出了重要贡献。一是推动农用地流转与产业调整。目前安居村 77%的农用地已经通过流转实现了规模化经营，这些流转后的农用地根据土壤质量、灌溉条件等分别用于发展特色水果种植、肉禽养殖等农业产业。相比于之前的传统农业种植，经调整后的农业产品附加值更高，能够实现更高的收益。二是促进村内新型农业经营主体的形成。社会资本在产业发展方面起到了正面的示范效应，村内有胆识的农民通过产业考察、技术引入、农用地流转，开始经营自己的产业，成为村内的致富带头人。三是提高村内常住人口收入。农用地的规模化经营不仅为村内带来了土地流转租金，也产生了用工需求，让村内50—70岁的农民能够“在家门口挣钱”，增加了村内老年人的劳务收入。

③ 村委协调——架起各方主体沟通的桥梁

作为基层自治组织，村委会在乡村振兴中的作用举足轻重。村委会在巴山新居建设、产业发展中，作为政府、资本与农民之间沟通的桥梁，起到了协调各方关系的作用；同时，村委会也是安居村的乡风文明建设和乡村治理的主体，发挥了积极作用。经调研发现，如表5-3所示，74.28%的农户认为在乡村建设的过程中村委会的作用较大或很大，仅有2.86%的农户认为村委会作用较小，说明安居村的村委会在乡村建设过程中的协调、治理作用得到了村民们的肯定。

表5-3　村党委领导核心作用如何?

村党委领导核心作用	频　率	百分比
作用较小	1	2.86%
一　　般	8	22.86%
作用较大	18	51.42%
作用很大	8	22.86%
总　　计	35	100%

资料来源：课题组调研整理。

(3) 安居村面临的发展困境

对于无特色资源、无区位优势的传统农村,实施增减挂钩项目、以土地发展权换发展资金是美丽乡村建设的重要路径。相比于一般的增减挂钩项目,安居村在建设过程中强调产业发展的重要性,完成了产业调整,但依然困难重重。

① 乡村"空心化"

在城乡二元体制下,城市相对的高工资水平吸引大量的农民放弃传统农业耕种,以农民工身份参与城市建设,最终导致乡村衰退的现象。为改变乡村衰退的现状,各地政府在"双保"压力的推动下,广泛实施增减挂钩项目,将零星分布的农民住宅变为整齐漂亮的集中居住区。然而,以土地发展权换来的住房、基础设施等硬件改善仍然无法留住农民。传统农村收入来源单一、总量薄弱的束缚再次把农民工推向城市,留下的是一个个美丽的"空心村",仍然无法逆转乡村衰落的趋势。安居村虽在住房改善的基础上大力推动当地产业发展,但其"空心化"问题依然严重。从人口分布看,一方面,在受访的 35 户农户中,家庭总人数共有 143 人,其中常住人口为 93 人、农业劳动力为 38 人,说明有 35%的农民背井离乡、到城镇务工;仅有 27%的农民从事农业劳动,而这部分人多为不被城市接纳的中老年人。另一方面,如表 5-4 所示,在 35 名受访者中,仅有 8.57%的受访者年龄在 40 岁以下,有 40%的受访者年龄在 70 岁以上,受访者最小年龄为 26 岁,最高年龄为 82 岁,说明村内多为留守老人。青壮年是乡村建设的主力军,而他们大量外出带来的结果无疑是乡村的空心化和凋敝。

表5-4　受访者年龄

年　　龄	频　率	百分比
40岁以下	3	8.57%
40—50	4	11.43%
50—60	5	14.29%
60—70	9	25.71%
70岁以上	14	40%
总计	35	100%

资料来源：课题组调研整理。

从农户收入看，外出务工已成为安居村农户收入的主要来源。根据村委会提供数据，2012年安居村人均收入为5 460元，2018年人均收入达11 200元，在六年内实现了收入翻番。然而，乡村建设在其中的作用似乎并不明显。根据农户问卷数据分析，可得出以下结论：第一，非农收入成为家庭收入的来源。2012年有20.59%的农户农业收入占比在50%以上，农业收入占比平均为25.49%；到2018年，所有调研对象的农业收入占比均在50%以下，农业收入占比平均为1.67%，传统农业在促进农民增收中的作用直线下降。第二，农民在本乡镇内就业收入（包括农业收入、本乡镇内务工收入与经营性收入）占家庭收入的比重下降。2012年有26.47%的农民本乡镇收入占总收入的比重在80%以上，到2018年这一比重下降至17.69%；2012年农民本乡镇收入占总收入比重的平均值为34.39%，2018年这一平均值为24.35%，比重有所下降。第三，农民收入增长与增减挂钩项目实施不太相关。75%的调查对象认为家庭收入变化主要是自身原因(劳动力数量、健康、年龄、上学、偏好等)导致的,而仅有3%的农户认为家庭收入变化是由项目实施带来的。通过比较安居村农业收入、本乡镇内收入在总收入中的比重,发现在安居村进行乡村建设的过程中,农民本乡镇收入占总收入的比重不升反降,青壮年外出务工仍是农民增收的主要渠道。

表5-5　村民非农收入情况

非农收入/总收入	2012年		2018年	
	频率	百分比	频率	百分比
0—50%	7	20.59%	0	0
50%—100%	27	79.41%	34	100%
合计	34	100%	34	100%

资料来源:课题组调研整理。

表5-6　村民本乡镇内收入情况

本乡镇内收入/总收入	2012年		2018年	
	频率	百分比	频率	百分比
0—20%	21	61.77%	24	70.59%
20%—40%	2	5.88%	2	5.88%
40%—60%	1	2.94%	1	2.94%
60%—80%	1	2.94%	1	2.94%
80%—100%	9	26.47%	6	17.65%
合计	34	100%	34	100%

资料来源:课题组调研整理。

② 建设用地保障不足,产业发展乏力

通过农用地流转与规模化经营,发展特色农业产业,安居村完成了首次产业调整。但在缺少二、三产业发展条件的情况下,传统农区仅靠传统农业显然是无法致富的(贺雪峰,2018)。然而,若发展二、三产业,安居村将面临新的问题:建设用地从哪里来。二、三产业的发展均需要建设用地作保障,但安居村经过两轮的增减挂钩项目,丰富的宅基地资源已经通过发展权转移变为耕地资源,建设用地资源趋于紧张。根据相关政策规定,"实行货币化安置的,按照人均 50 平方米的标准在农民集中居住区预留安置用地",安居村共有 80 余户参与货币化安置,按户均 3 人计算,需预留的建设用地面积约为 18 亩。这部分建设用地对于安居村的产业结构调整而言,仍然不算充分,同时是否能够全部用于发展产业,也无从知晓。安居村前期的土地发展权过度转移,导致建设用地资源由丰富变为稀缺,这为乡村振兴的持续推动埋下隐患。没有建设用地资源作保障,产业结构调整将受到束缚,最终导致农民增收渠道受阻。

③ 农民主体地位缺失,权益保障不到位

在安居村的建设过程中,政府主导土地发展权转移,资本助推产业调整,村委会协调各方利益关系、设计实施乡村治理制度,而农民只是被乡村建设的浪潮裹挟着向前,成为被动的接受者。农民主体地位的缺失,导致在安居村的建设中各主体与农民之间未形成有效的利益联结机制、农民的权益保障机制不健全。第一,在产业发展的过程中,农民话语权较弱,导致资本与农民之间未形成有效的利益联结机制,农民无法充分参与产业发展带来的收益分配。在产业引入过程中,由村委会代表村民与社会资本进行洽谈,约定流转面积后再与村民协商,村民在整个过程中的话语权较弱。村民与资本之间缺乏必要的利益联结机制带来的直接后果是，除原乡农庄项目以外，安居村村民在产业发展中只获得了租金与劳务收入，剩余收益全部被社会资本揽入怀中，农民持续增收后劲不足。第二，农民主体地位的缺失，导致在安置补偿方面保障机制不到位。一是住房与基础设施质量遭受质疑。房屋漏水、外墙脱落和路灯长期失修，这一系列问题引得村民不满，却迟迟无法解决。二是占地补偿未落地。根据协商，农民集中居住区占用土地按年支付租金，而事实上这部分租金却从未支付，农民以此为由拒绝缴清购房款，引发恶性循环。三是宅基地确权颁证未落实。巴山新居项目已完工六年，然而政府承诺的集中办理房屋产权证却仍未兑现。

安居村发展面临的困境反映了土地发展权行政化配置模式在实践过程中面临的普遍问题。政府行政配置模式是传统农业村落在前期资金匮乏、基础设施薄弱条件下进行美丽乡村建设的无奈选择，但土地发展权丧失降低了乡村内生发展的能力，以土地发展权换资金是对乡村未来发展的透支。

（4）结语

以安居村为代表的无特色资源、无区位优势的传统农村，通过土地发展权转移，建设美丽乡村，在品尝土地发展权转移带来的硬件改善"甜头"时，乡村发展后劲不足的"苦头"也逐渐暴露。如何根据乡村发展的阶段，高效利用土地资源，持续为乡村振兴注入活力，是地权行政化配置乡建模式成功的关键。我们认为，在乡村振兴背景下，宅基地作为乡村的重要资源，同时承担着"输血"功能和"造血"功能，可将乡村建设分为两个阶段，第一阶段通过土地发展权转移换取资金用于改善居民的生产与生活条件，第二阶段作为乡村内生发展的引擎，吸引劳动力、技术、资本等要素流入乡村，链接政府、企业和农民等各类主体共同参与乡村建设，这要求前瞻性统筹好土地发展权转移与保留问题，既为前期乡村建设输入资金，又为后期产业发展留足空间，实现乡村的可持续发展。

（三）地权市场化配置与资本主导型乡建模式

1. 模式阐释

乡村建设投资由政府直接包揽的做法，明显不适应市场经济的要求，特别是近年来经济持续下行，政府财政负担加重，政府投资实施少数示范项目尚可，但若全域开展则“心有余而力不足”。如何引入市场机制，调动社会资本参与积极性，成为乡村建设面临的一项重要课题。这一课题率先在成渝国家统筹城乡综合配套改革试验区得到实践探索，重庆和成都先后在增减挂钩政策基础上创新开展了“地票”交易和建设用地指标交易，建立了社会资本参与土地综合整治和乡村建设的市场化机制。

以成都为例。经过多年探索，成都认识到土地综合整治对城乡统筹发展和新农村建设的重要推动作用。特别是汶川地震后，成都将重灾区的乡村区域与经济发展较快的城镇区域组成增减挂钩项目区，筹集资金 88 亿元，有力支撑了地震重灾区农房的快速、高水平重建。这释放出强烈的信号，即建设用地指标是有价值的。但是，由于缺乏价格形成机制，加上灾后重建时间紧迫，当时只能采取由政府按建设农民住房所需投资定价的办法，节余的建设用地指标统一按照 15—20 万元/亩的价格，在区县政府之间调剂使用。这种行政定价的方式，不能很好地反映建设用地指标的稀缺程度和供求状况，也受到部分社会人士和农民群众对定价合理性的质疑。2009 年，全国统筹城乡土地管理制度改革现场研讨会在成都召开，与会领导和专家学者对成都的做法给予充分肯定，大大鼓舞了成都改革的士气。会后不久，成都市委提出用 6 年左右完成“全域整治”、让城乡统筹与新农村建设水平再上一个新台阶的目标。经过反复论证研究，成都把开展建设用地指标交易、发挥市场机制作用、调动社会资本参与乡村建设积极性作为了政策创新的突破口。2010 年，成都市出台政策构建起“农民自主、市场交易、持证准入、收益返还”的土地综合整治与乡村建设新机制，希望达到以下四个目标：

一是调动社会资本参与积极性。实施“全域整治”计划，用 6 年时间完成全市农村的土地综合整治与农房建设，改善 300 万农民的生产生活条件。要按期实现这么宏大的目标，必须改变政府主导乡村建设的做法，调动起实施全域整治的社会力量。开展指标交易，希望能够发挥市场的集聚效应，吸引全社会的力量和民间资本投入土地综合整治和乡村建设，确保按期完成全域整治的目标。

二是显化确权后土地资产价值。农村土地产权制度改革的目的是“还权赋能”，通过“确权颁证”赋予农民土地权利，通过“市场流转”显化土地经济价值，通过“村民自治”培养农民自主解决问题的能力。但按照现行土地综合整治与乡村建设由政府组织实施的做法，农民群众或者认为是政府给予的福利，或者认为是支持政府工作。如果“反弹琵琶”，土地综合整治与乡村建设由农民自主实施、节余指标通过市场交易实现有偿使用，就能够充分显化土地资产价值，使农民获得更多的财产性收入，真正实现“还权赋能”的目标。

三是探索指标价格形成机制。增减挂钩政策重视项目管理，强调立项、实施和验收环节的审核，但对指标价格怎样确定一直没有明确规定。各地政府基本上是依据土地整治成本确定指标价格。这种政府定价的方式，不能很好地反映指标的稀缺程度和供求状况。开展指标交易，希望引入市场机制，发挥市场的价格发现功能，建立更合理的指标价格形成机制，完善增减挂钩政策。

四是完善土地增值收益分配机制。在现行的土地制度下，将农民的土地征为国有，是城市获得新发展空间的主要渠道。可以说，新中国成立至今，城市的发展仍然在依靠着农村资源的支持。被征地农民与政府的对抗，本质上是对土地征收、用途转变后增值收益的争夺。促进城乡协调发展，应适度提高土地增值收益返还农民的比例。开展建设用地指标交易，就是希望将国有土地出让收入的一定比例转移支付到农村，通过市场交易的方式保障农民分享城市化的土地收益，从而在城市反哺农村、城乡统筹发展上形成长效机制。

成都开展的建设用地指标交易，实质上是把地权的配置权由政府转移给市场的一次大胆尝试。其制度安排如下：一是创设建设用地指标交易制度，对指标的来源、用途、交易、收益分配、登记管理进行了规定。通过建立“持证准用”制度，即开发商购买首次出让的国有经营性建设用地，需持有同等面积的建设用地指标，形成指标需求；同时鼓励社会资本投资土地综合整治项目，将取得的建设用地指标拿到农村产权交易所公开交易，形成指标供给。二是确立农民集体及农户的主体地位，改变了以往土地综合整治与乡村建设由政府投资实施、重大事项由政府决定的做法。三是建立土地综合整治项目监管标准。农民集中居住区人均用地控制在 50—70 m^2，兼顾农民权益保障和节约集约用地；预留不低于5%的建设用地指标用于集体经济发展，为产业融合预留空间；按照“发展性、多样性、相融性、共享性”原则编制规划，经批准后实施，避免土地综合整治沦为“拆村运动”；按照不低于“1＋21”标准配置公共设施，让农民就地享受与城镇居民基本同质的生活；明确项目验收标准与复垦耕地管理责任，宅基地复垦后，由农业部门验收合格并纳入耕地管理，确定土地权属。四是土地综合整治与产权制度和治理制度等相关改革协同推进，增强集成效应。通过这种方式，极大地调动了社会资本参与乡村建设的积极性，从而形成了资本主导型乡建模式，即由民间资本投资实施并主导乡村建设的情形。

2. 典型案例：福洪镇的美丽乡村建设

（1）福洪镇建设情况

福洪镇，地处成都市龙泉山旅游区腹地，临近成南高速等交通干道，距成都市中心城区 19 公里，处于成都半小时经济圈内。全镇幅员 39.36 平方公里，辖 9 个村 131 个村民小组，人口 29 097 人，其中场镇人口 3 000 人。虽然有比较优越的资源禀赋及交通和区位优势，但福洪镇却是典型的纯农业乡镇，2011 年农民人均纯收入只有 4 000 元，属于青白江区经济落后的乡镇之一。2012 年，HS 公司以敏锐的商业嗅觉，抢抓成都统筹城乡综合配套改革试验区建设机遇，以开展全域土地综合整治为切入点，驱动福洪镇走出了一条“既化地又化人”、村镇融合发展的新路。

HS 公司的运作思路是：以“规划先行、全镇统筹”为理念，协助镇政府编制全镇土地利用规划、产业发展规划、交通建设规划、农民集中居住区规划，形成“多规合一”的规划体系，为村庄整理和乡镇改造提供规划依据。将“人地挂钩”的理念与增减挂钩的运作思路相结合，以远离新规划场镇的先锋村为拆旧区，在农民自愿的基础上对先锋村破旧农房及宅基地进行拆除和复垦还耕，并到规划的新村聚居点和新场镇集中修建住房，妥善安置农民。将通过土地综合整治节

图 5-3　参观福洪展览馆

图 5-4　访谈“我的田园”项目负责人

余的建设用地指标配置在镇域范围内用于产业发展，指标收益为投资回报。

福洪镇的投资建设大体经历了八个步骤：第一步，签订投资协议。在镇政府的支持和引导下，HS公司进村入户进行摸底调查和项目宣传，经过与先锋村农民协商，达成土地综合整治项目投资协议。第二步，确定项目方案。根据当地资源状况、农民意愿和政府要求，HS公司制定了规划建设方案和补偿方案，规划建设分为本村小规模聚居和场镇大规模集中居住两种类型，房屋修建分为由公司统一规划统一建设和由农民按统一规划自行建设两种方式，安置标准按照人均居住用房 30 m^2 ＋生产用房 5 m^2 进行，另对旧房拆除与宅基地复垦给予相应的补偿与搬迁奖励。第三步，项目立项申报。依据规划建设方案，先锋村选择不参与的 150 户 500 人，选择在本村小规模聚居的 66 户 204 人，选择到场镇集中居住的 651 户 2 134 人，参与率达到 82％以上。据此，HS公司编制项目并逐级报批。第四步，项目施工建设。按照经政府批准的项目方案，HS公司组织完成农户的旧房拆除、搬迁过渡、宅基地复垦以及农民新居建设等任务。第五步，项目竣工验收。申请政府有关部门开展房屋质量与复垦还耕验收，制定新房分配方案，组织农民入住新居。第六步，投资成本回收。在整个项目实施中，HS公司共投入资金 2.7 亿元，节余建设用地指标 580 余亩。公司设计的投资成本回收方式主要有三种：一是在农民集中居住区底楼配建商铺，进行租售经营；二是在新场镇附近规划建设产业园区，将节余的部分建设用地指标落地，通过规划调整转换成集体经营性建设用地，引入企业开发使用；三是将部分建设用地指标转让给镇域内从事休闲农业与乡村旅游等项目的业主使用。第七步，配套措施跟进，包括土地流转、社区治理与公共服务等。在项目实施的基础上，福洪镇政府整合相关资金不断改善场镇基础设施与公共服务，探索民主化、网格式社区治理，通过形式丰富的文化活动引导农民尽快融入和适应城镇生活。第八步，推动产业发展。随着硬件设施改善和人口集聚，产业发展的需求开始增加，福洪镇政府会同 HS

公司相继引进了一批农业产业化、乡村旅游和劳动密集型加工企业项目，一、二、三产业融合发展的态势正在形成。

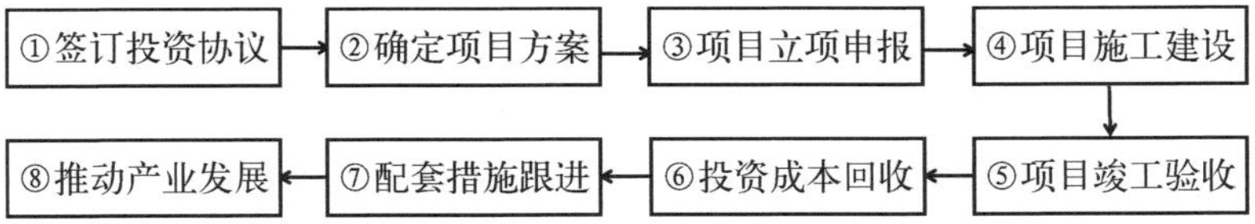

图 5－5　福洪镇投资建设的基本流程

福洪镇通过引入社会资本，以土地综合整治为切入点，将村庄整理与乡镇改造结合起来协同推进，在短短几年内从一个纯农业乡镇升级为三产融合发展的经济强镇。2017 年，福洪镇农民人均纯收入达 20 572 元，6 年增长了 400%，堪称乡村建设发展的奇迹。

（2）资本主导型与政府主导型模式的比较

① 产业如何兴。无论是政府主导模式还是资本主导模式，产业发展都是乡村振兴的关键。但是，两种模式下主体目标及行为的差异使得二者的产业发展方式有很大不同。在政府主导模式下，地方政府特别注重大型工业企业和外资企业的引入，但因激烈的招商竞争，不得不依靠降低工业用地价格来提高招商引资能力。这就使得一些以低价拿到土地的企业不重视土地利用效率，甚至借机圈地，造成了工业用地低效、闲置和粗放利用现象，并对服务业发展产生不良影响。因为工业用地出让的低价只能由商服用地和住宅用地出让的高价来弥补，而高额土地出让金催生的高开发成本和消费成本无疑阻碍了部分中小投资者、传统服务业经营者以及消费者的进入，造成服务业不能“服务于人”的结果。在资本主导模式下，企业出于成本-收益的硬约束会尽可能有效地使用土地资源，因地制宜制定产业布

局规划。例如,旅游资源丰富的农村地区会将一、三产业有机结合起来发展观光农业;区位好的农村地区可能会开发工业园区吸引中小企业入驻。随着产业的发展壮大,产业的集聚效应就会显现。在福洪镇的发展过程中,HS公司在保证农户住有所居的基础上,为农民集中居住区配套商铺 48 843.3 m^2。而留在当地的 97.33 亩建设用地指标,部分落地场镇,建设标准化厂房,引进东方工艺美术、多多食品等劳动密集型企业入驻;部分则在全镇范围内统筹用于农村三产融合项目建设,增强了镇域经济辐射能力。

② **人口如何聚**。在政府主导型乡建模式下,重点发展的是资本与知识密集型产业,吸收的是高端人才,而作为城镇化主要对象的农民工是被排斥在外的。这一方面是因为这些行业对劳动力素质要求较高,另一方面是因为高昂的生活成本使农民工难以留下。何况高企的房价影响的已不仅是农民工,还有大部分白领,白天他们穿梭在新城的顶级写字楼间,晚上回到郊区或老城,新城变得冷冷清清甚至沦为"空城"。在资本主导模式下,产业发展和人口集聚之间形成了良性互动。一方面,乡村规划的产业多为那些难以进入大城市的劳动密集型中小企业,这些入驻园区的企业不仅为当地农民提供了就业机会,而且也会吸引周边地区的劳动力。另一方面,人口集聚到一定规模后服务业就会逐渐发展起来,进一步强化人口集聚效应。在福洪镇,随着产业结构的优化升级,农民的就业和增收渠道逐步拓宽,包括自营餐饮与农家乐、受聘到酒店或种养殖企业等,还吸引了部分农民工返乡创业就业,福洪镇正在从一个纯农业乡镇升级为三产融合发展的经济强镇。

③ **土地如何来**。在政府主导型模式下,地方政府主要依靠征收垄断权获得土地,城镇化的突出表现是土地国有化,即政府先动用征

收权从农民集体手中低价取得土地，再通过规划调整、土地平整、基础设施与公共服务配套、营造环境，高价出让土地，以满足城镇化对土地的需求。随着农民的觉醒，这种方式越来越遭到被征地农民的激烈反抗，不仅征地难度越来越大、征地成本越来越高，而且对社会和谐稳定构成了严重威胁，难以可持续发展。在资本主导模式下，土地所有权仍归农民集体，土地使用权则由各类市场主体通过土地流转或土地综合整治等方式取得。在福洪镇的发展过程中，HS公司通过实施土地综合整治项目，在满足农民新居建设用地指标需求后，经过规划调整将节余建设用地指标落地转换为集体经营性建设用地，以此保障新场镇建设与产业发展用地，并收回投资成本及取得回报。

④ 资金如何筹。在政府主导模式下，乡镇建设所需资金主要源自房地产的土地出让金以及土地的抵押融资。为了GDP和税收，地方政府不得不以较低的工业用地价格来招商竞争，由此造成的工业用地成本以及乡镇基础设施建设资金则通过房地产的高额土地出让金和土地抵押融资来弥补。这种筹资方式，是以房地产市场的持续繁荣为保障的。相应带来的问题是，高土地出让金引致的高房地产开发成本已经通过不断上涨的房价严重影响了消费者生活，并连锁引发了贫富差距拉大等社会矛盾。显然，这种筹资方式蕴藏着极大的系统性风险。在资本主导模式下，乡村建设所需资金主要由企业垫付，企业通过建设用地指标的交易和使用收回成本。以福洪镇为例，项目实施所需资金以及农民集中居住区范围内的基础设施配套费全部由HS公司垫付，集中居住区范围外的基础设施则由政府配套。项目结束后，企业将一部分建设用地指标转让给镇域内从事休闲农业与观光旅游等项目的业主换回资金，将一部分建设用地指标就近落地转换为集体经营性建设用地用于当地产业发展，既实现了

投资回报，又为农民提供了就业增收途径，能够为乡村城镇化提供持续的发展动力。

表 5-7　资本主导型与政府主导型乡建模式的主要区别

关键环节	政府主导型乡建模式	资本主导型乡建模式
产业发展	以引进大型企业为主，具有外生性；工业用地利用低效和粗放	以本地中小企业为主，具有根植性；土地得到节约集约利用
人口聚集	以引进高端人才为主，农民工排斥在外	以本地农民和周边地区的劳动力为主
土地取得	基于法律强制的土地征收	基于农民自愿的土地流转和综合整治
资金筹措	政府通过房地产的高额土地出让金和土地抵押贷款“借新还旧”循环进行	企业自筹，通过土地指标交易、集体建设用地开发或产业运营实现投资回收

（3）资本主导型模式面临的制度瓶颈与问题

① 土地综合整治的政策制约。福洪镇土地综合整治依托的主要政策是成都市自行探索的“农民集中建房整理”政策，即农民自愿对原有住房及宅基地拆除复垦后，可在乡镇范围内符合规划的地方集中修建新房，节余建设用地指标经市政府批准可落在乡镇范围内符合规划的地方转为集体建设用地用于新场镇建设与产业发展。该政策，俗称“小挂钩”，与城乡建设用地增减挂钩的运作思路基本相同，都是在满足项目区内耕地面积不减少、建设用地规模不增加、城乡建设用地布局优化、土地节约集约利用前提下进行的存量土地盘活利用；与城乡建设用地增减挂钩不同的是，节余建设用地指标没有转移到城市使用，而是留给了本乡镇使用，也不必征收为国有建设用地，而是依规划

转为集体建设用地。该政策,对于实施乡村振兴战略、保障农村一二三产业融合发展用地需求和改善农民居住环境极具创新价值。但遗憾的是,按照国土资源部的规定,地方开展城乡建设用地增减挂钩试点,需得到批准并在年度下达的指标额度内进行,“小挂钩”被视为变相突破了城乡建设用地增减挂钩政策试点,存在合法性问题,从而为农民新居颁证与土地指标落地及开发使用埋下了隐患。

② **城乡统一的建设用地制度缺失**。在福洪镇的案例中,企业取得投资回报的主要方式是将通过土地综合整治节余的建设用地指标就近落地,通过规划调整转换为集体经营性建设用地,或由企业自行开发使用,或转让给其他企业开发使用。这就需要打通土地综合整治与集体经营性建设用地入市两项制度的梗阻,并按照“同地、同权、同价、同责”的原则加快建立城乡统一的建设用地制度体系,如建设用地指标落地审批、土地权属调整、集体经营性建设用地入市流程、土地增值收益分配、土地产权变更登记等。因这些制度办法的缺失或不明确,增加了企业、政府以及农民之间的沟通协调成本,降低了行政审批效率,延长了项目实施周期。据 HS 公司反映,自 2012 年启动项目投资至今,尚未收回投资成本,更遑论实现盈利了。倘若因制度缺失导致资本下乡不能盈利,资本主导型乡建模式就成了“空想”。

表 5-8 社会资本参与乡村建设面临的主要困难

排序	主 要 困 难	排序	主 要 困 难
1	项目审批周期长,程序繁琐	3	规划审批、调整、冲突等影响进度
2	涉及政府部门多,沟通协调成本高	4	政策不稳定,易受特殊因素影响

续 表

排序	主 要 困 难	排序	主 要 困 难
5	政策公开透明度不够	8	金融机构认可度不高，导致融资难
6	农村产权融资与办证等政策不完善	9	持证准用范围缩小，指标需求不足
7	土地整治与增减挂钩政策走向不明	10	指标配置过少，项目立项很难

资料来源：根据对投资者的访谈整理而得。

③ **人口跨乡镇聚居的体制机制阻碍**。福洪镇的发展思路是，开展全域土地综合整治，改善场镇基础设施和公共服务条件，吸引本镇和周边乡镇的农村人口以及在本镇企业中务工的人员向场镇聚居，当人口聚居达到一定规模时，产业发展就因人的生产生活需求倍增而具备了坚实的根基。产业的繁荣，反过来会支撑城镇基础设施和公共服务条件的进一步改善，从而吸引更多的人口流入，由此便能形成人口、土地、城镇、产业之间的良性互动。但受现行的土地、户籍制度等约束，农村的宅基地和住房不能合法转让给本集体经济组织以外的人，集体经营性建设用地不能用于商品住宅开发，人口跨乡镇流动和聚居的渠道还不顺畅，导致场镇人口聚居度不够，产业发展缺乏需求根基。

④ **农民的权益保障机制还不健全**。资本总是以自身利益的最大化为行动指南。在调动社会资本参与乡村建设积极性的同时，也要更好地发挥政府作用，加强对资本张力的规制，健全农民的权益保障机制，唤醒农民的主体意识，让农民能够共享改革发展的成果。为

了解福洪镇农民的权益保障情况，我们通过入户问卷调查方式随机访问了137户参与项目的农户。总体来看，受访农户对项目建设的满意度和公平感较高，均为80.3%，但农户也反映了不少问题，包括房屋置换标准不合理、拖欠房屋补偿款、承诺的5 m^2生产用房没有兑现、新小区距离承包地较远导致耕作不便、计算楼层价格时没有考虑底楼商铺等。在涉及补偿安置、规划建设、权属调整、复垦还耕、新房分配、资金使用、项目监督等乡村建设的重要事项上，农户的知情权、决策权与监督权履行也不够理想。特别是，不少农户反映，存在投资者或投资者与政府共同侵犯农民利益的现象，村组干部在项目建设中没有很好地维护农民利益。

表5-9　农民对投资者、政府和村组干部的看法

存在投资者侵犯农户利益的现象吗?			存在政府(或与投资者共同)侵害农户利益的现象吗?			您觉得村组干部是否维护了农民群众的利益?		
是/否	频数	占比	是/否	频数	占比	是/否	频数	占比
是	72	52.55%	是	51	37.23%	是	61	44.53%
否	65	47.45%	否	86	62.77%	否	76	55.47%
合计	137	100%	合计	137	100%	合计	137	100%

资料来源：课题组根据农户问卷整理而得。

（4）案例启示

福洪案例的意义在于探索了一条社会资本参与乡村建设的市场路径。同时，福洪案例启示，社会资本参与乡村建设并非易事，需要加快市场导向的制度创新与供给。一是顺应实施乡村振兴战略的需要，调整城乡建设用地增减挂钩的计划管理方式，加快构建市场化土

地整治与建设用地指标交易机制，将农民集中建房整理政策纳入合法化轨道，允许县级政府在确保乡镇耕地面积不减少、建设用地规模不增加的前提下自主开展土地综合整治，优化村镇建设用地空间布局与结构；二是加快建立城乡统一的建设用地制度体系，允许乡村建设与产业发展使用集体经营性建设用地，给予农民以土地参与乡村建设、分享收益的权利，并平等保障投资者获取合理回报；三是加快破除城乡要素双向流动的制度藩篱，促进人口跨乡镇聚居和流动，允许在农民住有所居的前提下盘活存量闲置宅基地；四是发挥好政府在保障农民地权、提升农民参与市场能力等方面的作用，坚决避免乡村建设异化为“拆村运动”，避免乡村沦为资本追逐利润最大化的工具。

福洪案例之所以能够取得良好的效果，一个重要原因是成都在引入市场机制的同时，更好发挥了政府作用，针对资本逐利风险制定了一系列规制措施，把维护农民权益、确保农房质量和耕地复垦等作为重点加以监管，增强了乡村韧性发展的能力。由于当前多数地方仍处于“以地谋发展”的阶段，土地整治与增减挂钩政策执行总是偏向城市，乡村建设很容易沦为以攫取建设用地指标为目的的“拆村”运动，诱发一系列问题。周飞舟和王绍琛（2015）研究指出，“农民上楼”实质上是农民以价格低廉的居住用地为城市扩张续航，农民对国家的贡献由粮食和税收转向了宅基地，商业资本与地方政府一起成了级差地租的剩余索取者。焦长权和周飞舟（2016）研究认为，资本下乡后大力推动农民上楼和土地流转，极大改变了农民的生产生活方式和村庄治理结构，使得村庄依附于公司，农民成了“空挂户”。这些问题是资本主导型乡建模式需要研究解决的。

（四）地权金融化配置与农户自主型乡建模式

1. 模式阐释

农户自主型乡建模式，是指由农民集体和农户自主投资实施乡村建设的情形。这种模式在实践中较为少见，像陕西袁家村、北京郑各庄、浙江花园村和何斯路村等名村，主要是有一个好的带头人和村集体经济经营发展得好。浙江省依托“千村示范、万村整治”工程，积极开展农村人居环境整治，村民借助乡村旅游机遇，自发拓展宅基地的功能，通过改（扩）建房屋，发展民宿与农家乐等非农产业，建设美丽乡村，为农民自主投资实施乡村建设树立了典范。另外，成都市作为国家统筹城乡综合配套改革试验区，在全国率先开展了农村产权制度改革与新型基层治理机制改革，不仅提升了农民的产权意识，锻炼了农民自主处理事务的能力，而且赋予了农村土地产权抵押和担保的金融功能。这一制度创新，为农户自主投资实施乡村建设奠定了地权基础，农户主体地位得以确立，从而在成都也涌现出了一些农户自主型的乡村建设案例。与政府主导型模式相比，农户自主型模式在制度安排上发生了三个重要变化，即从“政府行政推动”到“农民自觉主动”，从“政府直接投资实施”到“农民自行融资实施”，从“政府说了算”到“农民说了算”（姚树荣、袁梨，2017）。

2. 典型案例：花牌村与指路村的美丽乡村建设

花牌村、指路村位于成都市郫都区古城镇，是成都市最早探索农户自主型乡建模式的村庄。2010 年，花牌村农民为改善生产生活条件，以 488 亩宅基地使用权入股筹建了集体资产管理公司，作为项目申报、融资与实施的主体。项目立项后，通过建设用地指标质押方式向成都银行融资1亿元实施项目。根据农户民主决议，确定了“统规统建”与“统规自建”两种方式。农户选择统规自建的，以人均158 m^2的宅基地使用权入股，获取新型社区内人均30 m^2的宅基地使用权，自愿选择3层或2层户型的房屋进行建设。人均超过158 m^2的，公司以40元/m^2的价格贴补，不足者以30元/m^2的价格购买。政府对参与农户给予一次性搬迁贴补2.6万元，另对新型社区内的农户额外补贴每人1.5万元。选择统规统建的农户，以全部宅基地使用权换取人均35 m^2的小高层房屋一套，政府额外补贴每人5 000元。截至2015年底，共有800余户入住新居。据公司预计，项目验收后可节余建设用地指标330亩，按照38万/亩的价格交易，可实现土地收益1.254亿。同时，配套推进农地的规模流转与特色产业发展，按“双700”（每亩“700斤大米＋700斤小麦”）的租金统一流转农地2 800亩，建设以水稻和小麦为主的粮食丰产示范基地。

在花牌村的示范引导下，指路村农民自发组队到各地参观新村项目并于2011年决定启动项目实施。指路村农民家庭状况普遍较好，鸟笼产业是当地特色产业，鸟笼户年收入少则10万元，多则40万元。因此，指路村没有向银行贷款，而是采取农户自筹的方式，并且更加注重村民自治的作用，明确提出实行“5自模式”，即自我融资、自我整理、自我建设、自我开发、自我收益。按村民议定的新村建设方案，项目实施费用约1.2亿元，政府补贴基础设施建设费用1 000万元，剩下部分由参与农户按人均6.7万元的标准自筹。参与农户以人均140 m^2的宅基地使用权入股，获取新型社区内人均30 m^2的宅基地使用权，按统规自建方式修建2层花园洋房。人均超过140 m^2的，集体资产管理公司以80元/m^2的价格贴补，不足者以100元/m^2的价格购买。政府对参与农户给予一次性搬迁贴补 2.5 万元，另对新型社区内的农户额外补贴每人 1.5 万元。截至 2015 年底，第一期项目竣工，80 余户入住新居，正在进行第二期项目建设。据公司预计，项目验收后可节余建设用地指标 350 亩，以 35 万/亩的价格转让给古城镇政府，可实现土地收益 1.225 亿元。同时，指路村希望把鸟笼产业做大做强，并鼓励农户以耕地入股组建青韭菜专业合作社，按“双 700”的租金统一流转农地 150 亩，全力打造青韭菜种植基地。

对比两个村的项目实施情况，除了筹资方式有所区别外，主要的制度安排基本一致，诸如项目融资、规划选址、权属调整、新居建设、补偿标准、资金使用和收益分配等重大事项均须参与农户民主议决、签字按印，并接受村务公开、审计等多形式监管，农民的自主性较政府主导模式有较大程度的提升。项目运行都经历了 8 个步骤（如图 5 - 6 所示）。第一步，土地入股，组建集体资产管理公司；第二步，项目立项与规划报批；第三步，变更登记，国土部门注销农户宅基地使用权证，为集体资产管理公司颁发统一的集体建设用地使用权证，即所谓“小证换大证”；第四步，项目融资，通过农户自筹或建设用地指

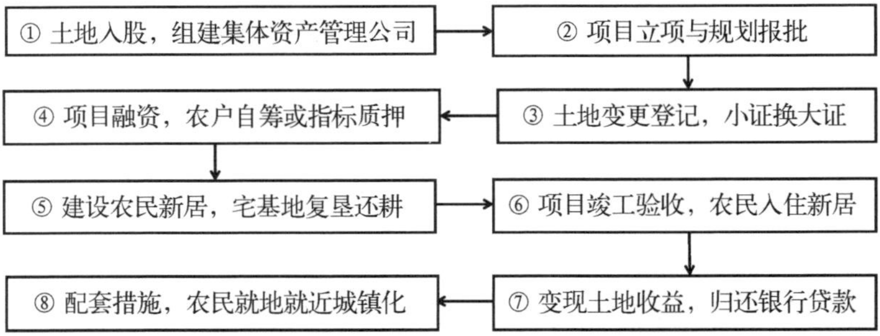

图 5 - 6　农户自主型乡建模式的运作过程

标质押等方式筹集建设资金；第五步，工程建设，包括农民新居、宅基地复垦等；第六步，项目验收，农民入住新居；第七步，变现土地收益，通过建设用地指标交易或集体建设用地就地开发等途径，归还银行贷款或垫付资金；第八步，配套措施，包括社区维护管理、农民就业培训、产业培育发展等，推进农民就地就近城镇化。这些工作基本由集体资产管理公司完成，地方政府主要在项目立项、验收与规划环节进行指导、服务和监管，另给予一定财政扶持，政府的职能和作用已发生明显变化。

三　农户福利视角下的美丽乡村建设模式比较

（一）问题的提出

美丽乡村建设的焦点是，怎样既能推进美丽乡村建设，又能确保农户福利增进，切实维护和实现好农民权益。目前学术界对美丽乡村建设模式的效果评价多为定性分析、个案研究或综合评价，而对农户福利的定量测度则主要集中在土地征收与土地流转等领域，以致人们无法清楚地知道“究竟哪一类投资主体主导的美丽乡村建设模式，更能增进农户福利？导致农户福利差异的原因是什么”。有鉴于此，本节立足共享发展理念，把农户福利增进情况作为对美丽乡村建设效果的最主要评判标准，选取全国统筹城乡综合配套改革试验区——成都市的六个美丽乡村建设项目作为样本，运用模糊综合评价法，通过实证分析，测度不同投资主体主导下的美丽乡村建设模式效果及差异原因，为美丽乡村建设运行机制创新与效果改善提供新的启迪。

（二）数据来源、研究方法与农户福利评价

1. 数据来源与样本情况

课题组选取成都市近年投资实施的六个美丽乡村建设项目作为样本，开展了入户调查，由调查员对参与农户一对一交谈，确保问卷真实有效。六个项目共获得有效问卷 383 份。研究样本的基本情况如表5－10 所示。

2. 研究方法与农户福利评价

运用模糊综合评价法，以福利经济学和 Sen 的可行能力理论为基础，对三种美丽乡村建设模式的农户福利进行测度。学术界有关农户福利的研究主要集中在土地征收与土地流转等方面，对不同美丽乡村建设模式进行农户福利测度的还不多见。关于福利测度方法，主要有模糊综合评价法、层次分析法、聚类分析法等。由于福利在本质上的模糊性和复杂性使得无法精确地测度，模糊综合评价法被认为是目前评价福利最优方法之一。

依据 Sen 的可行能力理论，农户福利可通过农户实际和可能拥有的功能性活动来描述，进而可以选择农户获取有价值功能性活动的能力作为衡量农户福利的标准。通俗地讲，农户福利可从其有价值的生活内容进行判断，包括吃、穿、住、行、读书、看电视、社会参与等，而与生活内容密切相关的是农户获取这些生活内容的“能力”。结合研究目的，考虑美丽乡村建设对农户生活生产带来的影响，我们选取家庭居住、家庭经济、公共服务和生态环境四方面指标作为度量

表 5-10　研究样本的基本情况

模式	村庄	村庄简介	项目投入	住房安置与补偿	产业发展
农户自主型	A村	位于郫都区××镇，幅员 3.8 平方公里，1 125 户 3 399 人，属典型农业村。	投资 2.44 亿元，其中指标交易 1.484 亿，农户自筹 4 760 万，政府补贴 4 800 万。	农民新居人均综合用地 70 m^2，人均住房建筑面积 45 m^2；公共设施按“1+36”标准配置；给予 100—150 元/m^2 的旧房拆除补助、1 000 元/人的林盘保护奖励。	同步发展休闲农业与乡村旅游
	B村	位于崇州市××镇，幅员 3.3 平方公里，873 户 3 066 人，属典型农业村。	投资 8 325 万元，其中集体建设用地使用权抵押贷款 5 500 万元，农户自筹 2 825 万元。	农民新居人均综合用地 60 m^2，人均宅基地面积 30 m^2；公共设施按“1+28”标准配置；给予农户 3.2 万元/人的购房补助；新居占地采取“调田撵地”方式解决。	同步推进一、三产业联动发展
资本主导型	C村	位于新津县××镇，幅员 5.8 平方公里，566 户 1 644 人，属典型农业村。	投资 2 亿元，全部由投资者自筹，通过土地收益分成实现投资回收。	农民新居人均综合用地 70 m^2，人均住房建筑面积 35 m^2；公共设施按“1+21”标准配置；给予农户一定的旧房、附属物及青苗拆除补偿；新居占地采取“调田撵地”方式解决。	同步发展观光旅游农业

续 表

模式	村庄	村庄简介	项目投入	住房安置与补偿	产业发展
资本主导型	D村	位于蒲江县××镇，幅员5.5平方公里，809户2 320人，属典型农业村，保留有邛窑遗址及手工艺。	投资1.9亿元，全部由投资者自筹，通过指标交易实现投资回收。	农民新居人均综合用地70 m^2，人均住房建筑面积35 m^2；公共设施按“1+27”标准配置；给予农户2.7万元/人补助，以及一定的拆旧补偿；农户按990元/m^2购买新房。	同步发展文化创意产业与乡村旅游
政府主导型	E村	位于邛崃市××镇，幅员3.38平方公里，1 447户3 983人，属典型农业村。	项目采取“整镇推进”方式，投资15.7亿元，农户可选择在E村居住，也可选择到场镇居住。	农民新居人均综合用地60 m^2，不足或超过60 m^2的按105元/m^2收取差价或给予补偿；公共设施按“1+21”标准配置；给予农户150—450元/m^2的拆旧补助、8 000元/人的购房补助。	同步推进土地规模流转与农业产业化经营
	F村	位于邛崃市××镇，幅员8.9平方公里，802户2 439人，属典型农业村和地震重灾村。	投资2 950万元，用于F村××小区建设，结合了土地整治与灾后重建。	农民新居采取“原拆原建”方式，设计有多种户型，由农户自行选择，按1 200元/m^2购买；给予农户15 000元/人的补助，以及315元/m^2的拆旧补助；公共设施按“1+23”标准配置。	规划打造乡村旅游综合体

福利的因素，如表 5－11 所示。家庭居住是农户开展功能性活动的基本保障，选取总建筑面积、人均建筑面积、房屋结构、房屋成本、房屋质量、生活设施完善程度来考察；家庭经济是农户开展功能性活动的物质基础，选取非农收入、农业收入、消费支出、食物支出来衡量；公共服务是农户实现功能性活动的外部条件，主要由参与项目前后教育、医疗、文娱、交通、治安、卫生等方面的变化状况构成；随着社会经济的发展，人们对生态文明的追求日益增长，改善生态环境是美丽乡村建设的题中之义，主要通过绿化覆盖、空气质量、水土质量来反映。

为了测度美丽乡村建设前后农户福利的变化，问卷中所有指标都设计为“参与前”与“参与后”两个部分。“参与前”，是指农户参与美丽乡村建设项目之前 1 年；“参与后”，是指课题组调研前 1 年即 2015 年。问卷数据是在课题组成员通过项目资料分析、实地考察、与乡镇及相关部门座谈，对项目情况有了一定了解基础上，采取课题组成员与农户一对一深度交谈、通过农户回顾或评价的方式获得的，以此保证数据真实有效。

表 5－11　农户福利评价指标体系

功能性活动	指　标	指 标 含 义	赋　值
家庭居住状况	总建筑面积	农户住房总建筑面积	调查值
	人均建筑面积	按家庭人数计算的人均住房建筑面积	调查值
	房屋结构	依据房屋主要承重构件的建筑材料区分	1：土坯　2：土木 3：砖木　4：砖混 5：钢混

续　表

功能性活动	指　标	指标含义	赋　值
家庭经济状况	房屋成本	依据房屋建设成本进行估算	调查值
	房屋质量	依据房屋坚固程度以及有无裂缝和漏雨情形进行评价	1：很差　2：较差 3：一般　4：较好 5：很好
	生活设施完善程度	依据水电气讯等设施安装情况进行评价	1：很不完善　2：较不完善　3：一般 4：较完善　5：很完善
	非农收入	除农业生产收入以外的家庭年收入	调查值
	农业收入	通过农业生产活动获得的家庭年收入	调查值
	消费支出	农户的年家庭消费支出	调查值
	食物支出	农户的年家庭食物支出	调查值
公共服务状况	教育资源	依据小区幼儿园和小学配备情况进行评价	1：很差　2：较差 3：一般　4：较好 5：很好
	医疗资源	依据小区医疗诊所配备情况进行评价	1：很差　2：较差 3：一般　4：较好 5：很好
	文娱资源	依据小区文化、娱乐和健身设施配备情况进行评价	1：很差　2：较差 3：一般　4：较好 5：很好
	交通状况	依据小区道路类型以及公交车通达情况进行评价	1：很差　2：较差 3：一般　4：较好 5：很好

续 表

功能性活动	指 标	指 标 含 义	赋 值
公共服务状况	治安状况	依据小区保安配备以及盗窃等安全情况进行评价	1：很差 2：较差 3：一般 4：较好 5：很好
	卫生状况	依据小区垃圾与污水处理以及保洁员配备情况进行评价	1：很差 2：较差 3：一般 4：较好 5：很好
生态环境状况	绿化覆盖状况	依据小区绿色植被覆盖情况进行评价	1：很差 2：较差 3：一般 4：较好 5：很好
	空气质量状况	依据小区空气质量感受进行评价	1：很差 2：较差 3：一般 4：较好 5：很好
	水土质量状况	依据小区饮用水质量与土壤质量进行评价	1：很差 2：较差 3：一般 4：较好 5：很好

（三）农户福利测度及结果分析

1. 农户福利测度

(1) 模糊函数设定

假设农户福利状况的模糊集为 X，项目实施前后可能变化的福利状况为 X 的子集 W，则农户 n 的福利函数为 $W_n=\{x_n,\mu(x_n)\}$，其中 $\mu(x_n)$为属于 W 的隶属度，$\mu(x_n)\in[0,1]$。隶属度值越大，表示农户福利水平越高，反之亦然。

（2）隶属函数设定

设 x_i 是表示农户福利水平的第 i 个功能子集，x_{ij} 是测度第 i 个功能子集的第 j 项评价指标，则农户福利的评价指标为 $x=[x_{11},\ldots,x_{ij},\ldots]$。指标变量一般分为虚拟定性变量和连续变量两种类型，不同的指标变量有不同的隶属函数。

虚拟定性变量是不能直接量化的，只能通过“好”“较好”“很好”等语言对研究对象进行主观评价，正向效应隶属函数设定为式(1)，负向效应隶属函数设定为式(2)。

$$\mu(x_{ij})=\frac{x_{ij}-x_{ij}^{\min}}{x_{ij}^{\max}-x_{ij}^{\min}}\quad (x_{ij}^{\min}<x_{ij}<x_{ij}^{\max}) \tag{1}$$

$$\mu(x_{ij})=\frac{x_{ij}^{\max}-x_{ij}}{x_{ij}^{\max}-x_{ij}^{\min}}\quad (x_{ij}^{\min}<x_{ij}<x_{ij}^{\max}) \tag{2}$$

连续变量的隶属函数可以按照以下两式求值，值越大越好的正向变化用式(3)，值越大越差的负向变化用式(4)。

$$\mu(x_{ij})=\begin{cases}0 & (0\leqslant x_{ij}\leqslant x_{ij}^{\min})\\ \dfrac{x_{ij}-x_{ij}^{\min}}{x_{ij}^{\max}-x_{ij}^{\min}} & (x_{ij}^{\min}<x_{ij}<x_{ij}^{\max})\\ 1 & (x_{ij}\geqslant x_{ij}^{\max})\end{cases} \tag{3}$$

$$\mu(x_{ij})=\begin{cases}0 & (0\leqslant x_{ij}\leqslant x_{ij}^{\min})\\ \dfrac{x_{ij}^{\max}-x_{ij}}{x_{ij}^{\max}-x_{ij}^{\min}} & (x_{ij}^{\min}<x_{ij}<x_{ij}^{\max})\\ 1 & (x_{ij}\geqslant x_{ij}^{\max})\end{cases} \tag{4}$$

通过上述计算，得到各隶属度函数的均值如表 5-12。

表 5-12　三种美丽乡村建设模式的各功能性活动隶属度

功能性活动	指　　标	类型	隶　属　度					
			农户自主 A 村—B 村		政府主导 E 村—F 村		资本主导 C 村—D 村	
			参与前	参与后	参与前	参与后	参与前	参与后
家庭居住状况	总建筑面积	C	0.190 85	0.097 41	0.139 15	0.077 47	0.156 94	0.077 06
	人均建筑面积	C	0.196 48	0.099 99	0.146 68	0.088 43	0.159 05	0.082 94
	房屋结构	Q	0.588 71	0.885 08	0.552 24	0.75	0.496 5	0.791 02
	房屋成本	C	0.044 81	0.403 35	0.098 93	0.397 37	0.077 17	0.210 25
	房屋质量	Q	0.415 32	0.766 13	0.555 97	0.765 96	0.466 78	0.820 31
家庭经济状况	生活设施	Q	0.385 08	0.802 42	0.264 93	0.988 81	0.363 64	0.837 41
	非农业收入	C	0.066 64	0.072 91	0.040 26	0.053 63	0.037 85	0.044 3
	农业收入	C	0.035 25	0.037 86	0.080 51	0.045 59	0.112 34	0.112 54
	消费支出	C	0.032 98	0.058 06	0.046 76	0.072 74	0.035 19	0.062 37
	食物支出	C	0.052 75	0.106 03	0.093 35	0.148 45	0.081 04	0.135 06

续　表

功能性活动	指　　标	类型	隶　属　度					
			农户自主 A 村—B 村		政府主导 E 村—F 村		资本主导 C 村—D 村	
			参与前	参与后	参与前	参与后	参与前	参与后
公共服务状况	教育资源	Q	0.431 45	0.608 87	0.496 27	0.621 27	0.531 47	0.442 31
	医疗资源	Q	0.429 44	0.649 19	0.5	0.744 4	0.540 21	0.625 87
	文娱资源	Q	0.419 35	0.721 77	0.598 88	0.725 75	0.307 69	0.795 77
	交通状况	Q	0.379 03	0.796 37	0.554 1	0.850 75	0.393 36	0.769 23
	治安状况	Q	0.419 35	0.683 47	0.595 15	0.735 07	0.580 42	0.753 5
	卫生状况	Q	0.405 24	0.774 19	0.274 25	0.845 15	0.403 85	0.818 18
生态环境状况	绿化覆盖	Q	0.327 96	0.661 29	0.813 43	0.818 41	0.715 62	0.780 89
	空气质量	Q	0.408 6	0.655 91	0.818 41	0.818 41	0.890 44	0.883 45
	水土质量	Q	0.424 73	0.505 38	0.818 41	0.942 79	0.662	0.652 68

注：指标类型中，C 表示连续变量，Q 表示虚拟定性变量。

(3) 权重确定

采用灰色关联分析法确定权重，在得到初级指标隶属度的基础上，需要对相应的权重进行计算，将各初级指标的隶属度进一步加总成一个综合指标。灰色关联分析法是根据序列曲线几何形状的相似程度来判断多因素间的关联程度，几何形状越接近则关联度越大，一般步骤为：

① 建立灰色关联集。首先，将受访农户家庭的各功能性指标的观测值作为灰色关联分析的比较数列，记为 $X_i=(i=1,2,\cdots,383)$ 表示有 383 个农户家庭参与了调查。其次，将与农户福利成正比的指标观测值的最大值以及与农户福利成反比的指标观测值的最小值作为参考数列 X_0，每个数列有 19 个观测点。最后，构建评价矩阵 X，X_0 标志在各评价指标都取得最优的情况下虚拟的农户家庭福利状况。

② 无量纲化初始化处理。

$$x_i(k)=x_{ik}/x_{i0}\quad(i=0,1,2,\cdots,383;k=1,2,\cdots,19)\tag{5}$$

③ 求各点绝对值及两极最大差与最小差，并计算关联系数。

$$\xi_i(k)=\frac{\min\limits_i\min\limits_k|x_0(k)-x_i(k)|+\lambda\max\limits_i\max\limits_k|x_0(k)-x_i(k)|}{|x_0(k)-x_i(k)|+\lambda\max\limits_i\max\limits_k|x_0(k)-x_i(k)|}\tag{6}$$

其中，λ 为分辨系数，一般在 0—1 之间选取，通常取 0.5。

④ 计算关联度。

$$r_i(k)=\frac{1}{n}\sum_{i=1}^{n}\xi_i(k)\quad(i=1,2,\cdots,383;k=1,2,\cdots,19)\tag{7}$$

⑤ 对计算得到的各因素关联度进行归一化，求出各因素在评估系统中所占的权重。

$$a_k = r_i(k) / \sum_{k=1}^{m} r_i(k) \quad (k = 1, 2, \cdots, 19) \tag{8}$$

通过上述运算，得到各功能性活动权重，如表 5 - 13 所示。

(4) 隶属度的加总

一般认为，各初级指标的权重是不同的，查理和莱米(Cheli & Lemmi)提出了如下的权重计算公式：

$$\omega_{ij} = ln\left[\frac{1}{\overline{\mu(x_{ij})}}\right], \overline{\mu(x_{ij})} = \frac{1}{n} \sum\nolimits_{p=1}^{n} \mu(x_{ij})^{(p)} \tag{9}$$

在此基础上，根据切廖利和扎尼(Cerioli & Zani)提出的隶属度加总公式：

$$\mu(x_{i.}) = \frac{\sum_{j=1}^{J\omega} [\bar{\mu}(x_{ij}) \times \omega_{ij}]}{\sum_{j=1}^{J\omega} \omega_{ij}} \tag{10}$$

将各初级指标隶属度加权汇总为农户的功能性指标隶属度，再将功能性指标隶属度加权汇总为农户家庭总体福利隶属度。通过上述运算，得到各功能性活动综合福利，如表 5 - 14 所示。

2. 农户福利测度结果分析

(1) 不同模式下农户福利变化的差异性

由表 5 - 14 看出，农户自主型模式下农户综合福利改善最多，增长幅度达 65.5%；政府主导型模式次之，增长幅度为 38.75%；资本主导型模式最少，增长幅度为 37.3%。具体来看，在居住福利方面，政

表 5 - 13　三种美丽乡村建设模式的各功能性活动权重

功能性活动	指　　标	权　　重					
		农户自主 A 村—B 村		政府主导 E 村—F 村		资本主导 C 村—D 村	
		参与前	参与后	参与前	参与后	参与前	参与后
家庭居住状况	总建筑面积	0.047 888 9	0.049 528 1	0.046 456 5	0.048 275 1	0.046 912 3	0.048 602 2
	人均建筑面积	0.047 892 7	0.047 867 8	0.046 481 2	0.047 159 1	0.046 819 5	0.047 108 7
	房屋结构	0.063 968 9	0.063 155 3	0.062 984 1	0.061 837 7	0.062 792 4	0.062 508 9
	房屋成本	0.035 165 1	0.052 490 4	0.036 334 7	0.052 038 4	0.035 702 6	0.049 545 6
	房屋质量	0.062 288	0.062 282 3	0.062 634 1	0.061 918 2	0.062 162 4	0.062 703 3
	生活设施	0.063 288 8	0.062 654 7	0.061 426 9	0.063 541 9	0.062 554 4	0.062 922 3
家庭经济状况	非农业收入	0.023 405 7	0.022 472	0.022 697 6	0.022 032 5	0.022 937 7	0.022 028 2
	农业收入	0.028 622	0.022 531 5	0.029 200 4	0.022 453 2	0.030 073 7	0.024 153 2
	消费支出	0.031 578 6	0.022 935	0.031 640 3	0.022 958 6	0.031 312 9	0.022 937 7
	食物支出	0.029 334 4	0.038 043 7	0.029 747 8	0.038 803	0.029 785 5	0.038 859 1

续　表

功能性活动	指　　标	权　　重					
		农户自主 A 村—B 村		政府主导 E 村—F 村		资本主导 C 村—D 村	
		参与前	参与后	参与前	参与后	参与前	参与后
公共服务状况	教育资源	0.062 366 4	0.060 672 9	0.062 135 1	0.060 431 6	0.062 619 5	0.059 422 5
	医疗资源	0.062 355 1	0.061 285 3	0.062 168 7	0.061 626 9	0.062 690 7	0.061 141 4
	文娱资源	0.063 977 8	0.061 929 4	0.064 858 9	0.061 598	0.062 489 7	0.062 501 5
	交通状况	0.061 719 1	0.062 548 1	0.062 530 8	0.062 567 3	0.061 338 3	0.062 397 5
	治安状况	0.062 472 5	0.061 589 9	0.063 057	0.061 602 5	0.063 149 7	0.062 129 7
	卫生状况	0.061 408 5	0.062 408 3	0.059 600 1	0.062 538 6	0.060 903 2	0.062 734 1
生态环境状况	绿化覆盖	0.063 767 2	0.062 204 3	0.065 318 1	0.062 661 1	0.065 061 5	0.062 863 6
	空气质量	0.064 266 6	0.062 177 1	0.065 380 9	0.062 663 7	0.065 907 9	0.063 392 1
	水土质量	0.064 233 7	0.061 223 8	0.065 347	0.063 292 7	0.064 786 1	0.062 048 3

表 5-14　三种美丽乡村建设模式的各功能性活动综合福利

功能性活动	综合福利								
	农户自主型 A 村—B 村			政府主导型 E 村—F 村			资本主导型 C 村—D 村		
	参与前	参与后	增幅	参与前	参与后	增幅	参与前	参与后	增幅
家庭居住状况	0.337 06	0.546 4	62.1%	0.324 85	0.553 29	70.3%	0.317 1	0.514 84	62.4%
家庭经济状况	0.045 67	0.074 13	62.3%	0.066 39	0.090 69	36.6%	0.068 02	0.096 06	41.2%
公共服务状况	0.414 085	0.706 332	70.6%	0.505 636	0.754 634	49.2%	0.460 222	0.703 237	52.8%
生态环境状况	0.387 244	0.608 059	57.0%	0.816 75	0.860 144	5.3%	0.756 735	0.773 169	2.2%
综合福利	0.342 63	0.567 037	65.5%	0.459 682	0.636 588	38.75%	0.428 152	0.588 034	37.3%

府主导型模式＞资本主导型模式＞农户自主型模式；在经济福利方面，农户自主型模式＞资本主导型模式＞政府主导型模式；在公共福利方面，农户自主型模式＞资本主导型模式＞政府主导型模式；在生态福利方面，农户自主型模式＞政府主导型模式＞资本主导型模式。

通过定量测度发现，农户自主型模式更有利于农户福利的改善。究其原因，主要有以下四方面因素：① 利益因素。在农户自主型模式下，乡村建设的事项由农户自主决策，他们最关心和了解自己的利益，以农户福利的最大化为准则；在资本主导型乡建模式下，乡村建设的事项由企业决策，他们最关心的是利润，以利润最大化或成本最小化为准则；在政府主导型模式下，乡村建设的事项由政府官员决策，他们最关心的是政治升迁，以上级领导的偏好为准则。在调查中我们了解到，政府领导下基层调研，通常最关心农房，所以基层干部更愿意投入人财物在见效快、看得见的农房建设上抓出示范。因此，政府主导型模式下的农户居住福利改善最多。而企业则出于成本或利润的考虑，通常仅按政府规定的最低住房质量标准进行建设；农户也会受资金约束，在可承受的范围内修建住房。② 体制因素。相比于农户与资本，政府因缺乏灵活的市场机制与强烈的内生动力，在推动产业发展方面存在一定的局限性。在调查中我们了解到，A 村依托本地的区位优势与资源禀赋，成立了蔬菜合作社、“小微盆景”合作社，启动了温泉等产业项目，积极发展“三小经济”（小旅馆、小餐馆、小茶馆），休闲农业与乡村旅游实现快速发展；D 村也依托当地的邛窑遗址发展文化创意产业，吸引艺术家入乡创业，建设“国际陶艺村”，并结合当地的“茶山竹海”资源发展乡村旅游，一、三产业融合得到快速发展；而 E 村所在的乡镇，政府虽同步推动了“万亩高标准基本农田建设”，但业态上仍以农业生产为主，农户就业增收的幅度有限。③ 规制因素。政府规制对农户福利保障至关重要。由表5-14看出，无论何种模式，农户福利均有不同程度改善，其重要原因是成都市围绕农户福利保障出台了一系列规制措施。同样，如果规制标准不同，农户福利改善程度就会不同。以公共设施配置为例，成都市政府本着项目收支基本平衡的原则，根据全市农村资源禀赋等状况，确定农村新型社区公共设施配置的基本标准为"1+21"，在不低于基本标准的前提下，具体项目的配置标准由政府、投资者与农民集体及农户协商确定。在6个研究样本中，农户自主型的A—B村配置标准分别为"1+36""1+28"，资本主导型的C—D村分别为"1+21""1+27"，政府主导型的E—F村分别为"1+21""1+23"。因此，在公共福利方面，农户自主型模式的表现也优于资本主导型模式和政府主导型模式。④ 心理因素。在农户自主型模式下，农户对乡村建设的参与程度更高，当家作主能够带来更大的福利满足感。此外，与政府和资本相比，农户的乡土情结更重，对当地的自然生态本底更为珍惜。我们在调查中观察到，A村和B村的自然生态环境良好，特别是传承千年、颇具川西特色的"林盘"得到完美保护，而其他村的"林盘"则受到不同程度毁损。

（2）农户自主型模式的生成条件

农户自主型模式能够在成都出现有其必然性。我们通过调查发现，主要有以下四方面原因：① 农村土地产权制度改革。成都市早在2008年就启动了农村土地产权制度改革，开展集体土地确权颁证，赋予集体土地出让、转让、作价出资（入股）和抵押融资等权能，搭建集体土地交易服务体系，增强农户产权、契约与市场意识。这为农民集体和农户成立集体资产管理公司、通过集体建设用地使用权抵押融资，提供了物质条件。② 乡村治理制度改革。"扩权"与"赋能"

并重是成都统筹城乡改革的重要特征。一方面通过农村产权制度改革，扩展集体土地权能，还权于民；另一方面推进乡村治理制度改革，成立村民议事会，规范村民议事规则，确保民主、公开议事，增强村民自治能力。政府还每年给予每村 50 万元的公共服务资金，在确保"有钱干事"的同时，锻炼基层干部与农户合理用钱干事的能力，避免出现"村官大贪"的现象。这为实施农户自主型模式提供了能力条件。③ 政府主动转变职能。在政府主导型乡建模式下，即使政府动机真的在于改善民生，农户仍会对项目实施中的补偿安置标准以及房屋户型、面积和质量等百般挑剔。为改变这种"出力不讨好"的窘况，成都市于 2010 年提出建立"农民主体、市场运作、政府引导"的运行机制，政府主要承担政策制定、规划审核、技术指导、纠纷调处、项目监管等职责。这为农户自主型模式的产生提供了制度条件。④ 农户的自我觉醒。在乡村建设过程中，一些精明的村干部与农户逐渐意识到"土地指标是值钱的"，没必要把这"赚钱"的机会让给政府或企业，"自己干"更划算。这样，随着主体条件的具备，农户自主型模式便应运而生了。

（四）结论与启示

第一，农户自主型模式更有利于增进农户福利。本研究表明，相比于政府主导型与资本主导型模式，农户自主型模式更有利于增进农户福利，在适当的制度安排下，农户有能力做好自己的事情。通过乡村建设的鲜活实践，农户的产权意识、自治能力、市场参与能力和契约精神均得到锻炼与提升，印证了"干中学"是人力资本提升重要途径的论断。因此，政府应革新观念，在乡村建设中充分相信和依靠农户，引导农户通过村民自治方式处理各项事务。是否、何时和怎样建设美丽乡村，交由农户自主决策。唯有如此，农户才能在“干中学”中不断提升人力资本，真正成为乡村建设的主力军。值得强调的是，倡导农户自主型模式，并非否定其他模式。中国各地资源禀赋、经济发展水平、政府治理能力和农户素质均存在很大的差异，应因地制宜选择合适的模式，不宜“一刀切”。比如，对于资源禀赋较差或市场发育不完善的农区，政府在乡村建设中还必须发挥主导和示范作用；而对于市场已有一定发育但农户自治动力不足的农区，在乡村建设中引入市场机制、调动社会资本参与，就有其必要性；即使引导农户自主实施乡村建设，政府也应根据实际情况给予必要的政策引导、技术指导甚至资金扶持，逐步扩大农户的自主程度。最后，倡导农户自主型模式，并非意味着农户“单干”。是农户自筹资金“单干”，还是通过土地产权融资，或者引入社会资本合作共建，均由农户根据自身情况相机抉择。

第二，扩权赋能是农户自主型模式生成的必要条件。本研究表明，农户自主型模式的生成需要具备一系列条件，包括农村产权制度改革与治理制度改革的联动、政府职能转变与农户自我觉醒等，其中土地产权配置机制是关键。与土地产权的行政化配置机制相适应，形成了政府主导型模式；与土地产权的市场化配置机制相适应，形成了资本主导型模式；与土地产权的金融化配置机制相适应，形成了农户自主型模式。乡村建设的模式与地权配置机制呈现出高度的协同性！因此，政府应主动转变职能，逐步从乡村建设的具体事务中脱离出来，重点做好政策制定、规划审核、技术指导、纠纷调处与监督管理等职责，同时以“扩权赋能”为目标，优化土地产权配置机制，推进农村产权制度与治理制度联动改革，在确权颁证、明晰产权的基础上，按照“同地同权”的原则扩展集体土地权能，增强农户对土地的处分能力，培育集体土地交易市场，畅通土地产权融资渠道，为农户自主实施乡村建设创造良好的制度条件。

第三，从农户福利角度考虑应实现乡村共建共治共享。本研究表明，在福利的某些领域与环节，政府主导型或资本主导型模式仍然具有相对优势，只要政府规制得当，农户福利就能得到不同程度改善。因此，三种模式并非是非此即彼的关系。从农户福利最大化的角度考虑，应在坚持农民主体地位的前提下，更好地发挥政府作用，并充分调动社会资本参与的积极性，实现三者在相应领域与环节的有机结合，形成美丽乡村共建共治共享的新机制。涉及农户切身利益的重要事项，应坚持农户自主；涉及土地整治、规划建设、农业生产环节以外的产业发展等事项，可发挥社会资本的专业优势；政府则应切实承担起基础设施与公共服务设施供给的职责，对美丽乡村建设提供必要的资金扶持，同时要围绕保障农户的知情权、参与权、决策权、监督权与收益权，从乡村建设的关键环节和风险点入手，通过设立准入门槛、完善规划审核机制、推进公共设施配置标准化、建立信息披露机制、制定宅基地退出与农房拆除补偿标准、严格对农民新居建设及宅基地复垦验收、预留乡村产业发展用地等措施，健全美丽乡村建设的规制体系。

第六章

土地发展权配置对乡村建设绩效的影响分析

本章进一步基于空间配置的视角从中国实践中提炼出“转移型、保留型、拓展型”三种典型的土地发展权配置模式，从理论上分析三种土地发展权配置模式对乡村建设绩效的影响，并通过典型案例分析的方式从经验上加以佐证，然后构建乡村建设绩效评价指标体系，进一步进行实证检验，以期从土地发展权配置角度对乡村建设绩效差异给出科学解释，为深化地权制度改革提供决策支撑。

一　问题的提出

随着乡村振兴战略的实施，乡村建设呈现出分化的趋势，一些乡村逐步走上振兴之路，而另一些乡村仍陷于发展的困境。是什么因素引发了乡村建设的绩效差异？毋庸赘言，乡村社会是一个复杂系统，乡村建设绩效是乡村社会内外系统诸因素长期交互影响的结果，农户、村庄和区域的特征或者资源、技术、制度和文化等因素均对乡村建设绩效有着程度不同的影响，但在错综复杂的现象背后，究竟是什么因素对乡村建设绩效起着决定性的作用呢？显然，从理论与实证层面厘清这一本源问题，对于探寻乡村振兴战略实施的突破口和关键抓手具有重要意义。

基于地权角度的解释是理论研究的重要进路。制度经济学的重要贡献是，诠释了制度对长期经济绩效的决定性作用（诺思，2014）。在乡村社会，土地是最重要的生产资料，地权是乡村制度体系的核心。循着制度学派进行逻辑演绎，不难推出“地权决定乡村建设绩效”的结论，学术界沿着这一进路已取得了丰富的成果。一是剖析了城乡二元体制、地权不平等对乡村建设的制度阻碍，主张赋予农民更完整的土地权利，实现城乡土地"同权同价"（周其仁，2013；高圣平和刘守英，2007；郑振源和蔡继明，2019）。二是研究了地权的稳定性、充分性、流动性对农户投资行为、耕地质量保护、农业经济增长及农户收入增长的影响（俞海等，2003；冀县卿等，2009；陈斌开等，2020；柯炼等，2022），尽管实证结果有所差异，但多数研究认为地权越稳定、越充分，越有利于调动农民的生产积极性，越有利于促进农业经济增长及农户收入增长。这些研究归结于一点，就是主张推进以"扩权赋能"为核心的地权变革，破除城乡二元体制，以此促进乡村振兴与城乡融合发展。

基于地权角度的解释在缩小城乡收入差距与乡村整体发展层面是有说服力的。伴随着党的十八大以来地权变革的纵深推进，中国乡村整体迈入快速发展的轨道，农村居民人均可支配收入增长率持续高于城镇居民，根据 2021 年国民经济和社会发展统计公报，城乡居民人均可支配收入比已缩小到 2.50∶1。然而，顶层制度惠及所有乡村，对于乡村建设的绩效差异，笼统地用地权变革解释难以令人信服。事实上，乡村土地制度中除了承包地"三权分置"改革与集体经营性建设用地入市改革的制度成果吸收入法外，占集体建设用地 70％以上的宅基地因其产权独特性而在改革的方向上争议还很大。贺雪峰（2015）等认为，允许宅基地使用权入市，可能造成农民进城失败返乡的社会风险，且不利于发挥"地利共享"的制度优势，主张大多数进城农民可在城市体面安居时再启动市场导向的宅基地制度改革。秉持稳慎原则，2019 年新版《中华人民共和国土地管理法》没有从根本上触动宅基地制度，宅基地制度仍是以保障性功能为主，兼有微弱的财产性功能。但是，随着乡村振兴战略的实施，无论从筹集乡村建设资金、改善农民居住条件还是从保障乡村产业融合发展用地、拓宽农民就业增收渠道来看，盘活用好存量宅基地均被赋予积极的政策预期。学术界以乡村振兴为背景，围绕宅基地制度尤其是宅基地“三权分置”改革进行了深入讨论（刘守英和熊雪锋，2018；严金明等，2019；宋志红，2019；Zhou et al.，2020；钱忠好和牟燕，2020），但这些研究多是基于经济逻辑或法理层面的探讨，抑或从“应然”状态提出改革主张，无法解释已然发生的乡村分化现象。

基于地权角度的解释文献多数拘泥于集体土地所有权和使用权的发展权受限研究，较少从土地用途与开发强度等空间配置角度探讨集体土地的发展权受限问题。实际上，不仅承包地存在细碎化的问题，宅基地空间布局的细碎、凌乱与分散问题也十分严重。尽管集体建设用地总量可观，但能满足乡村振兴对建设用地集中布局需求的极少，实践中大多需要借助土地整治等政策，通过宅基地腾退、土地用途转换、空间布局调整、规划修改、集体经营性建设用地入市等操作，才能较好地化解乡村振兴的用地瓶颈。乡村不仅存在城乡二元体制导致的土地所有权与使用权的发展权受限问题，而且存在规划管制导致的土地用途与开发强度及空间布局调整的发展权受限问题，相较于前者，后者被关注的程度还不足够。现有文献对土地发展权的法律属性、收益分配、入法路径、价值测量及在国土空间规划中的运用等进行了基础研究（刘国臻，2005；程雪阳，2014；张先贵，2019；岳文泽等，2021；宋敏等，2022），并将土地发展权范畴拓展到土地整治与增减挂钩政策的讨论（Zhao and Zhang，2017；姚树荣和熊雪锋，2018），为解释乡村建设绩效差异提供了新的研究视角。事实上，土地发展权配置的实践在中国早已产生。地方政府为了化解保护耕地、保障发展与促进乡村建设的多重矛盾，围绕盘活用好存量宅基地开展了一系列改革试验，涌现出多样化的土地发展权配置模式。从理论上讲，土地发展权配置不仅能提高土地资源的利用效率，而且能为乡村换得建设资金，优化土地利用结构，提供产业发展空间，进而对乡村建设绩效产生重要影响。因此，这些不同模式的土地发展权配置很可能就是导致乡村建设绩效分化的重要原因。然而遗憾的是，鲜有学者对中国实践中涌现出的土地发展权配置模式及不同模式引致的乡村建设绩效差异进行系统的比较研究。

对土地发展权配置是否有效促进了乡村建设及不同模式对乡村建设绩效的影响是否存在差异进行科学回答，需要对乡村建设绩效进行科学评价。目前，中国还没有建立起权威的乡村建设绩效评价指标体系，学术界作了一些探索性研究，或选取 1—2 个关键指标（如农业全要素生产率、农户收入）进行单维度评价（朱喜等，2011；钱忠好和王兴稳，2016），或围绕“产业兴旺、生态宜居、乡风文明、治理有效、生活富裕”五个维度构建乡村建设绩效评价指标体系从全国、省域、县域和村域进行不同尺度的综合评价（张挺等，2018；闫周府和吴方卫，2019；杜国明等，2021）。概括来看，现有研究主要存在两点不足：一是乡村建设是全方位的系统建设，单维度评价无法全面反映乡村建设绩效，难以体现中央推进乡村全面振兴的要求；二是乡村建设的主体是农民，现有的大尺度评价反映不出农民对乡村建设的切身感受，构建的指标体系不仅忽略了反映乡村产业融合发展状况的指标，而且忽略了农民看重的住房条件改善指标，从而可能导致乡村建设绩效评价的失真。因此，科学评价乡村建设绩效，既需要在内容上体现全面性要求，又需要在主体上反映农民的切身感受。

综上，现有文献从地权角度对缩小城乡收入差距与乡村整体发展的解释是有说服力的，但无法解释乡村内部的绩效分化现象。学术界有关土地发展权的研究为解释乡村建设绩效差异提供了新的研究视角，但遗憾的是，鲜有学者对实践涌现出的土地发展权配置模式及不同模式引致的乡村建设绩效差异进行系统的比较研究。有鉴于此，本章拟在界定土地发展权内涵与配置模式的基础上，从农户视角构建乡村建设绩效评价指标体系，运用理论与实证相结合的方法分析不同模式对乡村建设绩效的影响，以期从土地发展权配置角度对乡村建设绩效差异给出科学解释。本章在以下方面做了新的尝试：一是将土地发展权融入产权理论分析框架，运用产权理论对土地发展权的内涵与配置模式进行研究，丰富和拓展中国特色的土地发展权理论；二是从农户视角构建乡村建设绩效综合评价指标体系，弥补现有研究对乡村建设“全面性”和“主体性”要求体现不足的缺陷，引导乡村建设实践观照农户感受、强化全面系统意识；三是运用理论与实证相结合的方法研究土地发展权配置模式对乡村建设绩效的影响，在科学解释乡村建设绩效差异的基础上，为以地权变革赋能乡村建设提供有价值的建议。

二 土地发展权的内涵与配置模式

（一）土地发展权的内涵

科斯意义的产权是一束人们对某物品所享有的权利。对产权主体而言，产权归根结底是实现经济利益的权利，权利不能转化为经济利益，产权就失去了存在价值（于鸿君，1996）。因此，收益权是产权行使的终极目的，占有、使用、处分等权能行使不过是实现收益权的手段。产权通常被看作一系列权能的组合，即由所有权及其派生的占有权、使用权、处分权与收益权等组合而成的权利束。产权可以分解与重组，当产权主体拥有某物品的全部权能并可以完全按照自己的意志行使权利时，构成完整产权，也即绝对产权；当产权主体只拥有某物品的一项或几项权能，或者虽拥有全部权能但需要在一定的约束条件下行使权利时，构成残缺产权，也即相对产权。在现代社会，产权的普遍形式是相对产权，这就引申出产权残缺的问题。对于因市场主体通过契约安排而产生的产权残缺问题，可通过市场交换价格解决；对于因政府出于负外部性考虑进行权利限制而产生的产权残缺问题，可通过类似"碳排放权"性质的市场交易方式解决；但对于因政府出于正外部性考虑进行权利限制而产生的产权残缺问题，科斯及其追随者既未给予足够的研究重视，更未给出治理良方。

然而，随着人口的增长与经济发展，保障发展用地与保护耕地及生态安全的矛盾与日俱增。政府出于公共利益需要，通过国土空间规划对土地产权的干预范围和力度不断加大。国土空间规划对产权行使的管制主要有用途管制和开发强度管制两种。这类政府管制，从公共利益来看有其必要性，但对特定产权主体而言是一种产权残缺和真实的利益损失。如图 6 - 1 所示，在完整产权条件下，产权主体可获得最大收益 OA，但在政府管制条件下，产权主体仅可获得收益 OB，存在因产权残缺而损失的收益 BA。在政府管制的背景下，土地发展权制度应运而生。自 1947 年从英国发端后，美国等国家陆续建立了土地发展权制度。土地发展权已发展为一种可以定量转让的财产性权利，成为从土地产权中分离出来的新型用益物权（汪晓华，2019）。从发展趋势看，土地发展权制度逐步摒弃了单纯强调公益、收益全部归公的做法，呈现出一种对产权残缺补偿、公益与私利平衡、收益由公私分享的倾向。简言之，没有政府管制，就不存在土地发展权问题，土地发展权实质上是一种因政府管制导致产权残缺而对产权主体给予补偿的新型财产性权利。土地发展权制度的创设，有利于增加产权主体的配合度，提升政府管制实施的有效性。

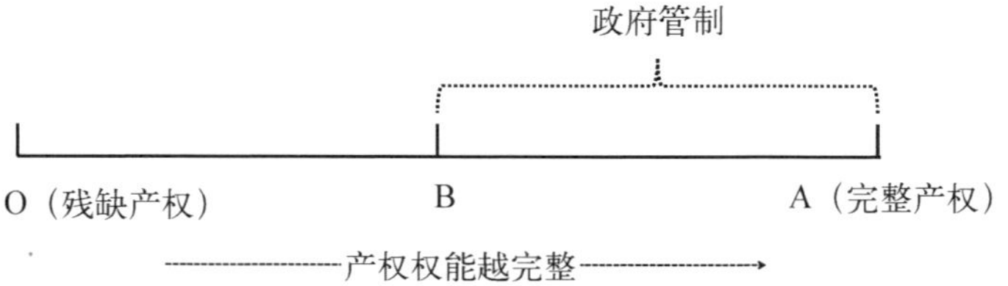

图 6-1 土地产权、政府管制与土地发展权的内在逻辑

结合上述对土地发展权的分析及中国实践经验，中国特色的土地发展权可定义为产权主体在政府管制的前提下通过改变土地用途与开发强度等空间配置谋求自身发展的一种新型财产性权利。其内涵可以从三个方面把握：① 土地发展权源于所有权，是从土地所有权中分离出来的可独立行使的能为权利人带来经济利益的财产权利。② 土地发展权因政府管制而产生，也须依政府管制而行使，产权主体改变土地用途与开发强度等空间配置应取得政府的规划许可。③ 土地使用权与土地发展权虽然都是财产权利，但二者的行权方式不同。以宅基地为例，按照《中华人民共和国民法典》规定，宅基地使用权是一种不完整的财产权利，农户仅拥有占用宅基地建造房屋居住的权利，不具有对外出售和抵押的权利。按照宅基地“三权分置”的改革思路，允许农户通过自营、出租、入股、合作等方式适度放活宅基地使用权。即使赋予农户对外出售和抵押的权

利，宅基地使用权的行使也不能替代土地发展权。由于土地位置的不可移动性，受区位和市场需求的约束，一块实物形态的宅基地并不一定能转化成现实的经济利益，但通过宅基地的用途转换、区位调整、功能拓展与开发强度提升等方式，则可为产权主体带来现实的经济利益。

（二）土地发展权的配置模式

从土地发展权的内涵可以看出，土地发展权的价值是通过土地发展权的空间配置来实现的。空间配置主要涉及四个问题：① 配置方式，即怎么进行空间配置的问题；② 配置主体，即由谁来进行空间配置的问题；③ 产权结构，即不同区域产权主体的产权结构发生了怎样的变化；④ 价值实现形式，即土地发展权的价值通过什么形式得以实现。在这四个问题中，配置方式居于主导地位，它决定着其他三个问题的走向，有什么样的配置方式，就有什么样的配置主体、产权结构和价值实现形式与之相适应。据此，按照空间配置的方式，可将土地发展权配置划分为转移型、保留型和拓展型三种模式。

1. 转移型模式

转移型模式是指通过跨产权场域的土地用途变更，如 A 区域产权主体将建设用地变更为农用地或将高价值用途变更为低价值用途，B 区域产权主体将农用地变更为建设用地或将低价值用途变更为高价值用途，实现土地发展权从 A 区域产权主体向 B 区域产权主体的空间转移。从配置主体来看，由于涉及不同的产权场域，通常需要政府来主导实施；从产权结构来看，B 区域产权主体获得了土地发展权，而 A 区域产权主体的土地发展权受到限制；从价值实现形式来看，B区域产权主体可通过对土地的非农建设或高价值用途利用而实现利益，A区域产权主体则通过纵向或横向转移支付或市场交易方式获得一定的货币额作为土地发展权受限的价值补偿。在实践中，该模式以增减挂钩试点为典型。随着农民大量进城，农村宅基地闲置低效利用的情形十分普遍，其价值在传统农区甚至不及耕地重要（刘锐，2017）。通过实施增减挂钩项目，复垦还耕闲置低效宅基地，通过用途变更退出土地发展权，并将土地发展权有偿转让给城镇使用，实质上是农村用土地发展权换取建设资金，宅基地在居住功能基础上衍生出了通过复垦获得建设资金和改善居住条件的功能，经济价值通过土地发展权转移得到一定程度的显化。

2. 保留型模式

保留型模式是指通过同产权场域的土地用途变更，如A村庄将其部分土地从建设用地变更为农用地或将高价值用途变更为低价值用途，而将另一部分土地从农用地变更为建设用地或将低价值用途变更为高价值用途，实现土地发展权在村庄内部的优化配置。从配置主体来看，由于是在同一产权场域内对不同地块的用途调整，通常需要村集体来统筹实施；从产权结构来看，土地发展权仍保留在同一产权场域（如A村庄）内部，但在空间布局与结构上实现了优化配置；从价值实现形式来看，主要是通过土地的非农建设或高价值用途利用而实现利益。在实践中，该模式以小挂钩试点为典型。小挂钩的运作方式主要有两种：① 由村集体作为投资者，首先成立集体资产管理公司，到自然资源部门注销农户宅基地使用权证，为公司颁发统一的集体建设用地使用权证，即“小证换大证”，然后以产权证抵押贷款，开展土地综合整治，包括修建农民新居、旧房拆除与宅基地复垦等；项目竣工后，将节余建设用地指标覆盖到建新区，经规划调整转换成集体经营性建设用地入市；最后，入市收益用于偿还贷款，土地用于产业发展。② 由村集体引入投资者，开展土地综合整治，将节余建设用地指标覆盖到建新区，经规划调整转换成集体经营性建设用地，通过土地开发与产业发展获取回报。该模式的显著特点是，在耕地不减、建设用地不增、农民居住条件有改善的前提下，通过土地用途变更、区位调整、闲置宅基地向集体经营性建设用地的转换，形成了集中连片的建设用地。

3. 拓展型模式

拓展型模式是指通过同产权场域的土地开发强度变更，如A村庄将建筑容积率与密度等规划指标提高，实现土地发展权在村庄内部由低到高、由疏到密的立体拓展。从配置主体来看，由于只是在同一产权场域内对同一地块的开发强度调整，所以通常由农户来分散实施；从产权结构来看，土地发展权不仅保留在同一产权场域（如A村庄）内部，而且在立体空间上实现了拓展；从价值实现形式来看，主要是通过立体空间经营而实现利益。在实践中，该模式以农村人居环境整治试点为典型。通过开展农村人居环境整治，建设美丽乡村，发展乡村旅游，是当前乡村振兴的主要做法。随着乡村旅游的发展，游客对住宿、餐饮和休闲娱乐等服务的需求与日俱增，越来越多的农户抓住商机自觉参与到相关配套服务中。为解决用地问题，农户通常自筹资金利用宅基地改（扩）建房屋，修成多层并精心装潢设计，从事民宿、农家乐和休闲娱乐等经营活动。此时，农户对宅基地的诉求已经不仅仅是满足自身居住需要，而是通过经营性活动获取更多收入。该模式的显著特点是，农户抓住乡村旅游的机会，通过改变土地开发强度，实现了宅基地的多功能拓展、复合利用与效率提升。

图 6-2　农民利用自家宅基地改扩建房屋发展乡村民宿

三　土地发展权配置模式对乡村建设绩效的影响

（一）转移型模式对乡村建设绩效的影响

1. 理论分析

转移型模式对乡村建设绩效的影响可以解构为以下几方面：第一，助力生态宜居。乡村建设，首先要解决乡村房屋破旧、基础设施与公共服务供给不足、空间布局散乱的问题。对政府财力薄弱和农户无力自行筹资建设的乡村，开展土地发展权转移试验是可行路径。通过宅基地复垦，乡村将节余建设用地指标转让给城镇使用，从而解决乡村建设的资金难题。在该模式中，土地发展权定价是关键问题。目前主要采取行政定价方式，按照一定的乡村规划建设标准测算土地综合整治成本，并考虑城镇资金返还能力等因素确定。显然，城镇距离中心城市越近，区域经济发展水平越高，资金返还能力越强。同时，在开展土地综合整治时，应科学规划好乡村的生产、生活和生态"三个空间"布局，真正体现出统筹性、全域性、综合性、生态性，优化土地利用结构，实现生产空间集约高效、生活空间宜居适度、生态空间山清水秀。第二，助力产业兴旺。建设用地与耕地之间的用途转换是转移型模式的重要机制，要义是将乡村的闲置宅基地复垦为耕地，而将城镇规划区内的耕地转为建设用地，结果是城镇增加了建设用地，拓展了非农产业发展空间，乡村则增加了耕地、减少了建设用地，农业发展空间得到拓展，非农产业发展空间受到挤压。如果在开展土地发展权转移试验的同时，能同步推进高标准农田建设，引入优质产业项目，实现农业规模经营、绿色转型与科技赋能，产业兴旺目标就可能实现。第三，助力生活富裕。土地发展权转移试验并不必然带来农民富裕，只是为农民富裕提供了可能性。要实现农民富裕的目标，需要建立投资者与农户的利益联结机制，让农户参与乡村发展，拓宽就业增收渠道。第四，助力乡风文明。通过土地发展权转移收益，增加公共服务设施供给，包括幼儿园、卫生诊所、图书室、文体娱乐设施等，提升农民人力资本水平，增进乡风文明。第五，助力治理有效。乡村建设，必须靠改革来激活乡村，最初启动的改革应能"潜在地发动起一个关键的变革齿轮，由此推动逻辑链条上其他领域的改革"（高帆，2019）。开展土地发展权转移试验，不仅需要农民参与补偿安置、规划建设和收益分配等公共事务治理，而且还可能引起政府、资本与农民之间的利益冲突，以及市场经济的法治精神与乡土社会的宗族礼法之间的冲突，这要求同步推进乡村治理改革，让农民在"干中学"中提升自治能力，并形成与政府及资本之间的共治机制，实现有效治理。

2. 典型案例：炉坪村的美丽乡村建设

（1）炉坪村简介

炉坪村位于四川省成都市蒲江县大兴镇西北部，距离成都市中心70多公里，辖区8.28平方公里，耕地7 000余亩，林地4 338亩，辖13个村民小组、705户、2 205人，其中劳动力1 155人。全村主要以猕猴桃、晚熟杂柑、茶叶产业为主。虽然处在大城市近郊，拥有较好的地理区位优势，但在2011年12月以前属于市级贫困村，主要种植水稻、玉米、油菜。与大多数传统农业种植区相似，炉坪村的作物种植种类较多，农户各自耕作，粮食作物种植面积高于经济作物，产业单一，农业产值低，劳动力流失严重，人均收入仅有6 820元，属于典型的农业村落。在蒲江县“三大工程”的支持和指导下，村党支部书记带领村民调整产业结构，全村发展猕猴桃种植业，并且在政府的主导下引入社会资本共同经营。炉坪村一改落后贫困的面貌，人均收入从2011年的6 820元增长到2017年的24 800元，2018年人均收入基本达到30 000元。

图6-3　炉坪村印象

（2）炉坪村的建设情况

① 活化土地要素

传统农业生产的核心要素是土地和劳动力。在土地上生产出来的农产品用作食物或者其他产业的原料，附加值低廉。宅基地作为保障性用地只赋予农民使用权，不能用于交易；集体经营性建设用地有严格的指标管控，其价值也得不到显现。在这种制度安排下，农村土地价值被“封存”。农业生产不可获得更高收入的同时，农民利用集体土地从事非农产业的权利也被剥夺，产业发展空间被严重压缩，不可避免出现乡村衰退和城乡差距拉大。从土地制度改革入手，活化乡村土地，释放土地价值，促进乡村新的经济活动开展。

一是农用地流转奠定规模经营基础。农用地经营权从承包权中分离并进入生产要素交易市场，从生产效率低的农户转移到生产效率高的生产者手中，是农业实现规模高效经营、投入新生产要素的基础。经营权流转不仅变换了农民的“身份”，使农民从农业生产中解放出来，而且增加了收入来源。蒲江县政府高度重视土地流转，印发了《蒲江县农村土地经营权流转交易规则（试行）》等配套办法，引导农户流转土地，促进规模经营。炉坪村的耕地和林地资源相对较好，生态条件优越。过去的农作物种植混杂分散，种植粮食主要用于自家食用，适当种植经济作物用于交易，村民在农业生产上所得收益甚低。村干部通过考察其他村的成功案例，在 2012 年开始发动 162 户农户成立土地股份合作社，选择猕猴桃作为主要种植作物，利用 930 万农业扶持资金建成 1 000 亩猕猴桃核心示范基地，并配套沟渠、道路、电网、生产用房等基础设施，猕猴桃产业基础初步形成。规模化经营后很快给村民带来可观的收益，猕猴桃种植带来的收益远高于传统水稻种植的收益，单价从 3 元/斤—8 元/斤不等，亩均收益最高可达 3 万元。在受访的 38 户农户中，炉坪村村民在 2018 年的农业收入普遍高于项目开展的前一年，平均比原来收入高出 3 倍之多。

二是集体建设用地整理提供产业空间。宅基地制度安排所具有的特殊性在很长时间内是束缚乡村非农经济发展的重要因素。对宅基地社会保障功能以及维持乡村社会稳定功能的偏倚，使得宅基地无法交易，农民对宅基地的权利缺失；另一方面，存在宅基地闲置、一户多宅等情况。变革宅基地制度，让农民享有土地发展权，是乡村振兴的重要制度供给。在保障住有所居的情况下，通过宅基地有偿退出，村民由分散居住到集中居住，节余建设用地指标，用于筹集新村建设资金或变更为集体经营性建设用地用于非农产业发展。

第一步，借助增减挂钩政策实现土地发展权交易，进行美丽乡村建设。从 2006 年开始，蒲江县有序推动增减挂钩项目实施，2012 年炉坪村增减挂钩项目正式立项。政府作为投资方，主导项目的实施，村委会组织复垦工作的实施，旧宅基地上房屋拆除由农民自行实施。增减挂钩项目主要涉及三个问题：拆旧补偿和复垦费用、新房建设面积和费用以及节余指标交易。首先，村委会征求村民意见后，旧宅基地以及房屋由农户自行拆除，补偿安置费为 1 万元/人，过渡费为每人每月 80 元，按三个月发放；给予被占地农户 2 万元/亩的权属调整补偿费及青苗、地面附着物补偿费 6 000 元/亩。农户原来的宅基地面积普遍较大，若新房使用面积小于规定面积的，炉坪村按照“节约有奖”的原则发放 80 元/m^2 的额外补助。旧房拆除后，村委会确定施工单位统一组织实施，复垦费用为 7 000 元/亩。其次，新房建设按照统规自建，并在村内成立了 10 人的建房委员会。由于村民自己建房的时间较久，质量差异较大，因此采取引入建筑公司的方式。村民与建筑公司签订建房合同，建设费用为 920 元/m^2，每人 35 m^2，3 人户 130 m^2。村民需要自行承担一部分建房费用，平均每户大约 2.7 万元，对于家庭贫困无力承担建房费用的农户，由村委会联系县工会，帮助农户在县村镇银行申请建房贷款，村委会作担保，工会支付利息。最后，炉坪村的增减挂钩项目共投资 5 200 万元，节约建设用地指标 210 亩，搬迁安置 215 户、共 645 人，占全村人数的 1/3。全部节余指标用于交易，收益全部用于小区基础设施配套建设和搬迁农户的补偿安置。新村建设改善了人居环境，也改变了原有的村民管理方式。

第二步，在已经建成规模化的猕猴桃产业基础上，结合村庄的自然环境和交通优势，将农业和旅游业联动发展，打造 4A 级猕猴桃国际公园，形成集生态农业、生态旅游、国际营销、文创开发、休闲娱乐为一体的新型综合性产业发展模式。园区建设用地来自村内的集体建设用地，已经配置了 3 亩集体经营性建设用地用于修建游客中心和观景台。园区拓展建设用地近 20 亩，按照村内集体建设用地规划供给，目前已整理出 10 余亩集体建设用地供园区进一步发展使用。

土地要素的取得对农业规模经营来说至关重要，改变低效的土地资源配置方式，为乡村各产业的发展提供最基础的生产要素，也是重新组合其他生产要素的起始。炉坪村一是在政府的大力支持下，通过农用地经营权的流转，集中土地资源，转变种植结构，确定了主导产业，即猕猴桃种植，促进传统农业转型。二是借助增减挂钩项目，由政府牵头，解决项目的资金来源，节约村内集体建设用地，并以指标交易方式获得新村建设的资金，同时宅基地的发展权也实现了货币化。三是在农业实现规模经营后，转向农业多功能的开发，在集体经营性建设用地上开展服务业布局和建设，村内各类型的土地均得到有效利用和价值增值。

② 引入社会资本

乡村产业的拓展往往面临资金的短缺，一方面农业生产能储蓄的资金少,另一方面农民缺乏资金运营的能力。社会资本的灵活运用方式和市场导向原则,能够填补乡村传统农业改造所需的资金空白。此外,其附带进入乡村的还有先进的技术、完善的企业管理模式和人力资本等,这些新要素的注入打破传统农业的均衡,在市场机制下寻找新的均衡,助力乡村振兴。炉坪村集体发动农户建立 1 000 亩猕猴桃基地之后,很快出现资金问题,在贷款数额不高时,积极引入社会资本。通过公开招标,炉坪村最终和晨缘家庭农场达成协议,村集体以前期投资作为股份与晨缘家庭农场注册成立新炉农业有限公司,村集体占股 17%,晨缘家庭农场占股 83%。晨缘家庭农场经营两年之后,由于销售渠道受限,猕猴桃价格较低而导致盈利能力弱。2016 年,晨缘家庭农场将持有股份以 1 000 万转让给成都新朝阳作物科学有限公司,村委会的股份和权利保持不变。截至目前,炉坪村猕猴桃总面积达 6 000 多亩。

炉坪村建立猕猴桃生产基地是完成了规模经营的第一步,新的社会资本注入后,使炉坪村的猕猴桃生产基地得以继续经营。村民虽有种植的经验,但是在规模种植下,还需要管理方式和销售渠道的革新。新朝阳公司将炉坪村的猕猴桃定位为高端农产品,并开辟出口市场。目前已实现出口马来西亚、新加坡等东南亚市场和法国、荷兰等欧洲市场。依托新朝阳公司的研发技术,炉坪村的猕猴桃全程按照欧盟的农产品标准进行种植。为保证果品品质,新朝阳公司采用 8S 标准化管理体系,实现农产品质量风险监控的全覆盖,给每个猕猴桃贴上二维码,从根本上提升了猕猴桃的生产管理效率以及果品品质,构建了农产品从生产端到消费端的全产业链服务体系,确保了猕猴桃市场化、品牌化建设的稳定基础。在资金投入上,公司每亩投入 5 000 元,高于村内每亩投入 3 000 元。因此,黄心猕猴桃的价格可达10元/斤(国内市场价格约3元/斤左右),红心猕猴桃价格高达20元/斤(国内价格7元/斤—8元/斤左右),利润可观。在品牌建设方面,公司重点打造“鲜农分享”品牌,规划在未来五年将带动周边5—10万亩猕猴桃产区进行欧盟标准生产,走向全球30个以上国家市场。

传统粗放经营向现代生态有机精细化生产转型,社会资本在炉坪村基本完成了对传统农业经营方式的改造。从种子到果实成熟的生长期内,可结合现代互联网技术和服务业的生产理念,将农业向多功能方向拓展。例如,新朝阳公司开发了果树领养业务,认领者可使用手机APP观察果树生长情况,每棵树订购价格为400元,每年给认领者邮寄果子,后期规划中,在园区可以为认领果树的消费者提供免费的一晚住宿。这项业务与其他公司合作,作为公司员工的福利,受到广泛欢迎,并同时实现产品销售和本地服务业提升的目的。农业的观赏功能与第三产业结合衍生出休闲农业、民宿等适宜的乡村产业。新朝阳公司筹集2 000万资金以及政府的项目补贴750万进行国际猕猴桃公园打造,增加农业附加值,目前已实施土壤改良1 000亩、新品种培育20亩、民宿改造2家等。

现代化的农业生产更需要多种要素的投入,打破重复的简单再生产。炉坪村以市场化的方式引入企业,增加农业经营主体,一是重建经营组织,二是引流新要素。新朝阳公司在炉坪村的经营,充分面向市场需求,抓住高端农产品在市场上的稀缺性,以猕猴桃示范基地为核心发展猕猴桃产业,通过示范基地的辐射带动,融合第三产业,逐步实现全村产业结构转型。“公司+集体经济+合作社+农户”的发展模式为炉坪村带来新技术、新方向,多种新要素实现重组,为炉坪村产业发展创造新空间。

③ 多主体利益分享

乡村振兴的最终目的是农民生活富裕。社会资本参与乡村振兴，使得乡村的利益主体更加多元化。社会资本进入乡村投资，与村集体和农民建立稳定的利益联结关系是乡村产业拓展和持续发展的保障。炉坪村充分发挥市场机制作用，企业、村集体、农民之间形成了“收益分成＋保底分红”的利益联结机制。在与社会资本合作之前，农民以土地入股成立了土地股份合作社，新朝阳公司入驻之后，村集体和农民在前期的投资也划分股份，与公司共同经营猕猴桃生产。农户将自己闲置的房屋交于企业打造，企业与农户共同经营民宿业务。企业可以获得产品的利润，村集体每年获得固定的分红，农民可获得土地租金、保底分红、务工收入等。如表 6－1 所示，农民在利益分配中可以获得多种形式的收益。2012 年，炉坪村外出打工的村民有 500—600 人，产业转型之后吸引了很多外出农民返乡，实现了村内或者就近就业。村集体获得每年固定分红用于村庄建设，例如修建日间照料中心、卫生院等，方便乡村治理。

表 6－1　炉坪村利益主体之间的分配方式

利益主体	利益分配形式	数　　额
企　业	利润（猕猴桃销售、民宿、旅游业等）	——
村集体	固定分红	10 万元/年
	土地租金	800 斤黄谷/（亩・年）
农　民	保底分红	＞500 元/年
	工资	150 元/天
	民宿	1.5 万元/年

资料来源：课题组调研整理。

（3）炉坪村面临的发展困境

① 土地产权界限不清。改造传统农业的前提是改革土地产权制度，明确土地权属，让各利益相关者能在各自权利范围内获得产权带来的收益。但长期以来，在城乡二元的土地制度下，农民土地产权意识淡薄，土地撂荒、私下流转现象普遍。美丽乡村建设开始后，对土地权利再界定，逐渐唤醒了农民的土地产权意识，由此产生土地纠纷问题，可能增加企业的交易成本。炉坪村三分之一的农户都有土地方面的纠纷问题。在单纯种地收益较低时，农民对土地的重视程度不够，抛荒的土地被村里其他人耕种，但并没有形成正式的经营权流转协议。当产业发展带来土地价值的增值，拥有承包权的农民再次回来索要经营权；已经从本村嫁出去的女性、甚至是户口已经迁出本村的大学生也加入回来“要土地”的队伍。对此，炉坪村首先是加强普法教育，联合大兴镇司法局，加强对村民法律知识普及并提供法律援助；其次成立党员协调小组，充分发挥党员、乡贤在村民中的影响作用，通过党员小组的协调引导，帮助村民达成和解；最后，建立统一的纠纷处理程序，当村民出现产权纠纷时，村民先自行商议，三次商议未能达成和解之后由村党员协调小组帮助调解，三次调解无效时由村集体帮助申请法律援助，通过法律解决纠纷。当土地要素的“身价”上涨，原本与这项要素有关系的人纷纷想将其据为己有，产权界定不清，影响要素在市场上的配置效率，也对产业的可持续发展造成阻碍。

② 农民抗风险能力薄弱。农业生产具有周期长、收益低、受自然环境影响等特点，农民会面临很强的自然风险；农产品需求弹性小，供需失衡就会使价格波动，市场风险明显；农产品价格作为国家经济调节的手段，其在市场上的价格受到国家政策的影响。因此，农

民在分散经营时，风险被细化到千家万户，单个农户对抗风险的能力不强。农民由于自身知识和信息积累的局限性，在与社会资本（企业）签订合作契约时，对风险的认识不全面，不能及时确定和洽谈风险防范的措施。企业经营不善甚至破产，不仅可能不按时履约，还可能对农业生产环境造成破坏，增加农民继续耕作的成本。在对炉坪村的调研中发现，村内一部分农户还是自行种植猕猴桃，与相关企业签订订单，农户可利用农产品期货市场，转移一定的价格风险。而与新朝阳公司合作的农户，风险和利益与公司的经营息息相关。公司想进一步扩大种植规模，买断农民的猕猴桃树，提供生产物资并聘请农民种植。在市场行情无法预估以及没有为农户购买农业保险时，这种做法会加大农户的风险。此外，由于村庄治理方面的缺陷，村内还出现了农民猕猴桃被盗窃的事件，造成额外的损失。对于猕猴桃可能在未来市场竞争激烈、收益降低的情况，村集体有关负责人对此的想法是挖掉果树改种其他作物。对于村内农业或其他产业所面临的风险，村集体和农民都没有清晰系统的认识，抵抗风险的能力显得薄弱。

（4）结语

炉坪村的案例主要有三点经验：一是在依托土地发展权转移型模式进行美丽乡村建设时，预留了5%的节余建设用地指标，以及由于尊重农民意愿，部分农户没有参与项目，从而也保留了一定的发展空间，这为后期村集体经济发展和三产融合发展提供了必要的空间保障。因此，严格地讲，炉坪村在地权配置上是一种复合型模式，即以转移型模式为主，辅之以保留型模式和拓展型模式。二是调动了社会资本参与美丽乡村建设的积极性。在大多数乡村仍以农业为主要产业的情况下，通过现代科技改造传统农业是乡村振兴的主要路径。在运用科技手段改造传统农业时，对村内要素的盘活和新要素的注入至关重要。土地产权制度改革带动土地由资源变成资产，集聚、流通后实现资本升值，变成农民的收入流。社会资本的加入带来管理、技术、人才和资本等新要素，与乡村的土地要素结合，发展特色优势产业和新产业，是一种可以借鉴的乡村振兴路径。三是在充分发挥政府主导作用的同时，也充分发挥了村集体的组织协调作用，特别是在引入社会资本以及与社会资本的合作机制方面发挥了积极作用，从而保障村集体及农户参与了美丽乡村建设的成果分享。

对依托土地发展权转移型模式进行美丽乡村建设和传统农业改造的村庄，应配套做好三方面工作：一是深化农村土地产权制度改革。对农村土地调查测绘和确权颁证，清晰确定土地各项产权的主体。产权清晰有利于降低交易成本，为土地要素进入市场交易奠定制度基础。当农民逐渐增强产权意识后，坚持市场化交易的方向，搭建产权交易平台，制定土地产权有序交易规则，增强农民的主体地位，并以此获得新村建设的资金，解决融资难的问题。二是加强农民人力资本投资。农民长期处在乡村的“闭环”内生产，对新兴农业生产技术、新管理模式等理念的接受存在能力和观念的障碍。对农民人力资本投资，第一步，定期开展农技培训等活动，重点宣传，鼓励农民参加，发挥能人带头示范作用；第二步，对农民进行职业培训，提供农民教育学堂，聘请农业方面的专家，系统学习新知识。在当前乡村缺乏青壮年劳动力的背景下，注重对农村妇女的技能培训，增强这类群体对新要素的接受能力。信息流的畅通是乡村改造的重要环节，互联网的普及为此带来契机。第三步，吸引专业的农业人才留在乡村。专业人才是乡村发展的强大助力，建立人才的薪酬激励机制，提供才能发展空间。让农民更全面了解农业生产，面向市场需求，知晓风险出现的可能性，提前做好风险防范措施，降低损失。三是制定社会资本引入准则。社会资本的引入，有利于解放和发展农村社会生产力，但社会资本借助优惠政策与农民建立合作关系，存在骗取政府扶持资金、对风险把控不严而经营失败等问题，最终损害农民的利益。在强势的社会资本面前，农民的谈判力不足以维护自身的利益，需要政府发挥调节和监管作用。因此，社会资本进入乡村之前，政府需要对其资格进行全面审查，从源头开始减少风险的产生。在引资前，政府与企业进行沟通，审核企业的经营能力、发展规划等；用地要符合国土空间规划；加强对企业经营状况的监管，及时处理企业的违规行为。

（二）保留型模式对乡村建设绩效的影响

1. 理论分析

保留型模式对乡村建设绩效的影响可以解构为以下几方面：第一，助力产业兴旺。通过土地发展权在乡村空间的配置与优化组合，把零星的闲置宅基地归并，经过区位与规划调整，转换为集体经营性建设用地入市，形成集中连片的建设用地布局，拓展非农产业发展空间，有利于产业融合发展。第二，助力生态宜居。城市要素参与非农产业经营的先决条件是获得集体经营性建设用地，但大多数乡村可直接利用的集体经营性建设用地很少，需要通过土地综合整治将闲置宅基地转为集体经营性建设用地。与转移型模式以资源换资金不同，保留型模式是以资源吸引资本下乡，投资者为了获得集体经营性建设用地，就要按照乡村规划建设标准及投资协议实施土地综合整治项目，改善农民居住条件，增加基础设施与公共服务供给。此外，保留型模式也需要科学规划乡村的生产、生活、生态“三个空间”布局，优化土地利用结构，实现生产空间集约高效、生活空间宜居适度、生态空间山清水秀。第三，助力生活富裕。土地发展权保留试验为农民增收提供了两种渠道，一是通过集体经营性建设用地入市，可以直接增加农民的财产性收入，二是通过建立投资者与农户的利益联结机制，让农户参与乡村发展，增加农民的工资性与经营性收入。第四，助力乡风文明和治理有效。与转移型模式相同，公共服务设施供给增加，有利于提升农民人力资本水平，增进乡风文明；推进乡村治理改革，让农民在干中学，提升自治能力，并形成与政府及资本之间的共治机制，实现有效治理。最后值得指出的是，保留型模式还具有触发集体经济发展的作用。因土地综合整治项目操作复杂，农户难以自主实施，通常需要村集体组织实施，又因集体经营性建设用地使用权或建设用地指标可以抵押融资，村集体更具备统筹配置资源、自主实施土地综合整治和开发集体经营性建设用地的能力，如果村党组织能够发挥组织领导作用，集体经济可以借机发展起来。

2. 典型案例：青杠树村的美丽乡村建设

（1）青杠树村简介

青杠树村位于成都市郫都区三道堰镇，辖 11 社、932 户、2 251 人。全村三面环水，渠系纵横，林盘众多，沙西线东西走向贯穿而过，生态优越。由于流经柏条河和徐堰河，担负着供应成都市饮水的重任，青杠树村没有发展工业的机会，因而虽地处城市近郊，但农民的生活并不富裕。产业以传统农业种植为主，2012 年全村农业总产值为 1 750 万元，农民人均可支配收入为 14 411 元，低于全镇平均水平。全村住房大部分破损、陈旧，道路狭窄，通行能力差，生活环境亟待改善。

青杠树村的土地资源较为丰富，全村辖区面积 3 600 亩，其中耕地面积 2 065 亩，集体建设用地面积 587.4 亩，人均宅基地面积 170 平方米。2012 年起，青杠树村凭借可利用建设用地和早期土地确权颁证打下的基础，开展土地综合整治，为农民集中修建新居，并将节余出的集体经营性建设用地入市偿还贷款，还抓住区位优势利用农民房屋和宅基地发展乡村旅游产业。这些措施极大地提高了农民收入水平，改善了农民生活环境，2018 年村民人均可支配收入增加到 24 780 元。短短几年时间，青杠树村走上了振兴之路。

图 6-4　青杠树村印象

（2）青杠树村的建设历程

① 2008—2012 年：开展土地确权颁证

按照成都市农村土地产权制度改革部署，青杠树村于 2010 年底完成了土地确权颁证，于 2012 年启动村庄规划编制。在空间布局上，青杠树村按照“小规模、组团式、微田园、生态化”的规划理念，促进土地资源的合理布局和高效利用。在产业定位上，明确以乡村旅游产业为主导，推动一三产业融合与产村融合发展。这一时期，集体土地产权的确定为后期土地整治奠定了坚实的基础，避免了许多新村建设过程中可能出现的利益纠纷问题。村庄规划则为后续发展描绘了蓝图，规避了“想到哪儿干到哪儿”的情况发生，使乡村建设按照规划一步一个脚印踏实地走下去。

② 2013—2014 年：开展土地综合整治

2013 年，经过多次组织村民外出“取经”，实地考察学习都江堰、崇州、彭州等地的新农村建设经验，青杠树村启动了土地综合整治与美丽乡村建设。依托柏条河、徐堰河生态保护项目，青杠树村采取生态搬迁、拆院并院、院落整治等方式，对全村 3 600 余亩土地资源实施综合整治，集体建设用地总面积为 587.4 亩，优先利用 258 亩集体建设用地实施新居建设，共安置 2 471 人（包括污水处理厂拆迁安置），预留 14.19 亩作为村集体产业发展用地，24.3 亩用于道路拓宽，节余的 269.7 亩作为集体经营性建设用地入市，预计可实现土地流转收益 1.97 亿元。

建设资金来源。青杠树集体资产管理公司通过三种方式共融资 1.72 亿元（含本息），其中大配套投入 0.3 亿元、新居建设等投入 1.37 亿元。一是银行融资：集体资产管理公司通过“小证”换“大证”的方式，每户的宅基地使用权证变更为统一的集体建设用地使用权证，向成都农商银行抵押融资 6 800 万元。二是公司融资：采取意向投资公司预付保证金的方式，筹集资金 7 400 万元。三是政府补贴：在上级政府的支持下，青杠树村争取到市、县配套的公共设施资金 0.3 亿元。

补偿安置标准。青杠树村根据实际情况，针对不同住房建设方式与人均建设用地面积，研究制定了有差别的补偿安置办法。选择“统规统建”方式的农户：人均建设用地达到 140 m^2，免费享受 35 m^2/人住房和 3 m^2/人经营性用房；如果人均建设用地不足 140 m^2，不足部分按 60 元/m^2 补足；如果人均建设用地超过 140 m^2，超出部分按 60 元/m^2 补贴。选择“统规自建”方式的农户：人均建设用地达到 170 m^2，住房综合占地标准为 35 m^2/人，并享受 3 万元/人建房补贴；如果人均建设用地不足 170 m^2，不足部分按 60 元/m^2 补足；如果人均建设用地超出 170 m^2，超出部分按 60 元/m^2 补贴。另外，对在约定时间内完成搬迁的农户，还给予过渡费和搬迁奖励。

新居规划设计。青杠树村按照“小组微生”规划理念，结合地理地貌、村庄院落、田间道路等实际，建设9个具有川西民居特色的聚居点，注重保护林盘和水系等生态资源，打造“林院相依、院田相连、田水相映”的川西生态田园风光。除了农民住房建设，青杠树村还按照与城镇小区基本同质的标准配套建设基础设施与公共服务设施，如表6-2所示。

表6-2 青杠树村的公共服务和社会管理“1+26”配置

1	道路交通	14	民俗活动点
2	电力设施	15	卫生服务站
3	给水设施	16	全民健身广场
4	排水设施	17	综合文化活动室
5	光纤	18	老年人活动中心
6	环卫设施	19	人口和计生服务站
7	村综合便民服务中心	20	购物超市
8	社区警务室	21	农资放心店
9	社会组织和志愿者办公室	22	水、电、气等代收代缴网点
10	统筹城乡发展展览馆	23	金融服务店
11	游客接待中心	24	村邮站、电信业务代办点
12	农耕博物馆	25	小区物管(有线广播电视站)
13	幼儿园	26	电子监控系统

资料来源：课题组调研整理。

集体经营性建设用地入市。青杠树村在镇政府指导下，结合规划设计、村民意愿以及产业发展需求，编制了集体经营性建设用地整治入市方案。入市方案包括宗地情况、权属、用途、面积、年限、入市方式、土地使用条件、收益分配等内容。由青杠树集体资产管理公司向郫都区公共资源交易服务中心提出书面委托，并提交了相关资料，交易中心负责编制挂牌文件、发布公告、受理报名，并于 2016 年 7 月 28 日组织挂牌出让。当日，成都漫生活休闲文化产业有限公司以 60 万/亩单价、5 848.8 万的总价竞得 97.48 亩集体经营性建设用地，用于乡村旅游产业发展，双方在交易中心签订了成交确认书与出让合同。之后，公司按照 24% 的标准缴纳了土地增值收益调节金 1 403.712万元，郫都区国土局在确认缴纳后核发了四宗地块的集体土地使用权证，成都漫生活休闲文化公司办理了规划建设手续。截至 2019 年 7 月底，青杠树村节余的集体经营性建设用地已经上市约 120 亩，价格已由最初 60 万元/亩上涨至 150 万元/亩。

表 6－3　青杠树村首宗集体经营性建设用地入市情况

<table>
<tr><th rowspan="2">宗地编号</th><th rowspan="2">宗地位置</th><th rowspan="2">宗地面积</th><th rowspan="2">土地用途及年限</th><th rowspan="2">挂牌起始价</th><th rowspan="2">竞买保证金</th><th colspan="3">规划指标</th><th rowspan="2">入市主体</th></tr>
<tr><th>容积率</th><th>建筑密度</th><th>建筑高度</th></tr>
<tr><td>郫公资集挂 2016 008 号</td><td>郫县三道堰镇青杠树村 6、7、8、11 社</td><td>净用地 64 986.13 平方米（合 97.48 亩）</td><td>村庄商业服务业设施用地（40 年）</td><td>60 万元/亩</td><td>1 170 万元</td><td>≤2.0</td><td>≤50%</td><td>建筑层数≤3 层(局部可 4 层)，建筑相对地面高度≤16 米</td><td>青杠树村集体资产管理公司</td></tr>
</table>

资料来源：课题组调研整理。

③ 2015 年至今：乡村全面发展

产业融合发展。在土地综合整治的基础上，青杠树村开始探索产村相融之路，利用整理节约的产业用地引进建设高端休闲项目；通过组建粮经专业合作社，发展绿色有机农业；利用农户新房，引导乡村旅游产业发展，促进农民就地创业就业。一是在引进高端产业方面，着眼于南北片区融合发展和全产业链的布局，招引“水隐桑田·蜀绣文化产业园”、青杠树 1 号项目和搏浪体育公园等项目，打造独具特色的优质 IP 和高端酒店等产业集群。二是在发展生态农业方面，青杠树村组建福安粮经合作社，建成了占地 60 余亩的稻鱼虾共生养殖基地，培育了农事体验、农产品展示、旅游观光、休闲娱乐等多种业态，实现了青杠树农旅融合发展新格局。三是在乡村旅游方面，由村集体资产管理公司引入社会资本，合资成立了香草湖景区管理有限公司，打造青杠树香草湖国际度假区，境内和境山庄、在水一方、水岸天成、汀香度假酒店等餐饮企业，服务接待设施完备，已形成每日接待 5 000 人次的休闲餐饮接待能力。青杠树村还利用村集体和村民的闲置房屋，吸纳 23 名村民，融资 73 万元，组建了乡村旅游合作社，并引入社会资本合作打造“品道青杠民宿”，探索建立了“合作社＋农户＋公司”的合作共赢机制。

生态修复保护。新村建成后，青杠树村又陆续建设了污水处理厂、旅游环线、生态湿地，完善了绿道体系和院落管理机制，建立了垃圾银行，显著改善了村庄的人居环境。

乡村治理。青杠树村在新村建设中以村党支部为核心，群众自治组织与集体经济组织各司其职、相互配合，探索形成了“一核多元、共治共享”的乡村治理机制。一是强化阵地建设。投资 90 余万元重塑党群服务中心功能，增设儿童之家、图书室、健身房等微阵地，打造党群服务中心微阵地的“1＋N”综合服务空间，创造有地域特色和归属感的社区空间新形态。二是成立党员志愿服务队，推行“两小组长”一肩挑，发挥党员干部的示范引领作用。三是培养后备干部。针对“青黄不接”的现状，建立村后备干部人才库，制定培养计划，定期组织交流座谈，完善激励容错纠错机制，着力搭建干事创业的平台。四是培育自治组织，建立完善村民自治的长效机制。

文化建设。青杠树村在新村建设中注重文化传承保护，通过挖掘“香草湖传说”“偷俗”等传统文化习俗，激发乡村文化活力，唤醒乡村文化记忆，增强乡村文化的凝聚力；在春节、端午、重阳等传统节日开展群众性文化活动，丰富农民的精神生活；定期开展道德讲堂和文明家庭评选等活动，营造文明乡风。

(3) 青杠树村的振兴原因

① 规划先行，注重顶层设计。乡村振兴需要做好规划，避免“东一锤子西一榔头”乱搞。从青杠树村发展伊始，规划一直引领着实践，从敲定建设独具特色的川西民居风格新居，到确定发展乡村旅游、一三产融合的发展思路，都体现了青杠树村发展的有序性和渐进性。其他乡村在制定村庄规划时，首先应遵循实事求是的原则，结合当地区位、资源、经济发展水平实际，不可一味模仿所谓“模范村”“样板村”的发展计划。其次，制定村庄规划应和专业规划设计团队合作，提高规划的合理性与科学性，确保规划可以落地。

② 尊重民意，发挥农民主体作用。青杠树村共有 2 054 人自愿参与土地综合整治，仅有 30 户、52 人没有参加集中居住，参与率达 97.3%。村民在土地综合整治中的主体作用得到充分体现，全过程参与了新居布局选址、户型设计和房屋质量监管等新村建设的各个环节，真正做到了“新村怎么建，村民说了算”。青杠树村的发展经验在

于：① 充分借助村民议事会、村民大会、村集体资产管理公司等组织，将新居建设的关键问题与农民一起开展充分讨论，由农民自主商议形成土地整治与拆旧补偿安置等相关办法，自主决定新居户型设计、建设单位和监理单位等。② 新村建设的拆旧补偿安置方案、土地权属调整方案、规划建设方案、新房分配方案、资金使用方案等一经民主协商议定，就严格按照方案设定的各项标准、条件和规定执行，坚持“一把尺子量到底”，并在约定位置及时公示农户拆旧复垦面积、补偿标准与人数、住房安置面积与户型、资金筹集与使用等关乎农民切身利益的重要事项，实现了阳光建设、公正建设。

③ **积极合作，争取外部资源**。在土地综合整治阶段，青杠树村采取意向投资公司预付保证金方式筹集到新村建设资金 7 400 万元，大大缓解了建设资金短缺的问题，并不断探索与投资公司的合作方式。在产业融合发展阶段，青杠树村引入迈高旅游公司共同管理香草湖景区；引入四川乐萌民宿运营有限公司，打造精品民宿产业。可见，青杠树村的发展不是“闭门”发展，而是充分利用现有资源换取外部力量支持，是一种“开放合作”的发展。其他农村地区在借鉴这一点的同时应注意，不应因为一时的资金需求而牺牲了村庄长远产业发展的可能性。青杠树村在寻求企业合作的同时，预留了部分产业发展用地，而且自身宅基地和房屋也为其发展旅游业提供了物质基础。

④ **注重生态，挖掘经济价值**。由于青杠树村承担了涵养水源的重任，失去了发展工业的机会，一度陷入产业发展的窘境。新村建设以来，青杠树村转而挖掘自身生态资源价值，通过建设生态粮油、观光旅游，促进了农业生产经营方式转变，保持了良好的田园风光。通过景观节点、农耕博物馆、村史展馆等建设，充分收集展示当地历史文

物、图片资料、农耕器具等，为水乡文化传承留下了珍贵资料，增强了村民保护传统农耕文化的意识。这个案例启示我们，乡村建设要注重保护生态环境，发展生态产业，努力探索生态产品价值实现机制。

（三）拓展型模式对乡村建设绩效的影响

1. 理论分析

拓展型模式对乡村建设绩效的影响可以解构为以下几方面：第一，助力产业兴旺与生活富裕。拓展型模式通常以农村人居环境整治切入，建设具有旅游景区功能的美丽乡村，发展乡村旅游，再在市场需求的诱导下，农户利用原宅基地改（扩）建房屋，用于提供民宿、农家乐与休闲娱乐等相关配套服务。在此过程中，产业发展与农户增收相得益彰，农户不仅可以通过产业经营获得更多收入，而且随着“干中学”积累的人力资本增加，部分农户还会成长为新型农业经营主体或乡村企业家。值得指出的是，拓展型模式的发展空间分散于农户，虽有利于产业融合发展，但因缺乏集中连片的建设用地，不利于吸引大项目入驻，如果村集体统筹不力，乡村旅游的发展后劲可能不足，削弱农民增收的效果。第二，助力生态宜居。拓展型模式实现了乡村建设与产业发展的融合，通过建设美丽乡村，把乡村当景区经营，把生态优势转化成了经济优势。第三，助力乡风文明和治理有效。在拓展型模式下，挖掘历史文化，彰显特色风貌，创建善治良序，促进农商文旅体融合发展，成为乡村旅游提质增效的内生性需求，因而有利于增进乡风文明和治理效能。

2. 典型案例：环溪村的美丽乡村建设

乡村工业化曾在 20 世纪 80 年代给浙江乡村带来巨大的发展机

遇，但也造成严重的资源环境问题，部分乡村在激烈的市场竞争中逐渐衰落。随着新型城镇化的发展，城市居民消费结构不断升级，对生态、休闲、旅游等消费需求日益增长，一些乡村通过挖掘自身优势，抓住消费升级的机遇重新融入城镇化进程，再次实现了振兴，环溪村就是典型之一。

（1）环溪村简介

环溪村地处浙江省杭州市桐庐县江南镇的最东面，辖区面积12.18平方公里，共16个村民小组、658户、2 098人，是典型的民富村穷的村庄。常年来，环溪村村集体资产匮乏、负债累累，由于兴办工厂导致本地的河道污染严重、村庄生态环境脏乱差问题突出，亟须找到村庄发展转型之路。

响应“千村示范、万村整治”工程号召，环溪村开始整治农村人居环境。自2007年至今，经历12年努力，环溪村在人居环境提升上取得了显著成效，并借此推动乡村旅游发展，实现了乡村产业转型。目前环溪村作为“国家级4A景区”江南古村落风景区的重要组成部分，荣获国家级历史文化名村、国际休闲乡村示范点、全国宜居示范点等诸多殊荣，2013年被住建部列入第一批建设美丽宜居小镇、美丽宜居村庄示范名单。环溪村是浙江乡村转型发展成功的典型案例，它

图6-5　环溪村历史文化保护

通过生态治理与产业重构走上了振兴之路，它的发展也是浙江美丽乡村建设的缩影。

（2）环溪村的建设情况

① 环溪村面临的现实困境

第一，土地资源紧张导致产业布局小而散。长期以来，环溪村的土地利用暴露出规划失序的问题。在耕地利用上，由于缺乏对村民自发行为蚕食耕地资源的监管，导致耕地资源紧张。根据实地调研数据，户均承包地约为 0.976 亩，当前户均耕种面积仅 0.05 亩，大多布局在房屋周边，仅为满足村民日常生活所需的作物耕种需要，缺乏规模农业发展的条件。但通过侵占耕地带来的建设用地扩张，并未缓解环溪村发展过程中建设用地资源不足的紧张局面。早期村内买卖宅基地、占用自留地建房的现象由于时间较早，也受到了村集体的认可，并向农民颁发了土地使用证。但据调研数据，户均宅基地面积约为 106.72 平方米。当前村内仍有无房户、危房户、分户人口申请宅基地建房的情况，村集体于 2007 年、2018 年启动了两批宅基地建房项目。环溪村紧缺的宅基地资源配置以行政化配置为主，主要是为了保障村民的建房需求。可见，环溪村集体建设用地以满足村民居住用途为主，村民利用自留地建设工厂，各自发展。这种布局是由于能够用作产业发展的集体建设用地资源匮乏，其后果是本地工业布局小且分散，很难形成规模效应与聚集效应。由于工业发展水平低、规模小，依靠家庭作坊式的工厂发展难以在城镇化与工业化中取得竞争优势。

第二，污染密集工业发展导致环境破坏严重。2007 年以前，环溪村被贴上了“脏乱差”的标签，与土地利用散乱无序相对应，村内的箱包、玩具产业是典型的小成本、小制作、小规模的工业品生产，这些家庭式工厂独立分布，导致污染排放监控因成本过高而难以实现。村集体资产的缺失，导致村庄环境的公共产品属性无法得到体现。尤其在皮革鞣制企业中，由于很少采用无铬生产技术，存在着较高的重金属污染风险，相较于投入成本去改进皮革鞣制技术，这些家庭作坊式的工业企业更偏向于让全体村民共同承担环境成本。最直接的反映是由于村民环保意识淡薄，脏水直排、垃圾乱倒的现象严重，原本清澈美丽的小溪变成"垃圾沟"。

第三，产业转型面临两难困境。环溪村的发展之路陷入一个两难困境。一方面，工业发展主导带来的是村内建设用地利用的增加，农民占用自留地兴办工厂。此外，由于生活水平的提高以及人口的增加，农民修建房屋逐渐占用耕地资源。在耕地资源不断流失的情况下，环溪村早就丧失了依靠农业壮大的基础。另一方面，环溪村内的工业布局分散且污染严重，随着城市工业区的出现逐渐丧失了竞争力，且长期以来形成的建设用地资源缺乏局面导致高质量工业聚集困难。现实情况是，原本聚集在环溪村的劳动力逐渐离开，村内工厂逐渐关闭，村民的主要收入来源以在外务工收入为主。根据调研数据统计，2006 年前后，以务工收入为家庭主要收入来源的占到 72%，本地村民也已经离开村庄寻找更好的工作机会。可见，环溪村的工业发展之路陷入困境。粗放型的工业发展带来的不仅是对耕地资源的侵蚀，更重要的是对生态环境的破坏。同时，工业污染带来的土壤污染也进一步破坏了环溪村的农业生产条件。第三产业的发展往往需要依靠良好的生态本底，位于农村工业化末端的环溪村显然不具备发展第三产业的条件。但从现实情况来看，土地资源利用紧张的现实导致环溪村很难从农业或者工业发展的角度找到转型的突破口，通过改善村庄的生态环境寻求产业转型是更为可行的道路。

② 环溪村的人居环境综合整治

浙江省于2003年开始实施的以农村人居环境整治为主题的“千万工程”，为环溪村提供了破局之策。环溪村的人居环境整治开始于2007年，主要包括生活污水处理、生态河道改造、生态人居提升三大工程。同年，周忠平当选为村党支部书记，开始下决心整治农村环境，在争取政府各项政策性资金的同时，投入自有资金并带动乡贤捐款300万元进行村庄整治。此后，由于环溪村人居环境整治成效显著，为后续快速争取持续性的政策资金投入奠定了良好基础，尤其2010年完成“美丽乡村精品村”评定，获得了充足的建设资金，环溪村也成为浙江省建设美丽乡村的代表。

表6-4　环溪村主要人居环境整治项目及政策性资金投入情况

年份	项　　目	项 目 内 容	金　额
2007	农村卫生整治工程	/	30元/年·人
2008	河道整治项目	三年持续开展河道整治项目，对6公里河道进行综合整治、美化提升。	800万元
2010	美丽乡村精品示范村	致力于通过生活污水生态化处理等一系列措施打造一批美丽乡村样本，给予精品示范村专项资金支持。	1 000万元
	生活污水处理工程	/	260万元
2011	人居环境提升项目	拆除村内的破败建筑，对具有价值的明清古建筑进行保护修复。	/

续 表

年份	项 目	项 目 内 容	金 额
2013	“五水共治”工程	从“治污水、防洪水、排涝水、保供水、抓节水”五个方面进行农村生活污水治理。	300 万元
2015	河流整治工程	开始整治全村河流的规划，建立监督管理长效机制，拒绝垃圾入河。	300 万元

资料来源：课题组调研整理。

③ 环溪村的土地资源配置与第三产业发展

第一，耕地集中流转打造青莲产业。2012 年，村集体将全村原本分散经营的 600 亩耕地集中流转，流转的土地并非用于传统农业发展，而是用于种植莲花，打造莲景观与莲文化，取得显著成效。依托良好的生态本底，结合莲文化打造与古建筑保护为主体推动乡村旅游的发展，将环溪村打造成为远近闻名的赏莲目的地“青莲环溪”。同时，土地流转也能为农民带来一笔租金收入，年租金 700—1 000 元/亩，除去人工成本，收益并不低于农民自己耕种土地的收益。

第二，宅基地还权赋能发展民宿产业。为了带动更多村民参与到产业发展过程、分享产业转型收益，环溪村通过赋予村民宅基地更多的处分权，尤其是凸显宅基地的经营性功能，承认利用宅基地上房屋开展经营活动的合法性，最终走上了民宿经济发展的道路。初期，政府采取措施引导和鼓励民宿发展，一方面县农办对全县范围内开发民宿的农户进行补贴，每间房可获得 1 200 元补贴；另一方面，村集体成立“桐庐一家亲”进行公司化运营管理，搭建统一的民宿经营平台，由平台进行客源分流，收取 10%收入提成。随着近年来环溪村独特的民宿村品牌的形成，村民有了稳定的客源，逐渐开始脱离平台、自主经营。政府与村集体的作用也从鼓励、引导转向监管、服务，新增的民宿由“公司（桐庐一家亲）＋村＋镇＋县”联合把控标间改造质量，进行公安、消防等方面的验收审核，颁发经营许可证，方可开展经营活动。

（3）环溪村的建设成效

① **产业结构调整**。环溪村的产业以非农产业为主，村民的家庭收入也基本来自非农收入。从20世纪80年代开始，环溪村村民就通过在宅基地及自留地上修建工厂创造大量就业岗位，不仅吸纳了本村农业剩余劳动力，更是吸引了大量附近村庄劳动力。当前村内共有企业30余家，主要以箱包、文具、医疗器械来料加工业为主。随着村庄工业发展式微，外出务工人员增加，但村民仍旧以选择本乡镇内务工为主。随着当前村内承包地已经全部实现流转，村内农户不再从事农业生产，仅仅利用房前屋后零散土地进行耕种，满足日常生活所需，农业现代化建设较为滞后。民宿产业发展为环溪村第三产业发展注入了活力，当前村内共兴办民宿55家，床位超过700张，周末与节假日住宿率超过90％。通过问卷统计，42％的民宿业主以民宿经营收入为家庭主要收入来源，占比50％—90％不等；8％的民宿业主民宿经营收入占家庭收入来源的30％以下。

② **生态宜居建设**。环溪村大批农户的房屋重建开始于20世纪80年代，房屋建设多以砖混与框架结构为主，人居环境整治项目的开展对房屋质量提升的作用并不明显。人居环境整治项目着重提升的是村庄的生态环境与公共服务。环溪村投入大量资金进行河道整治、污水处理与垃圾分类，取得了显著成效。投入260万元的生活污水处理工程，建成了9个污水处理池，采取“无动力厌氧＋人工湿地”

模式，实现生活污水达到国家二级排放标准。同时，建立了一套成熟的垃圾分类工艺流程，实现了垃圾的资源化处理。

③ **乡风文明建设**。环溪村作为北宋理学鼻祖周敦颐后裔族居地，留下了丰富的文化遗产与历史建筑遗产，村内保存着完整的古宗法血缘建筑群，古建筑 20 余幢、历史建筑 30 余幢。其中从清代保留至今的历史建筑 12 幢，从民国保留至今的历史建筑 2 幢，保留修复 8 条完整历史街巷，并设立古建筑保护岗，专人专责。环溪村不仅重视历史文物的保护，而且利用历史文化推动乡风文明建设。早在 2006 年，环溪村集体就成立了以“教化理学、弘扬家风、读书明理、崇文敬德、修性尚志”为宗旨的爱莲书社，开展“人文大讲堂”“清莲颂”摄影风采等文化活动，以及美化锣鼓队和农民读书会等文体活动，形成浓厚的文化氛围，并以此为契机开展对农民的教育培训活动，对农民生活产生了潜移默化的影响。

④ **治理机制建设**。环溪村将传统文化与乡村治理相结合，发动村民积极参与村庄治理，制定“感恩、明理、尚贤、孝悌、育子、做人、行事、修己、守法、共建”二十字村规民约。同时，环溪村通过村民自治组织建设，使得村民在乡村治理中发挥更大作用，例如为了维护河道整治成果，环溪村充分发动党员与村民群众，由党员干部和老人协会自发组织成立巡逻队，形成长效监督机制。

⑤ **村民收入与社会保障**。十年建设给环溪村村民带来了富裕的生活，据问卷统计，环溪村人均可支配收入由 22 582 元上升到 42 942 元，人均可支配收入增长比例达到 90%。恩格尔系数由项目开展前一年的 45%下降到 2018 年的 40%。除了收入的增长，农民享受到的社会保障也更加完善。当前杭州已实现农村老人养老保险全覆盖，医疗保险参保率也由项目开展前的 74%上升到 82%。

(4) 环溪村建设中的主体作用分析

环溪村的转型之路是典型的政府支撑、村集体引导、村民共同参与模式下的乡村振兴之路。在环溪村建设过程中，政府并没有给村庄制定一条模式化的发展道路，而是利用财政补贴政策对村庄的转型发展进行适度引导，为村庄发展提供支撑；在村庄环境整治、传统文化保护与文化产业规划方面，村集体的正确决策与积极作为起到了核心作用；遍地开花的民宿则是村民参与村庄发展的积极性与广泛性的佐证。

① **政府大力支持美丽乡村建设**。十多年的建设过程中，环溪村用于人居环境整治的资金主要来自各级财政资金补贴，总额超过3 000万元，对地方财政是巨大的考验。环溪村建设资金充足得益于浙江省自下而上的城镇化道路的成功，在城镇化与工业化过程中积累了大量财富，这些财富通过转移支付的方式回到农村，支持农村整治与建设。除了人居环境整治的投入，桐庐县通过完善金融服务的方式鼓励创业与本地产业发展，由县农商银行与县委组织部合作，引领金融服务乡村振兴。由政府统筹推进乡村第三产业发展，对于符合预期的产业项目给予政策、资金支持，2017 年桐庐县成立“美丽基金”，对全县范围内符合美丽乡村建设的产业项目进行扶持，给予无息贷款。2018 年，环溪村筹建古法酿酒体验中心，村集体经历项目规划、可行性分析、专家论证和路演等流程，最终争取到“美丽基金”250万元无息贷款。

② **“能人治村”提升村集体话语权**。个体私营经济发展对村庄治理产生的影响在于大量民营企业家介入到村庄治理当中，乡村的能人在村干部竞选中胜出，但同时也需要承担更多的社会责任。环溪村的周忠平书记为推动人居环境整治工程实施，利用自有资金进

行补贴起到示范作用，带动更多的乡贤通过捐款等方式投入到乡村建设当中。浙江的能人治村，往往并不关心报酬的多少，他们很少贪图经济利益，一方面出于社会责任，一方面出于政治抱负，而非被动完成政治任务。企业家采取经营企业的思维去治理村庄主动作为，往往能够取得较好的成果。从调研情况看，村民们认为村两委在环溪村的发展中作用很大，且乡贤对环溪村发展的作用也较大。环溪村的实践表明，能人治村模式可能是乡村建设的一条捷径，由于村集体经济薄弱、资产匮乏，有经济基础的能人因其具备话语权能更快速推动乡村转型发展。

③ 村集体重构文化产业，村民共同融入城镇化进程。相较于江南古村落风景区内其他村庄，环溪村位置较为偏僻，既不具备人口优势、也不具备地理优势，于是村集体决定发掘文化内涵这一最大潜力。环溪村发展文化产业有先天的优势，重视对文化的保护与挖掘，推动文化产业化的发展而走上产业重构之路。当前村内借助自然景观、历史建筑、文化底蕴打造了五杏开泰、双溪流芳、爱莲朝宗、崇文尚志等文化旅游景点。文旅项目的优势可以缓解环溪村土地资源的紧缺状况，环溪村的农房多为 3 层及以上，横向空间不足便向纵向空间发展。在村集体的引导之下，村民看到历史文化保护的机遇，纷纷利用自家房屋发展民宿，既能够满足自己的居住功能，又能够整理出空间发展第三产业。以文化产业为主导的第三产业发展为环溪村这一类在工业推动的城镇化进程中逐渐落后的村庄提供了重新融入城镇化进程的契机。村庄推动文化产业发展的根本是抓住城市消费升级的机遇，让村庄成为城市消费目的地，实现城乡之间的良性互动。

④ 村民自筹资金推动一、三产业融合。环溪村成为远近闻名的民宿村，投入资金主要依靠村民的自有资金，村民利用自家房屋发展

民宿，外来资金没有进入的条件。60 多岁的村民周言定带头投资 30 多万元把自家老宅改造成民宿，可提供 10 个床位。随后村民看到商机纷纷效仿，环溪村的民宿随之发展壮大。根据问卷统计，环溪村人居环境整治的十多年间，从事农业生产的农户比例由 56%下降到 10%。课题组随机走访村中 12 户民宿，各民宿年均经营收入能达到 15 万元。家庭年收入也由项目前的 84 311 元增长到 2018 年的 185 498 元，增长幅度达到 120%。环溪村的农民相对富裕，主要得益于乡村工业化与城镇化发展而积攒了一定初始资本，因而才有能力自筹资金发展民宿经济。

（四）研究假设

通过上述理论分析与典型案例研究可知，不同模式对乡村建设五方面子绩效的影响是不同的。相较于转移型和拓展型模式，保留型模式将土地发展权保留在乡村内部，通过土地用途的变更，将闲置低效利用的零星宅基地优化为集中成片的经营性建设用地入市，为引进优质的产业融合项目提供了用地空间，因而对"产业兴旺"的影响可能更大；相较于保留型和拓展型模式，转移型模式通过一次性的土地发展权交易换取建设资金，更有资金能力配置公共服务设施，进而对"乡风文明"产生更大的影响，但可能因集中居住后生活成本提高以及非农产业发展空间受限的问题，对"生活富裕"产生负面影响；相较于保留型和转移型模式，拓展型模式通过自行筹资提升土地开发强度来实现土地发展权，在改善居住条件方面的心理感受可能不及其他两种模式，但农户依托景区式的旅游环境自行经营产业，可能更有利于"生活富裕"的实现，同时也能够促进乡村治理水平的提升。

由此,我们提出如下研究假设:① 在农民自愿和产权保护的前提下,土地发展权配置能够有效地提升乡村建设绩效,有土地发展权配置比无土地发展权配置的乡村建设绩效更优。② 不同土地发展权配置模式对乡村建设五方面子绩效的影响存在差异,进而导致了对乡村建设整体绩效影响的差异。一般而言,相较于转移型模式,保留型与拓展型模式更有利于产业融合发展;相较于拓展型模式,保留型模式更有利于村集体统筹配置土地要素推进产业融合发展,在"产业兴旺"方面的绩效表现更优,但在促进"生活富裕"方面的绩效表现不如拓展型模式;整体而言,保留型模式的影响程度最大。

四 土地发展权配置模式影响乡村建设绩效的实证分析

(一) 数据来源与样本情况

课题组于 2019 年 1 月至 10 月对中国乡村建设开展了典型案例调查。调查分为以下四个阶段:① 准备阶段(2019 年 1 月 1 日至 3 月 31 日):完成"土地发展权配置模式影响乡村建设绩效的实证分析"研究思路设计;完成"乡村建设绩效评价指标体系"研究设计;完成"土地发展权配置模式影响乡村建设绩效的实证分析"农户调查问卷设计。② 预调查阶段(2019 年 4 月 1 日至 6 月 30 日):确定样本村、样本量,进行预调查。③ 正式调查阶段(2019 年 7 月 1 日至 8 月 31 日):完善乡村建设绩效评价指标体系与农户问卷设计;制定乡村建设实地调查方案；召开调查动员会，组织学员培训；深入实地调查；进行总结交流。④ 整理分析阶段(2019 年 9 月 1 日至 10 月 31 日)：完成调查资料的整理分析和典型案例撰写，并进行学术成果转化。

图 6-6　2019 年暑期课题组驻村调查合影留念

图 6-7　课题组成员开展农户问卷调查

样本村和样本量的确定，主要基于四个原则。一是全面性原则。由于区域经济发展水平是影响乡村建设绩效的重要因素，样本村应涵盖东部、中部和西部地区，且应涵盖转移型、保留型和拓展型三种配置模式。二是代表性原则。样本村应在区域和三种配置模式方面具有代表性，样本村所在省市为中国乡村建设成效比较突出的地区。三是可比性原则。在试验开始时，对照村应与试验村在地理位置上最为邻近，在自然禀赋与经济社会条件方面最为相似。四是可行性原则。调查所需数据和资料能够通过实地调查较为便利地获取，不需经过官方协调，样本村比较配合调查，且满足经费约束等条件。基于上述原则，课题组通过学术期刊、媒体与网络等渠道，在对全国乡村建设情况及典型案例了解的基础上，确定在浙江、河南、四川和贵州四省选择有土地发展权配置试验的 15 个村庄作为试验村，其中转移型模式 5 个、保留型模式 5 个、拓展型模式 5 个，以及 12 个没有开展土地发展权配置试验的村庄作为对照村。选择浙江，是因为它地处东部地区，区域经济发展水平高，中心城市的辐射带动作用突出，且是全国美丽乡村建设的首提地。选择河南，是因为它是中国中部地区的代表。从区域经济发展水平来看，它相对弱于东部地区，但又强于西部地区；从人均宅基地等资源禀赋来看，它相对劣于西部地区，但又优于东部地区；而且，河南的省会郑州市以及其他城市的首位度都不高，对乡村建设的辐射带动作用不够强。在这样的省情背景下，研究如何推进乡村建设具有一定的代表性。选择四川和贵州，是因为它们具有西部地区的典型特征。西部地区整体经济发展水平低，政府财力薄弱，没有办法像浙江那样通过转移支付的方式大力开展农村人居环境整治，农民普遍贫穷，也没有能力像环溪村的村民那样动辄几十万甚至上百万的自筹资金改(扩)建房屋，但在人均宅基地等资源禀赋方面有比较明显的优势。如何推进西部地区的乡村建设，四川和贵州具有较强的代表性。由于受成本约束，没有选择西北、东北、华北和华南地区进行实地调查，在区域的全面性方面有所缺失。在确定样本村后，课题组通过实地走访、浏览公示栏和随机访问等方式进一步了解样本村情况，并最终确定正式调查的 15 个试验村和 12 个对照村名单，以及完成 1 000 份以上农户问卷调查，其中试验村 30—50 份/村、对照村 20—30 份/村。

农户调查问卷包括七部分，共设计 103 个问题。第一部分为受访者及其家庭情况，问题主要涉及家庭人数、性别、年龄、受教育程度、政治面貌、户籍、村干部经历和宅基地利用类型等。第二部分为家庭居住情况，问题主要涉及宅基地与住房建筑面积、主体房屋结构、建房成本、宅基地权利以及公共服务与生态环境情况，如水电气讯网、教育卫生、道路交通、污水与垃圾处理、河道整治、绿化与空气污染等。第三部分为产业发展情况，问题主要涉及家庭承包地面积、耕种土地面积、主要种植作物、土地流转、耕作半径、参加农民专业合作社、农产品认证、农业机械使用、电商使用、产业融合发展和农产品加工情况等。第四部分为家庭经济情况，问题主要涉及家庭收入和支出情况，如工资性收入、经营性收入、转移性收入、财产性收入以及经营性支出、消费性支出、农业生产成本和税费支出等。第五部分为乡风与治理情况，问题主要涉及文化活动开展、历史文化遗产保护、村民纠纷矛盾、村规民约、村民议事规则、村党委作用、村民自治组织等。第六部分为土地利用情况，问题主要涉及承包地和宅基地利用情况，包括被征占情况、补偿安置情况以及土地权属调整情况等。第七部分为农户权益保障情况，问题主要涉及农户参与乡村建设项目的意愿、知情权、参与权、监督权、决策权保障，如旧房与宅基地拆除补偿方案、新房规划建设方案与新房分配方案等是否征求过农户意见、程序是否公正、决定方式如何，是否存在投资者或地方政府侵犯农户利益现象等。

为尽可能保证调查数据资料的真实有效性，课题组在正式调查阶段采取了如下措施：课题组组织了包括青年教师、博（硕）士研究生和本科生在内的26名调查员分组深入实地开展调查，以随机入户调查的方式为主，由调查员与农户一对一交谈，1名主问、1名主记，平均每户交谈时间在30分钟以上，确保问卷真实有效。由于试验村通常以实施增减挂钩项目、“小挂钩”项目、人居环境整治项目或土地制度改革项目为契机开展乡村建设，为了研究方便，课题组将这些触发乡村建设的契机统称为“项目”。为了测度项目实施前后农户认知的乡村建设绩效，课题组在入户调查之前会与村委会相关负责人进行访谈，了解乡村建设的总体情况和对土地发展权配置起关键作用的项目及立项时间，并将立项前一年定义为“项目前一年”。15个试验村的项目立项时间控制在10年之内，最早的为2007年，最晚的为2016年。每个小组设组长1名，每天晚上组织组员进行调查问题及技巧等情况的交流讨论，并及时通过微信群或电话与其他调查小组及指导老师沟通交流。在每天晚上的小组例会中，组长的主要职责是组织问卷质量复核，对问卷中的疑似问题进行核实，必要时通过回访来核实，问题严重的问卷作废。课题组在调查中遇到的最难的问题是农户家庭收入与支出数据的获取，为此需要采取一些办法尽可能降低误差问题。比如农户家庭年农业净收入，首先由被访者大致估算农业净收入，然后详细询问农户家庭主要种植作物的种类（水稻、小麦、玉米、大豆、蔬菜、油菜、猕猴桃、柑橘、葡萄、茶叶、高粱、薯类等）、面积、单种或复种、单产和价格以求出农业生产收入，再详细询问农业生产成本（包括机械、种子、农药等），由调查员测算出农业净收入，再和被访者协商确认。再如食品年消费支出，要让被访农户精确估算出几年前的一个整体数据基本不可能，但让农户精确估算出每天或每个月的食品消费支出是可行的，有了每天或每月的食品消费支出数据，调查员就不难测算出每年的食品消费支出。再如水电气讯网支出在问卷中是一个混合项目，但需要调查员逐项询问后汇总得出。课题组在调查中遇到的另一个困难是村民的信任问题。许多村民怀有戒备心，担心是暗访，不愿意说真话。为得到村民的信任，获取真实数据和了解真实情况，我们没有寻求官方出面安排调查，不和村民提起“见过村干部”之类的话，在交谈时首先表明大学生身份和完成暑期作业以赢得村民的同理心，根据具体场景先和村民“八卦”再逐步进入主题，并辅助赠送小额货币或矿泉水等小礼物，从而赢得了村民在采访中的信任和配合。

通过正式调查与问卷整理分析，课题组最终获取农户有效问卷 1 006 份，其中试验村问卷 707 份，对照村 299 份。转移型模式获取有效问卷 336 份，其中试验村 224 份、对照村 112 份；保留型模式获取有效问卷 310 份，其中试验村 222 份、对照村 88 份；拓展型模式获取有效问卷 350 份，其中试验村 251 份、对照村 99 份。样本村的基本情况如表 6－5 所示。

（二）乡村建设绩效评价指标体系

农民是乡村建设的重要主体，乡村建设的最终目的是提高农民生活质量。因此，评价乡村建设绩效，不能仅仅从政府或专家角度评价，而应主要基于底层视角关注农民认知的变化。农民认知不一定客观，但却是重要的，从农民认知角度评价乡村建设绩效，有利于形成乡村建设的正确导向，提升农民对乡村建设的获得感和幸福感，纠正基层实践中出现的“给上级领导交满意答卷”的倾向以及一些乡村建设者的浪漫主义倾向。

表 6-5　样本村的基本情况

试验村	问卷	省　份	类型	试　验　项　目	对照村	问卷
新石村	40	贵州省遵义市湄潭县	拓展型	宅基地制度改革项目：三权分置，集体经营性建设用地入市，农民自主开发宅基地，发展乡村旅游	仙谷山村	20
郝堂村	52	河南省信阳市平桥区	拓展型	豫南民居建设项目：政府支持，社会组织参与规划建设，农民自主开发宅基地，发展乡村旅游	七桥村	30
鲁家村	59	浙江省湖州市安吉县	拓展型	“千万工程”项目：人居环境整治，引入企业建设家庭农场，农民自主开发宅基地，发展乡村旅游	宜茂村	28
环溪村	50	浙江省杭州市桐庐县	拓展型	“千万工程”项目：人居环境整治，农民自主开发宅基地，传承莲文化，发展莲产业和乡村旅游	—	—
利山村	50	浙江省丽水市莲都区	拓展型	“千万工程”项目：人居环境整治，农民自主开发宅基地，打造畲寨民居，依托绿水青山优势，发展乡村旅游	北埠村	21
黄固寺村	50	河南省郑州市新密市	转移型	增减挂钩项目：煤矿区塌陷，煤矿企业出资搬迁，建设美丽乡村，依托历史文物“黄固寺”，转型发展乡村旅游	周岗村	30
东桥村	51	河南省濮阳市台前县	转移型	增减挂钩项目：黄河滩区洪水易发点，集中连片贫困地区，通过省域内“复垦券”交易筹集资金，进行集中迁建安置	东张村	30

续　表

试验村	问卷	省　份	类型	试　验　项　目	对照村	问卷
安居村	34	四川省巴中市恩阳区	转移型	增减挂钩项目：秦巴山区集中连片贫困地区，政府投资建设巴山新居，引入企业发展现代农业	狮子梁村	25
明月村	49	四川省成都市蒲江县	转移型	增减挂钩项目：政府引导、企业投资、农民参与，共建美丽乡村，吸引乡村艺术家入驻，推动一三产业融合发展	石象村	27
炉坪村	40	四川省成都市蒲江县	转移型	增减挂钩项目：政府投资建设美丽乡村，引入企业与村集体合作，发展现代农业与乡村旅游		
青杠树村	62	四川省成都市郫都区	保留型	“小挂钩”项目：村集体成立集体资产管理公司，土地融资建设美丽乡村，集体经营性建设用地入市，一三产业融合	长生村	25
白云村	49	四川省成都市郫都区	保留型	“小挂钩”项目：村集体成立集体资产管理公司，引入企业建设美丽乡村，集体经营性建设用地入市，一三产业融合		

续　表

试验村	问卷	省　份	类型	试　验　项　目	对照村	问卷
柏杨村	22	四川省天府新区	保留型	“小挂钩”与宅基地原址开发相结合项目：村集体引入企业建设美丽乡村，闲置宅基地转换为集体经营性建设用地入市，一三产业融合发展	凉水村	23
先锋村	49	四川省成都市青白江区	保留型	“小挂钩”项目：村集体引入企业建设美丽乡村，鼓励村民到场镇集中居住，推动镇村联动发展，集体经营性建设用地入市，一二三产业融合发展	拦冲村	19
五星村	50	四川省成都市崇州市	保留型	增减挂钩与“小挂钩”相结合项目：村集体通过村民集资和土地抵押贷款建设美丽乡村，预留较多节余指标，集体经营性建设用地入市，一三产业融合	甘泉村	21
合　计	707					299

注：① 与环溪村邻近的乡村均已实施了“千万工程”项目，没有找到合适的对照村。② 石象村因与明月村、炉坪村在地理位置上均邻近，且在试验项目开始前自然禀赋与经济社会条件相似，故作为两个试验村的对照村；同理，长生村作为青杠树村和白云村的对照村。③ 据调查了解，拥有区位优势或资源禀赋的村庄、受贫困与地质灾害威胁的村庄、村干部工作能力强且对改革试点政策敏感而积极争取的村庄、具有改革试点经验的村庄更容易被选为试验村，而不好也不坏的平庸型村庄不易被选为试验村。在课题组调查的 15 个试验村中，郝堂村、白云村、柏杨村、先锋村、明月村是因区位或资源禀赋被企业或社会组织选为试验村；安居村和五星村是贫困村，基于扶贫需要而入选试验村；黄固寺村和东桥村是因处于地质灾害危险区，基于搬迁安置需要而入选试验村；鲁家村、环溪村、利山村、炉坪村和青杠树村是因村干部工作能力强，通过自身积极争取改革试点政策而入选试验村；新石村是因具有改革试点经验而入选试验村，正如村主任所说“新石村是为改革而生并因改革而荣的”，它自 1987 年以来始终是湄潭县土地改革的试点村。

乡村建设绩效评价指标体系构建经历如下四个步骤。第一步：课题组通过对相关政策文本梳理认为，乡村建设的目标应与党的十九大提出的乡村振兴战略目标相一致，因此，课题组将乡村振兴战略的五大目标确定为乡村建设绩效评价的二级指标。第二步，课题组依据国家颁布的《乡村振兴战略规划（2018—2022年）》的指标体系，并借鉴现有乡村振兴评价指标体系研究成果（张挺等，2018），按照乡村振兴战略的五大目标逐层分解，建立起乡村建设绩效评价指标库。第三步，课题组根据科学性、全面性和可操作性原则选取初始指标。科学性原则要求指标体系能够准确地反映评价对象的真实情况，一手数据获取遵守科学的抽样和调查方法，二手数据选择权威的数据来源，指标选取不能重合；全面性原则要求指标体系能够全方位、多角度反映乡村建设的效果，涵盖五个方面的二级指标；可操作性原则要求指标数据的采集过程可控可获得，并保证同一指标在纵向上或横向上可比。第四步：从农户角度对指标进行二次筛选，并转化为农户可以认知的指标。由于多数农民的受教育程度低，需要将学术性强的指标转化为农民可以认知的、“接地气”的指标，要保证农民能正确理解评价指标的内涵并能对指标做出量化评价。最终，课题组构建起了乡村建设绩效评价指标体系，包括5个二级指标、10个三级指标、34个四级指标，如表6-6所示。

对表6-6中的主要指标说明如下：① 产业兴旺。产业是乡村建设的关键，课题组通过产业收入和农业现代化情况进行评价。对于产业收入，选择本地农业收入和非农业收入两个指标进行衡量。产业收入越高，表示产业越兴旺。对农业现代化，采用农业机械化水平、农产品认证级别、农产品加工程度、农民合作社参与率、电子商务普及水平和产业融合发展程度六个指标进行衡量。一般而言，农业

表6-6 乡村建设绩效评价指标体系

一级指标	二级指标	三级指标	四级指标	指标解释	赋值	性质
乡村建设绩效	产业兴旺	产业收入	本地农业收入/户·年	农民家庭每年在本地从事农业的收入	调查值	C
			本地非农收入/户·年	农民家庭每年在本地从事非农产业的收入	调查值	C
		农业现代化	农业机械化水平	依据本村农业机械使用情况评价	极少=1,较少=2,一般=3,经常=4,普遍=5	Q
			农产品认证级别	本村获得的最高农产品认证级别	无认证=1,省级以下认证=2,省级认证=3,国家级认证=4,国际认证=5	Q
			农产品加工程度	依据本村农产品加工情况评价	无加工=1,有初加工=2,有深加工=3	Q
			农民合作社参与率	农民参与农民专业合作社情况	是=1,否=0	D
			电子商务普及水平	依据本村电子商务推广情况评价	极少=1,较少=2,一般=3,经常=4,普遍=5	Q
			产业融合发展程度	本村拥有的产业类型	农业=1,有一种非农产业=2,一、二、三产业并举=3	Q

续　表

一级指标	二级指标	三级指标	四级指标	指标解释	赋　值	性质
乡村建设绩效	生态宜居	住房条件	住房面积	家庭住房建筑面积	调查值	C
			住房质量	依据房屋主要承重构件的建筑材料区分	土坯＝1，土木＝2，砖木＝3，砖混＝4，钢混＝5	Q
			住房安全性	依据房屋所在地是否在地质灾害易发点区分	是＝1，否＝0	D
		生态环境	绿化覆盖率	依据本村绿色植被覆盖情况估算	20%以下＝1，20%～30%＝2，30%～40%＝3，40%～50%＝4，50%以上＝5	Q
			空气污染程度	依据本村空气污染情况评价	没有污染＝1，污染较轻＝2，一般＝3，污染较重＝4，非常严重＝5	Q
			河道整治	本村河道整治情况	无整治＝1，有整治无绿化＝2，有整治有绿化＝3	Q
			污水处理	本村污水处理设备配备情况	有＝1，无＝0	D
			垃圾处理	本村垃圾集中处理和分类回收情况	无集中处理＝1，有集中无分类＝2，有集中有分类＝3	Q

续 表

一级指标	二级指标	三级指标	四级指标	指标解释	赋值	性质
乡村建设绩效	生态宜居	公共服务	水电气讯网完备程度	根据农民家庭水电气讯网安装情况评价	一通=1,两通=2,三通=3,四通=4,五通=5	Q
			农民子女上学便捷程度	居住地与小学距离	1公里以内=1,1～2公里=2,2～3公里=3,3～4公里=4,4公里以上=5	Q
			医疗卫生服务情况	对本村医疗卫生服务的满意度	很不满意=1,不太满意=2,基本满意=3,比较满意=4,非常满意=5	Q
			文体设施完备程度	依据本村文体设施配备情况评价	很不完备=1,不太完备=2,基本完备=3,比较完备=4,很完备=5	Q
			交通便捷程度	公交站点设置情况	有=1,无=0	D
			小区治安状况	天网等安全设施配备情况	有=1,无=0	D
	乡风文明	文化发展	文化活动开展频率	依据本村开展的文化活动评价	没有=1,较少=2,一般=3,较多=4,很多=5	Q
			历史文化(遗产)保护程度	依据本村对历史文化(遗产)的保护情况评价	无=1,较差=2,一般=3,较好=4,完好=5	Q
			农民教育培训有效性	依据农民教育培训的有效性评价	无=1,较差=2,一般=3,较好=4,完好=5	Q

续　表

一级指标	二级指标	三级指标	四级指标	指标解释	赋　值	性质
乡村建设绩效	乡风文明	文明生活	家庭内部纠纷频率	依据本村农民家庭的矛盾纠纷次数估计	没有=1,较少=2,一般=3,较多=4,很多=5	Q
			红白喜事支出比重	农民家庭每年红白喜事支出/家庭总支出	调查值	C
	治理有效	治理制度	村规民约	村规民约制定情况	有=1,无=0	D
			村民议事规则健全程度	依据本村村民议事规则的健全程度评价	无=1,不够完善=2,完善=3	Q
			乡贤与社会组织参与治理	依据本村乡贤与社会组织的治理作用评价	无作用=1,作用较小=2,一般=3,作用较大=4,作用很大=5	Q
		治理成效	村民之间纠纷频率	依据本村农户之间的矛盾纠纷次数估计	没有=1,较少=2,一般=3,较多=4,很多=5	Q
			农民权益保障程度	依据对农民权益保障情况评价	完全没有=1,少部分得到保障=2,一般保障=3,大部分得到保障=4,完全保障=5	Q
	生活富裕	家庭收支	可支配收入/户·年	农民家庭每年可支配收入	调查值	C
			恩格尔系数	家庭年食物支出/家庭年总支出	调查值	C

注：C表示定量指标,Q表示多分类定性指标,D表示二分类定性指标。

机械化水平越高，农业生产效率越高；农产品认证级别是绿色农业、生态农业、质量农业、品牌农业的综合体现，该指标是依据认证机构的等级衡量，一般认证机构等级越高，认证结果的权威性和认可度越高；农产品加工程度反映农业产业链的延伸情况，一般加工程度越深，附加值越高；农民合作社参与率体现了农村集体经济的发展情况，一般参与率越高，产业组织化程度越高，集体经济发展越好；电子商务的使用是现代农业的重要标志，电子商务普及水平越高，表示农业现代化程度越高；乡村产业发展不仅限于农业，更在于一二三产业的融合，对于产业融合程度，以各村存在的产业种类衡量，产业种类越多，表示产业融合效果越好，虽然该指标不够科学，但符合农民的认知水平，也能在一定程度上反映产业融合情况。② 生态宜居。乡村建设既要生态美又要适宜居住和生活，成为人民美好生活的向往之地。课题组通过住房条件、生态环境和公共服务三个方面进行评价。住房条件反映宜居情况，通过住房面积、质量和安全性三个指标衡量，一般住房面积越大、质量越好、选址越安全，表示越宜居；生态环境优良是“美丽”乡村建设的应有之义，可通过绿化覆盖率、空气污染程度、河道整治、污水处理和垃圾处理五个指标衡量，其中空气污染程度是主观评价指标，由农民根据实际情况评价；绿化覆盖率、河道整治、污水处理和垃圾处理是实际观测指标，可以直接观测得出；公共服务供给是乡村宜居的重要保障，直接决定了农民生活的便利性和幸福感，课题组采用水电气讯网完备程度、农民子女上学便捷程度、医疗卫生服务满意程度、文化体育设施完备程度、交通便捷程度和小区治安状况六个指标衡量。③ 乡风文明。乡村之美不仅要体现为外在美，更要体现为内在美，乡风文明是内在美的重要标志，课题组通过文化发展和文明生活两个方面评价。在文化发展方面，课题组选取文化活动开展频率、农民教育培训有效性和历史文化遗产保护程度三个指标衡量，反映对农民人力资本的投资，农民的综合素质决定着乡村的可持续发展能力。在文明生活方面，课题组选取家庭内部纠纷频率、红白喜事支出比重两个指标衡量，前者反映家庭和谐文明程度，后者反映铺张浪费和攀比等不良现象情况。④ 治理有效。乡村治理是乡村社会形成良好秩序、有序运转的重要保障。课题组通过治理制度和治理成效两个方面进行评价。治理制度通过村规民约、村民议事规则和乡贤及社会组织参与治理三个指标衡量，治理制度越健全、乡贤及社会组织发挥的作用越大，乡村治理越可能有效。治理成效通过村民之间纠纷频率、农民权益保障程度两个指标衡量，村民之间纠纷越少、农民权益保障越充分，表示治理越有效。⑤ 生活富裕。农民富裕是衡量乡村建设成效的最终标准。课题组选取可支配收入和恩格尔系数两个指标进行评价。可支配收入反映农民家庭的收入水平和富裕程度，恩格尔系数反映农民家庭的支出水平和生活质量，可支配收入越高、恩格尔系数越小，表示农民生活质量越高。

（三）研究设计

1. 乡村建设绩效评价方法

本节的乡村建设绩效评价指标体系既包括客观信息又包括农户主观信息，适合采用模糊综合评价法和灰色关联分析法确定权重和绩效值。首先，将受访农户各指标的观测值作为灰色关联分析的比较数列，记为 $X_i(i=1,2\cdots\cdots1\ 006)$，表示有 1 006 个农户参与调查。其次，将与乡村建设绩效成正比的指标观测值的最大值及与乡村建设绩效成反比的指标观测值的最小值作为参考数列 X_0，每个数列有 34 个观测点。最后，构建评价矩阵 X 并进一步测算乡村建设绩效。

2. 变量设定与描述性统计

(1) 因变量。因变量是农户对乡村建设绩效的评价，每个农户对乡村建设绩效的评价分为两期，第一期为项目立项前一年，第二期为 2018 年。

(2) 关键自变量。关键自变量是土地发展权配置模式，采用哑变量形式进行赋值，设置 3 个哑变量纳入模型。

(3) 控制变量。从影响乡村建设绩效的区域特征、村庄自然与人文特征、农户特征层面选取中心城市人均 GDP、人均宅基地面积、村党组织作用、农民年龄四个指标作为控制变量。中心城市人均 GDP，反映区域经济发展水平对乡村建设绩效的影响。乡村振兴不能仅仅从乡村着眼，而应协同推进乡村振兴与城市化（黄祖辉，2018），抓住城市化带动消费升级的历史机遇，让城市化辐射到的乡村以市场方式率先振兴起来（姚树荣和周诗雨，2020）。相关研究表明，区域经济发展水平越高，城市化程度越高，中心城市对乡村发展的辐射带动作用越强。人均宅基地面积，反映村庄自然禀赋对乡村建设绩效的影响。该变量是影响土地综合整治与乡村建设成本的重要因素，人均宅基地面积大，表示宅基地盘活利用的潜力大，能够腾退出更多的建设用地指标，或通过交易换取更多资金用于农房与公共设施建设，或就近转换为经营性建设用地为产业发展提供更大空间。村党组织作用，反映村庄人文因素对乡村建设绩效的影响。在人文因素中，村党组织的作用最为关键，对提升村级政策执行效果、改善村庄治理质量、促进村庄发展影响显著(王卓和胡梦珠,2020),2021 年中央一号文件强调要选优配强村“两委”成员特别是村党组织书记。农民年龄,反映农户特征对乡村建设绩效的影响。农民的代际差异,使农民与土地及村庄的关系发生了变化,进而影响着土地制度、农业发展方式和村庄的演化与分化(刘守英和王一鸽,2018)。农民年龄不同,生活阅历不同,经济社会行为及文化价值观不同,对乡村建设的绩效评价也会有所不同。各变量的描述性统计如表 6－7 所示。

表 6－7　变量描述性统计

	变　量	变量处理及赋值	均值	标准差	最小值	最大值
因变量	乡村建设绩效	根据模糊综合评价法确定	0.518 9	0.147 5	0.213 0	0.839 7
关键自变量	保留型	保留型 = 1,其他 = 0	0.115 3	0.319 5	0	1
	转移型	转移型 = 1,其他 = 0	0.111 3	0.314 6	0	1
	拓展型	拓展型 = 1,其他 = 0	0.124 8	0.330 5	0	1
控制变量	农民年龄	调查值	53.406 1	13.720 0	11	88
	人均宅基地面积(百平方米)	宅基地面积/家庭人数	0.638 3	0.635 5	0.322 2	6.67
	中心城市人均 GDP(万元/人)	村庄所隶属的地级以上中心城市人均 GDP	6.049 5	3.100 4	0.862	14.018

续 表

	变 量	变量处理及赋值	均值	标准差	最小值	最大值
控制变量	村党组织作用	农户对村党组织作用的评价作用=1,作用较小=2,一般=3,作用较大=4,作用很大=5	3.150 6	0.989 6	1	5无

注：① 三种模式加对照组的缺失型，共有四种配置类型，设置3个哑变量；② 人均宅基地面积最大值与一户多宅的情况有关，最小值与多层住宅安置有关；③ 中心城市人均GDP最大值与最小值与不同时间段样本村所在区域的经济发展水平有关。

3. 模型设定

(1) 有无土地发展权配置的模型设计

因是否进行土地发展权配置有赖于村庄是否被纳入试点，而试点选择是一项复杂的政策议程，如黄固寺村成为试点起因于煤矿沉陷，新石村成为试点基于早期承包地“生不增、死不减”的改革基础，明月村成为试点发端于社会资本的投资，所以样本村能否纳入试点以及进行哪种土地发展权配置受到复杂因素的影响。但一般而言，村干部积极性高、离中心城市近、具有开放包容乡风等基础条件的村庄，能降低试点的难度，更有可能被选为试点村。换言之，有土地发展权配置和无土地发展权配置的村庄可能存在不可观测的天然差异。为克服该问题可能造成的估计偏差，本节采用双重差分模型(DID)进行基准分析，以检验有无土地发展权配置对乡村建设绩效的影响。双重差分模型通过将试验组和对照组在项目立项前后进行差分以消除不随时间变化的天然差异的影响(李江一和秦范，2022)，模型如下：

$$Y_{it}=\alpha'+\beta_1'G_i\cdot D_t'+w'X_{it}+\sum_{t=2}^{T}\gamma_t'D_t+u_i'+\varepsilon_{it}' \quad (1)$$

(1) 式中,i 表示农户个体,t 表示时间,Y_{it}表示第 i 个农户对 t 年乡村建设绩效的评价,G_i为土地发展权配置试验组虚拟变量($G_i=1$,如果农户 i 所在村为有土地发展权配置的试验村;$G_i=0$,如果农户 i 所在村为无土地发展权配置的对照村),D_t'为试验期虚拟变量($D_t'=1$,如果 t 为土地发展权配置试验后;$D_t'=0$,如果 t 为土地发展权配置试验前)。交互项 $G_i\cdot D_t'$捕捉土地发展权配置的政策效应,X_{it}则表示一系列可观测的控制变量。D_t为时间变量,这里采用 LSDV 法来确定,即对每个时期定义一个虚拟变量,然后把($T-1$)个时间虚拟变量包括在方程中,以控制时间效应。不可观测的 u_i'是代表个体异质性的截距项,即个体效应,α'、β_1'、γ_t'和 w' 为待估系数,ε_{it}'为随个体和时间而改变的扰动项。

尽管双重差分模型可以控制不随时间变化的天然差异的影响,但模型依然可能因对照村和试验村的可比性存在偏误。为了减少对照村和试验村的偏差,降低混杂因素的影响,增加试验村和对照村比较的合理性,本文在双重差分模型基准分析的基础上,进一步结合倾向得分匹配法(PSM)在对调查样本筛选后,分析有无土地发展权配置的乡村建设绩效差异,并继续使用筛选后的样本进行土地发展权配置模式差异分析、子绩效影响差异分析和稳健性检验,以尽可能避免样本自选择偏误。

(2) 土地发展权配置模式差异的模型设计

考虑到各试验村项目实施时间不同,在计量分析时可能存在随时间而变的遗漏变量问题,因此采用双向固定效应模型进行不同土地发展权配置模式的乡村建设绩效差异分析，模型如下：

$$Y_{it}=\alpha+\beta_1 right+wX_{it}+\sum_{t=2}^{T}\gamma_t D_t+u_i+\varepsilon_{it} \qquad (2)$$

（2）式中，i 表示农户个体，t 表示时间，Y_{it} 表示第 i 个农户对 t 年乡村建设绩效的评价，$right$ 表示土地发展权配置模式，X_{it} 表示一系列可观测的控制变量，D_t 为时间变量，同样采用 LSDV 法来确定。常数项 α 表示被遗漏虚拟变量 D_1 所对应的第一期截距项，不可观测的 u_i 是代表个体异质性的截距项，ε_{it} 为随个体与时间而改变的扰动项。β_1 表示土地发展权配置对乡村建设绩效的影响，w 表示控制变量对乡村建设绩效的影响，γ_t 表示时间变量对乡村建设绩效的影响。

（四）实证结果及分析

1. 有无土地发展权配置的乡村建设绩效差异

双重差分及倾向得分匹配—双重差分模型回归结果如表 6－8 所示。根据回归结果可知，无论基于双重差分（DID）还是倾向得分匹配—双重差分模型（PSM－DID），有土地发展权配置的村庄比无土地发展权配置的村庄在控制了其他相关影响因素后均表现出对乡村建设绩效显著且稳定的正向影响，验证了前文假设。倾向得分匹配的共同取值范围如图 6－2 所示。可以看出多数观测值均在共同取值范围内，在倾向得分匹配时仅损失了少量样本，匹配质量较高。

表 6-8　有无土地发展权配置对乡村建设绩效影响的估计结果

	DID		PSM-DID	
	(1)	(2)	(3)	(4)
交互项	0.170*** (0.007)	0.149*** (0.007)	0.170 1*** (0.008)	0.155 0** (0.008)
控制变量	否	是	否	是
时间效应	是	是	是	是
个体效应	是	是	是	是
观测值	2 012	2 012	1 806	1 806
R^2	0.75	0.78	0.73	0.77

注：① 表中括号内数字为估计系数的标准误；② ***、** 分别表示 1%、5%的显著性水平。

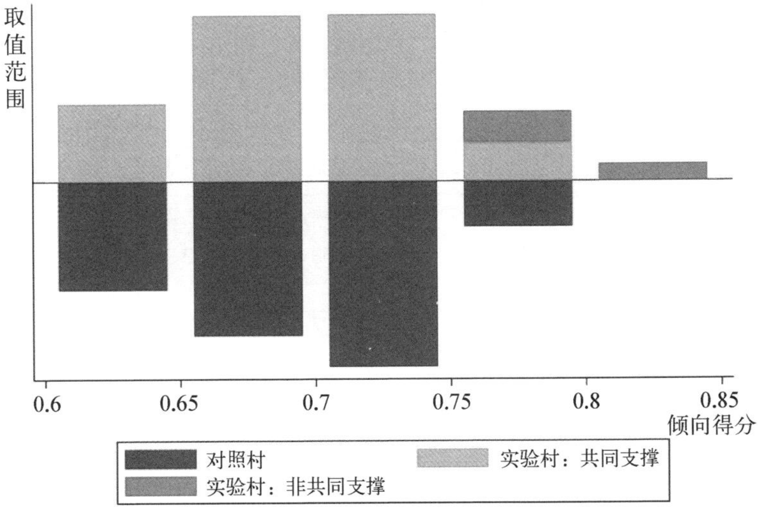

图 6-2　倾向得分匹配的共同取值范围

2. 不同土地发展权配置模式的乡村建设绩效差异

因不同村庄土地发展权配置的实施具有时间差异，为控制个体效应和时间效应，进一步采用双向固定效应模型分析不同模式对乡村建设绩效的影响差异，模型估计采用聚类稳健标准误，逐步回归的估计结果如表 6－9 所示。可以看出，双向固定效应模型整体有效性均在 1%的水平上通过了显著性检验，模型拟合效果较好。

表 6－9　土地发展权配置模式对乡村建设绩效影响的估计结果

	双向固定效应模型				
	(1)	(2)	(3)	(4)	(5)
保留型	0.222 4*** (0.008 1)	0.222 4*** (0.008 1)	0.228 1*** (0.008 7)	0.227 4*** (0.007 9)	0.226 6*** (0.008 8)
转移型	0.161 2*** (0.007 3)	0.162 4*** (0.007 3)	0.165 4*** (0.007 5)	0.163 1*** (0.007 9)	0.163 1*** (0.007 9)
拓展型	0.155 2*** (0.007 3)	0.153 6*** (0.007 0)	0.153 6*** (0.007 0)	0.151 2*** (0.007 5)	0.149 7*** (0.007 5)
中心城市人均 GDP		0.012 6*** (0.002 1)	0.012 5*** (0.002 1)	0.010 4*** (0.002 7)	0.010 6*** (0.002 7)
人均宅基地面积			0.005 7* (0.003 3)	0.005 8* (0.003 3)	0.004 9* (0.003 3)
村党组织作用				0.004 1* (0.002 4)	0.004 2* (0.002 4)
农民年龄					−0.011 3*** (0.003 4)
常数项	0.495 8*** (0.003 8)	0.402 0*** (0.017 2)	0.398 1*** (0.017 4)	0.401 0*** (0.018 1)	0.413 7*** (0.019 2)

续　表

	双向固定效应模型				
	(1)	(2)	(3)	(4)	(5)
时间效应	是	是	是	是	是
个体效应	是	是	是	是	是
观测值	1 806	1 806	1 806	1 806	1 806
F	1 891.49***	2 144.96***	1 971.27***	1 941.46***	1 809.84***
$Within-R^2$	0.939 1	0.941 4	0.941 6	0.941 8	0.942 0

注：① 表中括号内数字为估计系数的标准误；② ***、* 分别表示 1%、10%的显著性水平。

从回归结果看，保留型、转移型和拓展型都显著地正向提升了乡村建设绩效，但从相应变量的回归系数看，保留型的影响程度最大，转移型和拓展型次之，回归结果与前文推论一致。同时，回归结果表明“产业兴旺”是影响乡村建设绩效的关键因素。保留型将土地发展权留在村集体，实现了土地要素在乡村空间的配置与优化组合，为吸引资本和人才等要素流入乡村，在政府引导和村集体的统筹下发展产业及壮大集体经济提供了条件，这是保留型影响程度最大的重要原因；拓展型的回归结果在符号上与预期一致，但系数大小与预期存在差异，原因可能是该模式主要依托农村人居环境整治发展为乡村旅游配套的餐饮、民宿等经济效益有限的业态，且农户分散经营存在特色不鲜明、专业化程度不高、同质化竞争严重、内生发展动力不足的问题；转移型虽然能基于项目的资金效应推动乡村振兴战略的实施，但所得资金是一次性的产权交易收益，主要用于村庄建设，通常缺乏有效的产业发展举措，可持续发展动力不足。此外，从控制变量的回归结果看，中心城市人均GDP、人均宅基地面积和村党组织作用的回归系数都为正并通过了显著性检验，表明这三个控制变量显著地正向影响了乡村建设绩效；农民年龄的回归系数为负并通过了显著性检验，表明农民年龄越小，对土地及村庄的依赖度越低，对乡村建设绩效的评价越高。

3. 不同土地发展权配置模式的乡村建设子绩效差异

为分析不同模式对乡村建设五个方面子绩效的影响差异，本文基于双向固定效应模型进行了实证分析，结果如表 6－10 所示。

表 6－10 土地发展权配置模式对乡村建设子绩效影响差异的估计结果

	产业兴旺	生态宜居	乡风文明	治理有效	生活富裕
	(1)	(2)	(3)	(4)	(5)
保留型	0.065 6*** (0.003 5)	0.143 1*** (0.006 0)	0.010 6*** (0.002 0)	0.007 8* (0.002 3)	0.001 7* (0.001 1)
转移型	0.019 5*** (0.001 7)	0.122 2*** (0.004 6)	0.017 8*** (0.001 7)	0.005 8*** (0.003 1)	－0.002 0 (0.001 4)
拓展型	0.036 3*** (0.002 1)	0.078 9*** (0.005 3)	0.016 8*** (0.001 3)	0.020 4*** (0.002 7)	0.004 9* (0.001 4)
控制变量	是	是	是	是	是
个体效应	是	是	是	是	是
时间效应	是	是	是	是	是
观测值	1 806	1 806	1 806	1 806	1 806

续　表

	产业兴旺	生态宜居	乡风文明	治理有效	生活富裕
	(1)	(2)	(3)	(4)	(5)
F	455.66***	2 950.11***	142.96***	193.16***	47.93***
$Within-R^2$	0.851 5	0.941 8	0.701 8	0.702 2	0.338 0

注：① 表中括号内数字为估计系数的标准误；② ***、* 分别表示 1%、10%的显著性水平。

实证结果验证了前文关于不同模式对乡村建设子绩效影响差异的假设：① 在产业兴旺方面，保留型的影响程度最大，拓展型和转移型次之。保留型将土地发展权保留在村集体，有利于村集体统筹配置土地要素推进产业融合发展；拓展型将土地发展权分散于农户，有利于发展民宿和农家乐等业态，但因缺乏集中连片的土地及需要较高的经营能力和治理水平，对产业兴旺的影响不如保留型大，但高于转移型；转移型将宅基地复垦为耕地而退出的土地发展权转移给城镇，虽换得了建设资金，但因非农产业发展空间受到限制，不利于产业融合发展。② 在生态宜居方面，保留型和转移型的影响大于拓展型。转移型在居住条件和公共服务方面改善较大，但拆旧建新对生态环境造成一定影响；保留型对乡村的生产、生活、生态空间产生了综合影响，因而对生态宜居的影响最大；拓展型在公共服务方面改善更大，但在住房条件和生态环境改善方面受资金与政策等因素限制。③ 在乡风文明方面，保留型和拓展型的影响低于转移型，这可能是因为转移型使用土地发展权换得的资金显著增加了包括图书室、卫生诊所、文体娱乐设施、社区治安以及垃圾与污水处理等公共服务设施，而这些公共服务设施在一定程度上能够促进乡风文明。④ 在治理有效方面,拓展型的影响高于转移型和保留型,这主要是因为拓展型模式下挖掘历史文化优势、创建善治良序与乡村旅游提质增效具有内在的一致性。⑤ 在生活富裕方面,保留型与拓展型的影响与预期方向相符,并且拓展型的影响程度高于保留型。拓展型模式下农户依托景区式的旅游环境自行经营产业,更有利于农户就业增收;保留型有利于引进优质的产业融合项目,但产业经营收益能否惠及农户还取决于利益联结机制;转移型对生活富裕的影响为负,但并不显著,主要与农户集中居住后生活成本上升而收入增加不显著有关。如何增加农民收入,仍是乡村振兴战略实施的难题。

4. 稳健性检验

为进一步考察土地发展权配置模式对乡村建设绩效影响差异的稳定性,本文采用以下稳健性检验方法:① 变换控制变量形式。将中心城市人均 GDP 以四分位的有序变量形式加入模型,考察估计系数对控制变量设定的敏感性。② 变换被解释变量测算方法。为验证权重确定方法是否影响实证结果,运用熵权法结合模糊综合评价法计算乡村建设绩效评价值,采用双向固定效应模型进行稳健性检验。③ 剔除部分样本。分别剔除中心城市人均 GDP 上四分位观测值和东部地区观测值,考察估计系数在不同区域和样本量情况下的稳定性。④ 变换估计模型。首先,采用混合回归模型检验土地发展权配置模式与乡村建设绩效的关系;其次,面板数据中个体效应可能以随机效应的形式存在,采用随机效应模型检验;最后,乡村建设绩效数值存在一定程度的归并,进一步结合 Tobit 模型进行稳健性分析。⑤ 考虑控制变量可能存在的内生性问题。村党组织作用可能是内生变量,虽然在理论上村党组织作用不会对土地发展权配置模式作为关键解释变量的系数估计产生较大影响，但可能影响村党组织作用的方向和显著性水平（Wooldridge，2016）。为解决这一问题，选取“性别比例×$D_i^{'}$”作为工具变量（IV）进行两阶段最小二乘估计（2SLS）。选取“性别比例×$D_i^{'}$”作为工具变量的原因是，村党组织是执行计划生育政策的基层主体，因而村庄的性别比例与村党组织作用密切相关，但调研时的村庄性别比例对农民个体的乡村建设认知没有直接影响。识别不足检验和弱工具变量检验均拒绝了原假设，表明该变量作为工具变量的有效性，使用 IV 得到的估计量是一致的。稳健性检验结果如表 6－11 所示。

由表 6－11 看出，土地发展权配置模式在各模型中均在 1％的统计水平上显著，表明土地发展权配置能够有效地促进乡村建设；从各模型土地发展权配置模式的回归系数看，保留型均表现出对乡村建设绩效影响程度最大的特点，转移型和拓展型的系数大小略有差异，存在不确定性。以上实证结果表明，相较于土地发展权缺失的情形，土地发展权配置对乡村建设绩效的影响表现为显著且稳定的正向作用，但影响程度因模式不同而存在差异，其中保留型的影响程度最大，转移型和拓展型的影响程度存在不稳定性。

五　研究结论

本章在界定土地发展权内涵与配置模式的基础上，从农户视角构建了乡村建设绩效评价指标体系，运用理论分析、案例分析与实证分析相结合的方法，研究了土地发展权配置对乡村建设绩效的影响

表 6－11　土地发展权配置模式对乡村建设绩效影响的稳健性检验

	双向固定效应模型				混合 OLS	随机效应	Tobit	IV－2SLS
	变换控制变量形式	变换被解释变量	剔除中心城市人均 GDP 上四分位样本	剔除东部地区样本				
	(1)	(2)	(3)	(4)	(5)	(6)	(7)	(8)
保留型	0.227 5*** (0.008 7)	0.220 3*** (0.012 9)	0.226 2*** (0.008 8)	0.227 4*** (0.008 8)	0.227 3*** (0.006 3)	0.214 9*** (0.006 0)	0.215 9*** (0.006 2)	0.218 0*** (0.008 1)
转移型	0.175 7*** (0.007 0)	0.145 4*** (0.005 7)	0.182 6*** (0.008 3)	0.179 4*** (0.006 0)	0.169 4*** (0.006 6)	0.176 7*** (0.006 2)	0.176 3*** (0.006 3)	0.140 0*** (0.010 3)
拓展型	0.142 3*** (0.007 2)	0.149 5*** (0.005 2)	0.097 9*** (0.007 7)	0.057 5*** (0.006 9)	0.221 7*** (0.005 8)	0.207 6*** (0.005 5)	0.209 0*** (0.005 7)	0.197 4*** (0.010 0)
中心城市人均 GDP			0.210 4*** (0.010 5)	0.240 1*** (0.010 6)	0.008 3*** (0.000 7)	0.011 0*** (0.000 7)	0.010 7*** (0.000 8)	
按四分位分组的中心城市人均 GDP	0.051 9*** (0.005 9)	0.010 1*** (0.003 9)						0.017 1*** (0.004 4)

续　表

	双向固定效应模型				混合 OLS	随机效应	Tobit	IV - 2SLS
	变换控制变量形式	变换被解释变量	剔除中心城市人均GDP上四分位样本	剔除东部地区样本				
	(1)	(2)	(3)	(4)	(5)	(6)	(7)	(8)
人均宅基地面积	0.005 4* (0.003 2)	0.015 4*** (0.004 2)	0.005 8* (0.003 3)	0.006 3** (0.003 2)	-0.011 2*** (0.002 7)	-0.009 2*** (0.002 8)	-0.009 5*** (0.002 8)	-0.012 2*** (0.002 5)
村党组织作用	0.001 2 (0.002 1)	-0.006 7*** (0.002 3)	0.010 9*** (0.002 9)	0.006 7** (0.002 7)	0.022 6*** (0.001 9)	0.019 1*** (0.001 9)	-0.019 4*** (0.002 0)	0.004 6* (0.010 1)
农民年龄	-0.025 1*** (0.003 7)	-0.006 7*** (0.028 2)	-0.088 6*** (0.005 8)	-0.135 2*** (0.006 7)	-0.000 3** (0.000 1)	-0.000 2 (0.000 1)	-0.000 2 (0.000 1)	-0.000 5*** (0.000 1)
常数项	1.767 2*** (0.199 2)	1.735 0*** (0.138 4)	4.021 1*** (0.262 0)	6.345 8*** (0.296 9)	0.339 6*** (0.007 4)	0.340 2*** (0.009 1)	0.331 9*** (0.034 1)	0.403 3*** (0.023 9)
个体效应	是	是	是	是	否	否	否	是

续 表

	双向固定效应模型				混合 OLS	随机效应	Tobit	IV - 2SLS
	变换控制变量形式	变换被解释变量	剔除中心城市人均GDP上四分位样本	剔除东部地区样本				
	(1)	(2)	(3)	(4)	(5)	(6)	(7)	(8)
时间效应	是	是	是	是	否	否	否	是
观测值	1 806	1 806	1 639	1 440	1 806	1 806	1 806	1 806
F	1 885.25***	748.99***	1 438.755***	1 467.76***	834.14***			886.04***
Wald chi^2						7 655.30***	7 482.96***	
Within - R^2	0.946 5	0.876 4	0.944 5	0.954 0	0.763 6	0.760 7		
LMstatistic								56.675
K - P Wald F statistic								80.535

注：① 表中括号内数字为估计系数的标准误；② ***、** 和 * 分别表示 1%、5%和 10%的显著性水平。

及不同模式影响的差异性，从而较有力地解释了乡村建设绩效差异的原因。研究表明：① 在农民自愿和产权保护的前提下，土地发展权配置能够有效地提升乡村建设绩效，有土地发展权配置比无土地发展权配置的乡村建设绩效更优。② 不同土地发展权配置模式对乡村建设五方面子绩效的影响存在差异，进而导致了对乡村建设整体绩效影响的差异。一般而言，相较于转移型模式，保留型与拓展型模式更有利于产业融合发展；相较于拓展型模式，保留型模式更有利于村集体统筹配置土地要素推进产业融合发展，在“产业兴旺”方面的绩效表现更优，但在促进“生活富裕”方面的绩效表现不如拓展型模式；整体而言，保留型模式的影响程度最大。

第七章

乡村共建共治共享的理论与实践创新

本章旨在回答“什么是共建共治共享”“乡村为什么要共建共治共享”以及“乡村共建共治共享需要具备什么条件”三个问题。为此，首先对“共建共治共享”社会治理理论进行阐释，然后回答乡村共建共治共享的必要性与实现条件，最后以明月村、鲁家村为典型案例从经验上阐明普通乡村在特定的经济（城市化发展到一定高度）与制度（城乡融合体制与新型地权制度）条件下通过共建共治共享走上振兴之路的现实可行性。

一　问题的提出

回顾中国乡村建设的历程，从改革开放之初的小城镇战略到城乡统筹牵引的新农村建设，再到城乡融合为关键的乡村振兴战略，围绕政府、资本与农民之间关系的争论一直在持续。迄今为止，政府主导模式仍是最为广泛的一种实践，且取得了显著成果，但其导致的问题也一直备受诟病。温锐、陈胜祥（2007）认为，政府主导型的乡村建设由于政府失灵会产生公平和效率的损失，在长期内可能会削减农民建设的主体性，根源在于中央与地方政府在财权和事权上的不对等，导致地方政府在政策实践上的政治任务导向与治理困境。郁建兴、高翔（2012）解释了地方政府的行为逻辑，认为发展型的地方政府正在成为一种常态，其社会政策创新主要服务于地方经济发展特别是地方财政收益最大化的需要，而不总是对地方公众需求的回应。所以，一些地方的乡村建设政策异化为政府完成政治任务（如盲目引入资本推动农业规模化经营）和增加财政收入（如迫使“农民上楼”以最大限度获取增减挂钩项目收益)的工具。

学术界对资本主导模式的批评主要围绕两种类型的资本下乡展开：一种是依托增减挂钩政策参与乡村建设的商业资本，一种是依托土地流转政策参与农业规模经营的产业资本。周飞舟、王绍琛(2015)认为，农民上楼实质上是农民以价格低廉的居住用地为城市扩张续航，农民对国家的贡献由粮食和税收转向了宅基地，商业资本与地方政府一起成了级差地租的剩余索取者。学者更忧心的是产业资本下乡进行土地流转会摧毁留在农村的中坚力量，与“新中农”争地，剥夺他们依靠耕种获得体面生活的权利(杜园园，2015)；逐利的资本并不注重农业的经济价值，而看重的主要是土地价值(赵祥云、赵晓峰，2016)，甚至只是为了获得政府补贴。在乡村建设中，资本总是被视作外在力量与乡村隔绝甚至对立起来，因而也无法推动乡村持续发展。

梳理文献发现，围绕政府主导或资本主导模式的批评，都有一个基本的出发点，即农民在乡村建设中被边缘化，政府、资本与农民之间的利益分配失衡。贺雪峰(2017)发出乡村建设谁是主体的呼声，认为政府打造示范点不可持续、依靠城市中产阶级的乡村建设过于危险，应为了农民进行保底的乡村建设。陈锡文(2018)指出，巨大的人口规模导致中国大量农村人口无法进入城市生活，作为这些人生活和生产空间的乡村不应走向衰败，这为乡村建设应当为了农民提供了佐证。但是，为了农民是否意味着应当由农民来主导乡村建设，答案也存在争议。

高帆(2007)提出新农村建设的主体应当是专业化、知识化、市场化和组织化的新型农民，因为分散的传统小农缺乏能力，很难推动乡村建设，以农民为主体的重要前提是农民合作。实践中，以农民合作组织为主体的新农村建设也面临诸多困境。周应恒、胡凌啸(2016)认为，中国农民很难通过“弱者的联合”走出一条农民自主的乡村建设路径。对其背后的原因进行剖析，一种观点认为，农民内生型的乡村建设很大程度上依赖于乡村能人的带领，可能陷入个人主义与家长式管理模式中（丁国胜等，2016），又或者异化为私人企业或合伙企业（孔祥智、郭艳芹，2006）；另一种观点认为，农民专业合作社反而成了政府部门、资本与大农联合起来“吃小农”的工具（仝志辉、温铁军，2009）。可见，以农民为主体的乡村建设并非看上去那么美好。

面对乡村建设的困境，一些学者主张多元主体共建，认为政府、资本与农民多元合作是弥补单一乡村建设模式缺陷的有效选择（陈锐等，2016），但共建必然要求共享，没有共享，共建就不能持续，而共享需要共治作为保障。党的十八大以来，习近平总书记对“共建共治共享”作了一系列重要论述，但学术界偏重从社会治理角度进行宏大阐释（夏锦文，2018；周进萍，2018），将其应用于乡村建设的研究成果还不多见。有鉴于此，我们提出应以习近平“共建共治共享”社会治理理论引领乡村建设，乡村建设应以增进农民福祉为导向，通过构建一套可操作的共建共治共享机制，走出乡村普遍存在的要素流失、农民主体缺位、内生动力不足以及政府或资本单边主导引致利益失衡、矛盾冲突的困境。

二 “共建共治共享”社会治理理论阐释

（一）“共建共治共享”的内涵及相互关系

党的十八届五中全会上，习近平总书记把共享发展作为五大新发展理念之一，强调“坚持共享发展，必须坚持发展为了人民、发展依靠人民、发展成果由人民共享，作出更有效的制度安排，使全体人民在共建共享发展中有更多获得感，增强发展动力，增进人民团结，朝着共同富裕方向稳步前进。”[①]之后，他在省部级主要领导干部专题研讨班上，从全民共享、全面共享、共建共享、渐进共享四个方面对共享发展的内涵进行了阐述，指出“共建才能共享，共建的过程也是共享的过程。要充分发扬民主，广泛汇聚民智，最大激发民力，形成人人参与、人人尽力、人人都有成就感的生动局面。”[②]这时虽然没有明确提出共治的概念，但实际上已经揭示了“共建共治共享”的内涵及相互关系。共建的要义在于发展依靠人民、团结人民，共治的要义在于有效的制度安排，共享的要义在于发展为了人民、发展成果由人民共享、最终奔向共同富裕；共享发展内含了共建、共治之义，共建是共治共享的前提，共治是共建共享的保障，共享是共建共治的目的。习近平总书记还用做大“蛋糕”与分好“蛋糕”形象地阐述“共建共治共享”的辩证关系。通过共建做大“蛋糕”的同时，也要分好“蛋糕”共享发展，但分好“蛋糕”是一门大学问，弄不好会造成新的平均主义“大锅饭”，使原有的“蛋糕”不能做得更大，可分的“蛋糕”越来越小。[③] 他这里讲的就是通过共治保障共建共享可持续的重要性，发扬民主、汇聚民智，让参与共建的人共同科学制定“蛋糕”的分配规则，无疑是分好“蛋糕”的重要保障。因此，共享发展是内含了共治之义的，没有共治就不可能分好“蛋糕”。到了党的十九大，习近平总书记进一步把包括共享在内的五大新发展理念升华为新时代坚持和发展中国特色社会主义的基本方略，并在论

---

① 新华社.中国共产党第十八届中央委员会第五次全体会议公报[J].求是，2015(21).

② 习近平.习近平在省部级主要领导干部学习贯彻党的十八届五中全会精神专题研讨班上的讲话[N].人民日报，2016.5.10.

③ 习近平.切实把思想统一到党的十八届三中全会精神上来[N].人民日报，2014.1.1.

及社会治理时正式明确了“共建共治共享”的概念，提出“打造共建共治共享的社会治理格局”。必须强调指出的是，他虽然在论及社会治理时正式提出“共建共治共享”的概念，但不应因此将其囿于社会治理问题的分析，“共建共治共享”是习近平新时代中国特色社会主义思想的重要组成部分，因而是新时代中国特色社会主义各项事业开展的重要指引。

（二）“共建共治共享”的理论意蕴

习近平“共建共治共享”社会治理理论，既一脉相承又与时俱进地创新发展了中国特色社会主义理论。一是创新发展了社会主义本质理论。共享发展是马克思主义创立以来贯穿始终的逻辑主线。马克思指出：在未来的社会主义社会中，“社会生产力的发展将如此迅速，……生产将以所有人的富裕为目的”。[①] 恩格斯也指出：共产主义能够“结束牺牲一些人的利益来满足另一些人的需要的状况；……所有人共同享受大家创造出来的福利”。[②] 列宁、毛泽东、邓小平在社会主义革命与建设实践中都秉持了共享发展的根本立场。面对新时代社会结构分化、利益主体多元化、社会主要矛盾深刻变化的复杂现实，习近平“共建共治共享”社会治理理论不仅重申毫不动摇坚持共享发展这一社会主义根本立场，而且明确指出“共享发展是社会主义的本质要求”，既强调最终奔向共同富裕，又强调立足国情渐进共享。因此，现阶段的共享发展要基于贡献与能力原则以及对弱势群体的人文关怀构建起多元主体的利益共同体，通过合理的收益分配，让参与共

① 马克思恩格斯全集(第46卷下)[M].北京：人民出版社，1980：222.

② 马克思恩格斯文集(第1卷)[M].北京：人民出版社，2009：689.

建的各方公平分享发展成果。二是创新发展了社会主义生产力理论。共享发展的程度首先取决于生产力的发展水平,高质量的共享发展必定以先进的生产力发展为前提。但怎样促进生产力的高度发展呢?习近平的答案是“共建”,发展要依靠人民、团结人民、汇聚民智,广泛调动社会各方力量,以此推动生产方式改进、生产技术革新以及资源合理配置,从而科学回答了如何不断厚植共享发展的物质基础。三是创新发展了社会主义治理理论。共享发展的程度还取决于生产关系调整及具体的分配与治理制度。新中国 70 年的实践表明,在确定“蛋糕”的分配规则以及利益协调过程中,由政府、市场和社会任何一方单边主导都不可避免地会陷入治理失灵。习近平“共建共治共享”社会治理理论,一方面吸收了西方治理理论的精华,强调改变过去政府决策“一言堂”、管理自上而下、做事大包大揽的状况,注重“民主协商、社会协同、公众参与”,把市场与社会力量从治理边缘纳入治理格局中,找出市场成功与社会进步的交汇点创造共享价值(Schmitt,2014),充分发挥市场与社会的治理作用;另一方面又没有照搬西方治理理论,而是结合中国传统治理文化和当代治理实践进行了创造性发展,体现了“中国特色”。按照《现代汉语词典(第 7 版)》的解释,“治理”有两层含义:一是指“统治、管理”之义,如治理国家;二是指“处理、整修”之义,如治理淮河。但在古汉语中,“治理”一词的含义丰富得多,既有“治”字内含的国家安定或太平之义,如“四海归仁,众志成城,天下治理”,也有“理”字内含的按照事务纹理或规律办理的“善治”之义,如“圣人之治理也,安其居,乐其业,至老不相攻伐,可谓善理者不师也”。这即是说,只要把握住人民安居乐业的治理规律,就不会发生矛盾纠纷,就能实现国家安定,自然也就不需要依赖军队这种国家机器了。习近平“共建共治共享”社会治理理论,没有拘泥于治理谈治理,而是在把握社会治理客观规律的基础上将“共建共享”纳入治理框架，与“共治”形成相辅相成之势，实现了对中国传统治理文化的扬弃。此外，与西方治理理论“去权威主义”的政治倾向根本不同，习近平“共建共治共享”社会治理理论特别强调“党委领导”。纵观全球，除了中国共产党，还没有哪一个国家的政党可以始终做到全心全意为人民服务。因此，坚持党在社会治理中的领导作用，因其没有任何私利能够克服西方单边治理模式下利益失衡、矛盾冲突的问题，又因其领导作用能够治愈西方多中心治理模式下效率低、好事办不成的顽疾。

三 乡村共建共治共享的必要性与实现条件

习近平“共建共治共享”社会治理理论，为破解乡村普遍存在的要素流失、农民主体缺位、内生动力不足以及政府或资本单边主导引致利益失衡、矛盾冲突的困境提供了新思路。本部分运用马克思主义政治经济学原理，基于乡村建设的本质即乡村生产力与生产关系的矛盾运动，分析共建共治共享路径相比于政府主导、资本主导与农民自主三种路径的优势，从理论上揭示乡村共建共治共享的必要性，最后讨论乡村共建共治共享路径的实现条件。

（一）乡村共建共治共享的必要性

1. 共建是推进乡村生产方式变革的客观要求

产业兴旺是乡村建设的重点，但反观一下城市与乡村的生产方式不难发现，城市的市场主体是高度组织化、专业化、社会化的企业，而乡村的市场主体是高度分散的农民，且缺乏完备的社会服务体系为其提供资金、技术与人才等支撑，在市场经济的给定条件下，高度分散的农民与高度组织化、专业化、社会化的企业竞争，结果不言而喻（王朝科、王宝珠，2018）。因此，农民自主路径通常难以克服产业发展的局限性。政府主导路径因政府官员对风险的厌恶、刻板、官僚、频繁换届等特性，使得产业发展的创新性与灵活性不足、稳定性与可持续性不强，多数政绩工程只能红火一时；资本主导路径虽然在产业发展上具有明显优势，但因其逐利本性可能导致产业过度商业化甚至炒地炒房的问题。共建共治共享路径强调发挥多元主体作用，通过优势互补共建乡村。既能立足小农作为中国农业经营基础的现实（陈锡文，2019），发挥农民在农业生产环节的成本与经营优势，又能发挥政府的政策引导与规制作用，通过政策引导提升农民的组织化、专业化与社会化程度，健全资本下乡的规制，激励、约束与监督并重，一方面抑制资本张力风险，另一方面发挥新型农业经营主体在技术、资金、品牌和市场等方面的优势，通过生产规模化与服务规模化提升农业规模报酬（刘守英，2019），通过农业供给结构调整、产业链延伸和融合发展提升产业附加值，从而实现乡村产业兴旺。生产方式变革必然推动生活方式相应调整。建设生态宜居的美丽乡村是一项系统工程，牵涉面广，所需资金数额大，由政府、资本或农民任何一方投资都力所不逮，客观上要求建立起多元主体共同投入和建设的机制。生态环境是吸引城市资本与人才下乡的最大优势，也是满足农民日益增长的美好生态需求的重要本底，但因生态环境的“外部性”以及资本的逐利性，在乡村建设过程中很容易遭到破坏，需要社会各方合力保护。

2. 共治是共建通往共享、共享促进共建的重要保障

在乡村治理层面，农民自主路径通常会陷入两难困境，要么因有能人治理而陷入个人主义或家长式管理的泥潭，要么因缺乏治理主体而各自为战，导致“公地悲剧”。广州小洲村曾因区位和生态优势吸引了大批艺术家入驻，一时兴旺发达，但因缺乏有效治理主体，农民私搭乱建、肆意涨租，最终导致租户外迁、乡村衰落。政府或资本主导路径，通常遵循弱肉强食的“森林法则”，在权力或资本强势方的主导下形成单边治理权威，由其实施自上而下的单向控制，包括规则制定、决策与收益分配等，其他利益相关者只是其实现自身利益最大化的工具而已。这种单边治理模式，必然因利益失衡引致不同主体间的矛盾冲突而陷入非合作困境。近年来，学术界在反思单边治理缺陷的基础上，提出了多中心治理、协同治理等理论，试图打破一元主导的治理缺陷，融入多元力量，通过结构性力量整合，将政府、市场和社会联结成一个“共同体”，在民主协商和权力制衡的原则下，采取对话、妥协与合作等方式，界定各主体的权责利边界，调和各主体的利益矛盾，发挥各主体的资源优势，在各主体间最大限度地达成共识，采取一致行动共治公共事务，实现共生发展（王名等，2014；陈晓春、肖雪，2018）；在微观领域，长期奉行的“股东利益至上主义”遭到摒弃，利益相关者共同治理理论受到追捧，强调让利益相关者参与公司治理，维护利益相关者的权益。共建共治共享路径在坚持党委领导前提下，深刻把握治理规律，吸收西方先进的治理理论，不仅重视调动多元主体的积极性，共同参与乡村建设，而且强调从单边治理走向共同治理，支持利益相关者参与乡村治理，通过制度保障多元主体能够基于能力与贡献原则以及人文关怀平衡利益关系，从而实现共享发展，并通过共享促进共建持续开展。

3. 共享是乡村生产关系调整的根本目标

在传统二元制度管制下，乡村是个封闭、稳态的社会，虽然受到贫穷的困扰，但乡村内部的利益关系相对纯净；建设美丽乡村，乡村必然由封闭走向开放，政府出于政绩、资本出于利润目的以各种方式介入乡村，在产权与市场残缺的背景下，乡村极可能沦为各地政府表演政绩或各路资本追逐利润的场所，政府、资本与农民之间的利益关系趋于复杂化，农民利益可能受到侵害。事实上，这种状况近年来已经出现，资本排斥农民、官员寻租或与资本合谋侵犯农民利益的事件常有报道，农民坐地涨租、"敲竹杠"侵犯资本利益的现象也有发生。因此，乡村生产关系的调整应以共享发展为根本目标，通过制度的适应性变革，处理好政府、资本与农民之间的利益关系。利益关系处理得好，可以反过来调动资本投入乡村建设的积极性，更好地促进乡村共建，二者相辅相成；利益关系处理得好，也才有可能真正实现共治，让相关利益主体和谐共生。现阶段，首先要毫不动摇坚持农民土地集体所有制，这是乡村共享发展的基本保障；其次要充分发挥市场配置资源的决定性作用，市场不仅仅意味着经济的富足与效率，而且意味着社会福利和公共利益的增进(Lowi，1979)，"作为一门学科，经济学之所以享有盛名，主要在于它能说明在市场环境下，受个人利益支配而行动的人们结果怎样促进了公共利益"(凯尔曼，1990)。可见，让市场充分发挥作用，既是厚植共享发展物质基础的必要条件，更是提升共享发展质量的重要途径。在给定生产力水平低下和市场发育不完善的乡村建设初始条件下，共建共治共享路径既坚持共同富裕的终极目标，避免农民自主路径下的两极分化以及政府或资本主导路径下的利益失衡问题，又强调渐进共享的原则，承认共享发展会经历一个从低层次到高层次、从不均衡到均衡的过程，乡村建设成果的分享应兼顾参与者的贡献与能力差异以及对弱势群体的人文关怀，从而避免不切实际的理想主义。总之，农民富裕和多元主体共享发展的程度，应成为衡量乡村建设成败的最终标志。

（二）乡村共建共治共享的实现条件

1. 城市化的高度发展

只有城市化发展到一定高度，市民实现了消费升级，乡村的生态、文化和美学价值才能凸显起来，才能通过产业融合提升农业附加值，城市资本才有动力入乡投资，乡村的空心化问题才能得以缓解，农民也才有条件通过市民入乡消费获取更多收益。那种认为乡村应该是麦田守望者的乡村，并对通过发展乡村旅游、田园综合体振兴乡村的做法持排斥态度的认识（沈端锋、王孝琦，2018）是狭隘的。只要坚持共建共治共享，处理好政府、资本与农民的利益关系，乡村可以成为城乡人民共同的美好家园，二者并不是绝对矛盾的。

对于城市化可以辐射到的乡村，只要坚持共建共治共享，就可以充分发挥市场配置资源的决定性作用，减少政府财政支农的投入，以市场方式推动乡村建设；对于城市化辐射不到的乡村，政府只有通过转移支付进行保底建设。显然，城市化水平越高，以市场方式振兴的乡村越多，政府节约的财力越多，就越有能力支持城市化辐射不到的乡村建设。贺雪峰（2017）主张，乡村建设的重点是通过国家转移支付为一般农业地区农民提供基本生产生活秩序的保底。但设想一下，如果没有城市化的高度发展，国家怎么会有雄厚的财力支农？把财政资金像胡椒面一样撒在全国 60 多万个行政村里会是怎样的效果？因此，现阶段实施乡村建设行动，关键是抓住城市化带动消费升级的历史机遇，让城市化辐射到的乡村以市场方式率先振兴起来，减轻国家财政支农负担，同时把节约的财力转移支付给城市化辐射不到的乡村进行保底建设。

2. 城乡融合体制与新型地权制度

让城市化辐射到的乡村以市场方式振兴起来，基本的制度需求是，通过要素市场改革，促进生产要素城乡顺畅配置与流动，实现城乡平等发展（刘守英、熊雪锋，2018）。目前，由于土地制度改革滞后，农民缺乏对土地的完整产权，市场作用发挥不了，剥夺了农民的可行能力，农民无法利用闲置建设用地发展二、三产业增加非农收入，城市资本也无法入乡投资，造成生产要素只能从乡村向城市单向流动，这是乡村衰退的重要原因。在土地、财政和金融“三位一体”城市化模式（周飞舟、王绍琛，2015）以及地权残缺的背景下，城市资本受逐利性驱动以各种扭曲方式进入乡村，并和基层政府合谋捕获土地价值，农民缺乏以受法律保护的产权进行对抗的能力。可见，出于保护农民限制农地入市的好意，反倒在现实中演化为农民利益受损的结果。地权残缺是利益失衡的制度根源，不变革地权制度，农民主体地位难以落实，共建共治共享机制难以形成。因此，应当顺应城乡结构变迁、农民分化及乡村多功能转型的发展趋势，加快破除城乡分割的体制机制，健全城乡融合发展的体制机制和政策体系，同时相应地建构一种兼顾保障性与财产性功能的新型地权制度。一方面允许包括宅基地在内的农村土地有序入市，充分发挥市场配置资源的作用，促进乡村生产力发展；另一方面完善土地增值收益分配机制，通过对入市土地收取一定比例的费用，同步建立农民社会保障基金，逐步形成涵盖失业保险、养老保险、医疗保险和住房保障等门类齐全的城乡一体社会保障体系，不让农民进城失败后流离失所，守住社会稳定与公平的底线。

四 乡村共建共治共享的实践创新

乡村共建共治共享路径并非理论空想，已有一定的实践基础。近年来，一些地方（如浙江鲁家村、四川明月村等）在实践中摸索出“三统三共”（统一规划、统一品牌、统一平台，三方共同建设、共同经营、共享资源）、“共建共治共享”的新机制，虽不够完善，但已显示出较好的效果，这为开展理论研究提供了经验支撑。本部分以明月村、鲁家村为例，意在阐明普通乡村在特定的经济与制度条件下通过共建共治共享走上振兴之路的现实可行性。

（一）明月村共建共治共享的实践创新

1. 明月村的发展历程

明月村位于四川省蒲江县西北角，辖区面积 6.8 平方公里，共有 15 个村民小组、723 户、2 218 人。2009 年以前是市级贫困村，主要以种植玉米、水稻等粮食作物为主，农民收入以农业为主，年人均可支配收入不足 4 000 元，村集体经济也十分薄弱。但是，到 2017 年年底，明月村已经实现了农民年人均可支配收入 20 327 元，入驻了 100 多位艺术家和乡村创客，形成了农业、文创和旅游业融合发展态势，走上了振兴之路。

明月村发展大致分为三个阶段。2007 至 2009 年为脱贫阶段：

在能人示范与政府助推下，以市场需求为导向，通过土地整理和农业种植结构调整，改善了农业耕种条件，建设了 2 000 亩茶园和 6 000 亩雷竹园，提升了农业的经营收益，2009 年人均可支配收入达到 4 772 元，摘掉了市级贫困村的帽子。2010 至 2014 年为变美阶段：在政府引导和农民参与下，借助增减挂钩和建设用地指标交易政策，引入 6 000 多万元社会资本投入乡村建设。通过乡村建设，明月村的空间形态得到美化，生态优势更加明显，用地结构趋于合理，显著改善了农民的住房条件。2015 至 2018 年为致富阶段：以修复明月窑为契机，通过深入挖掘乡村价值，吸引城市资本与人才入乡，发展生态农业、文化创意产业与乡村旅游业，实现了产业融合发展，形成了资本带动、政府推动、农民行动的生动局面。目前，明月村已引进项目 46 个，投资额达 2 亿多元，形成了包括陶艺、民宿、印染、酒店、餐饮、旅游等在内的较为完整的产业链；成立了乡村旅游专业合作社，自营项目 6 个，开发旅游产品 10 余种，营业收入达到 600 多万元，实现净利润 20 多万元，壮大了集体经济；农民创业项目 27 户，主要是利用闲置宅基地进行包括餐饮、民宿、陶艺和印染等开发经营。随着明月村

图 7－1　明月村的“新村民”

的发展,外出务工的农民越来越少,临时工的工资已达到150—200元/天。农民的收入来源日益多样化,除农业收入外,工资性、财产性和经营性收入开始增长。

2. 明月村共建共治共享的机制分析

(1) 共建机制分析

明月村发展的初始条件与大多数乡村一样,农业凋敝,青壮年外出务工,留守乡村的多为老弱病残者,谁来承担乡村建设的任务呢?明月村没有盲目排斥或崇拜外来力量,而是针对不同发展阶段面临的矛盾,因时制宜发挥了各类主体的作用。第一阶段面临的矛盾是农业生产落后无法让农民摆脱贫困,这时能人带动与政府助推起了关键作用。早在2001年,现任村民委员会主任就在朋友的帮助下从浙江引进雷竹种植,也有被周边茶园雇佣务工的少数农民意识到种茶收益较好,开始在自己的土地上种植茶叶。在能人带动下,一部分头脑灵活的农民开始跟着种植茶叶和雷竹。政府洞察到种植茶叶和雷竹的市场前景,利用扶贫资金促进农业种植结构调整,同时通过土地整理改善农业耕种条件,从而帮助明月村迅速摆脱了贫困。第二阶段面临的矛盾是依靠农民自身积累很难在短时间内改善住房条件,政府因财政薄弱也无力直接投资,于是通过土地政策创新调动资本投资积极性,引来6 000多万元社会资本。通过政府引导、资本运营和农民参与,快速完成了美丽乡村建设。第三阶段面临的矛盾是农民寻求更大幅度的收入增长,明月村通过挖掘乡村价值,吸引资本与人才入乡,发展生态农业、文化创意产业和乡村旅游业,实现了产业融合发展,大幅度提升了产业回报率。资本与人才的专业性弥补了农民非农产业经营能力的不足,使农民通过“干中学”掌握了从产业融合发展中获取更高收入的能力。随着生活条件的改善,农民生态保护的意识开始增强。在政府引导下，明月村持续开展了最美庭院评选活动、“七改七化”活动、晨跑捡垃圾活动，建立了环境治理考评机制，以政府购买服务方式按1名/3公里的标准配置了保洁员，以市场化运营方式实现了畜禽粪污与废旧秸秆综合利用率98%、农膜果袋回收利用率96%，还引入奥北环保公司用经济激励的方式引导农民参与垃圾分类回收。总体来看，明月村的发展，无论是产业发展、乡村建设还是生态保护，都充分体现了多元主体共建的作用。

（2）共治机制分析

由于蒲江县财政薄弱，政府无力对明月村大包大揽，除在原本的支农惠农政策体系内给予必要的公共品供给以及积极争取项目外，更多的是在管理、服务与监管上下功夫。在第一阶段，政府助推明月村实现了茶和雷竹的连片耕种，但没有按当时的潮流强迫农民大规模流转土地给农业龙头企业，这为之后农民依靠农业增收奠定了基础，对农民意愿的尊重也意味着政府开始有意识地改变单边治理的方式。在第二阶段，伴随着资本下乡，政府对乡村的治理方式从直接干预转向间接规制，治理重心集中在两个方面：一是成立土地整治工作领导小组，主动改变官僚作风，通过强化组织保障、简化审批流程、专人跟踪服务等措施，为社会资本参与土地整治营造良好投资环境；二是健全农民权利保障与资本张力规制机制，对土地整治涉及的宅基地复垦还耕、旧房拆除补偿、新居规划建设、基础设施与公共服务配置等标准，以及农民的知情权、决策权、监督权与收益权等进行了详细规定，并对项目实施与验收严格监管。土地整治的具体事务，则由资本与农户平等协商，充分发挥了村民自治的作用。在该阶段，村民议事会、监事会、乡贤理事会等新型自治性组织逐步建立起来，农民民主议事的能力得到提升，合法权益得到有效维护，资本张力受到必要抑制，从而保障土地整治取得了良好效果。在第三阶段，政府顺应乡村开放发展的趋势，进一步转变治理方式。一是成立项目小组，派驻专业人士代表政府协助明月村引进产业项目、协调项目推进、指导编制乡村发展规划、提供乡村经营专业建议。二是引导明月村建立新型乡村治理机制，自治、法治与德治相结合，通过村干部“六不准”约束权力行使，通过村规民约引导村民自治，通过政府购买服务支持社会组织提供文化治理。在政府引导下，明月村形成了以园区党委领导为核心，以村党总支、村文创党支部与村旅游合作社党支部为主干，包含 16 家基层自治组织、村民自组织、社会组织和经济组织参与的多元共治格局（如图 7－2）。在该阶段，农民的契约与法治意识得到增强，“新村民”与农民的关系更加融洽。明月村多元共治格局的形成，是财政薄弱约束条件下政府转变治理方式的积极尝试，

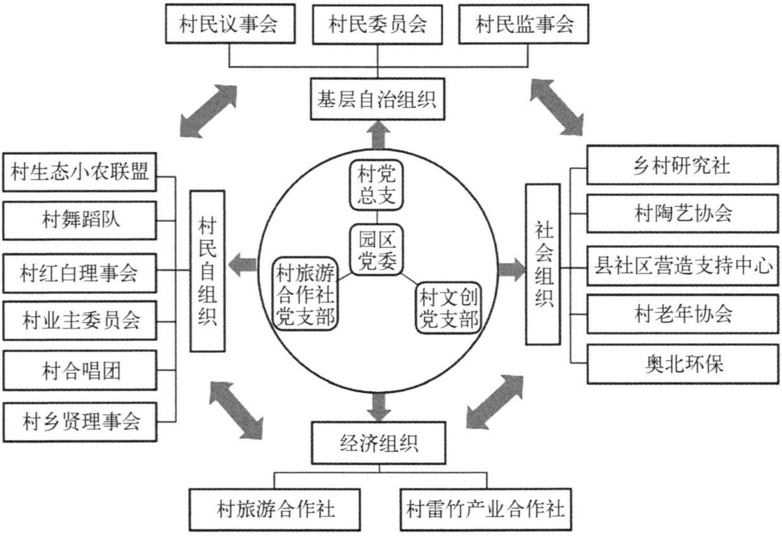

图 7－2　明月村的多元共治格局

政府不但要勇于自我革命、下放权力和约束权力，给农民、市场和社会让渡出参与治理的空间，而且要善于把握乡村发展的阶段性矛盾加以智慧引导。明月村通过多元共治，建立了政府权力约束、农民权益保障和资本张力规制机制，避免了单边治理中利益失衡、矛盾冲突的问题，为多元主体持续共建和共享发展提供了重要保障。

(3) 共享机制分析

资本下乡饱受诟病的一个重要原因是，在给予农民补偿和安置后，把农民与产业发展、土地增值、生态保育隔绝开来，农民享受不到产业发展、土地增值、生态保育的收益。明月村在发展中不仅坚持维护农民权益的原则，而且想法让农民从产业发展、土地增值、生态保育中合理分享收益。在土地收益共享上，明月村通过建设用地指标交易，显化了宅基地价值，农民基本没出钱就住上了新房，社区配置了27项公共设施，享受到了与城镇居民基本同质的生活条件。农房的规划设计独具匠心，主客房在空间上适度隔离，便于农民在乡村民宿与旅游业发展起来后接待游客。明月村没有把建设用地指标全部卖掉，预留了5%用于保障集体经济发展。随着产业发展，土地价值必然进一步显化，农民可望享受到土地增值带来的红利。在产业收益共享上，明月村刻意按照“插花式”布局产业项目与农民居住点，促进“新村民”与农民的产业融合，让农民在农业、文创和旅游产业发展中享受实惠。明月村还鼓励“新村民”通过农民夜校、三大产业综合服务室、关心下一代工作站、老年学习辅导站等方式，向农民传授知识技术，提升农民的人力资本价值，引导农民改变生活习惯与生产方式。在资本带动和政府推动下，农民的主体意识大大增强，成立了乡村旅游合作社和雷竹产业合作社，搭建了农民创业微村落平台，有27户农民开始模仿“新村民”自主创业。随着文创和旅游产业的发展，农产品的附加值得到提升，如雷竹笋每斤价格从3元涨到了5元，仅2018年全村雷竹笋收入就达2 000多万元，农民伴随着资本与人才下乡不断增收致富。明月村乡村旅游合作社的分配机制设计也独具匠心，由村集体、农民和政府分别出资三分之一，入股合作社。合作社产生的可分配利润，村集体、入股农民各占三分之一，政府分红部分留给合作社用于经营发展。在生态收益共享上，“新村民”与返乡创业的大学生共同投资发展生态农业，利用艺术家的“粉丝”流量营销生态产品，有效提升了“蒲江丑柑”的品牌价值。总体来看，明月村围绕共享机制进行了有益探索，较好平衡了村集体、农民、资本和政府的利益关系，为多元主体持续共建共治提供了原始动力。

3. 明月村共建共治共享的条件分析

明月村能够通过共建共治共享走上振兴之路，离不开特定的经济与制度条件。一是成都市的城市化已达到一定高度，明月村有条件通过产业融合发展从市民消费中获取更多收益。该案例表明，“城市消费主义主导的乡村振兴”（沈端锋、王孝琦，2018）并不必然导致农民利益受损，农民对从市民消费中获取收益乐此不疲。在有效治理和政府引导下，“新村民”能担当起改造农民的任务，农民也是愿意接受城市先进知识、先进生产生活方式改造的（如越来越多的农民参与“新村民”倡导的晨跑捡垃圾活动），农民能和下乡的“新村民”和睦相处，农民能通过“干中学”逐步强大起来并成为乡村建设的重要主体。因此，应坚持乡村振兴与城市化战略协同推进（黄祖辉，2018），不应把二者割裂或孤立开来实施。二是成都长达10多年的统筹城乡综合配套改革，为明月村盘活土地资源吸引资本下乡发展文创和旅游业提供了制度条件。无论是对种植结构调整起支撑作用的土地整理、乡村建设依托的建设用地指标交易，还是盘活闲置宅院为产业项目提供保障，都是统筹城乡改革的制度成果。近年来，成都采取类似明月村的做法走上振兴之路的乡村日益增多，这极大改善了成都的城乡关系。据《中国统计年鉴》数据测算，2018 年成都城乡居民收入比缩小到 1.9∶1，在全国超（特）大城市中，是自 2008 年以来城乡差距缩小幅度最大的城市。因此，破除城乡二元体制，深化乡村地权制度改革，实现生产要素在城乡之间双向流动和平等交换，增强农民的可行能力，是乡村建设的产权制度基础。

4. 明月村的明天：能否持续发展

2019 年，明月村进入了新的发展阶段，代表政府的项目小组已撤出明月村，明月村今后将在市场调节下，通过“新村民”与农民的融合互动自行生长。在政府退出的情况下，明月村的持续发展尚待实践检验。一是依靠临时契约而非长久的土地产权制度安排，使明月村的未来面临不确定性。明月村引进的产业项目多数通过租赁农民宅院加以改造后使用，租赁期为 10—20 年不等。以租赁方式临时使用农民宅院，存在契约的不稳定性缺点，无法充分保障资本权益。当违约收益大于成本时，农民很可能收回宅院或坐地涨租，导致“新村民”不敢长久投资。若土地制度改革不能及时跟进，“新村民”离开明月村的可能性较大。二是农民发展农业与第三产业具有一定的资本依附性。近年来，茶和雷竹产业发展效果好，经营餐饮、民宿等也增加了非农收入，是因为“新村民”都有一定的社会地位及追随者，他们的进入为乡村带来人气，提升了农产品附加值和第三产业消费需求。但这种依附式的发展对明月村来说是危险的，倘若土地产权问题得不到妥善解决、“新村民”撤出，农民可能难以推动文创和旅游业以及农业持续发展。三是共建共治共享机制不够完善，如乡村生态农业供给与城市需求的匹配度不高，农业科技创新动力不足，绿水青山向金山银山的转化渠道不畅，农民在多元共治格局中的主体性与话语权不强，“新村民”与农民共享发展成果的办法不多。因此，明月村的可持续发展，需要推动农民持续觉醒，不断增强农民的主体性和内生能力；需要健全城乡融合发展体制，深化乡村地权制度改革，实行更长久、更充分的土地产权安排；需要完善共建共治共享机制，推动“新村民”真正融入和扎根乡村。

（二）鲁家村共建共治共享的实践创新

2008 年，安吉县在浙江省率先提出“中国美丽乡村”建设，计划用 10 年时间，把全县建制村建成“村村优美、家家创业、处处和谐、人人幸福”的美丽乡村。在此背景下，鲁家村开始了美丽乡村建设之路。

1. 鲁家村简介

鲁家村地处浙江省湖州市安吉县城郊，距离县城 5 公里，地理位置优越，交通便利。鲁家村辖区面积 16.7 平方公里，共有 16 个村民小组、610 户、2 200 人。2011 年以前，鲁家村村民以外出务工

图 7-3　鲁家村印象

和从事种养殖业为主，村庄青壮年劳动力较少，产业结构单一，村民人均收入不足 2 万元，村集体负债 150 万元，是一个名副其实的空壳村。早期鲁家村村庄环境脏乱差，河道污染严重，村庄道路崎岖不平，没有名人故居、风景名胜和特色产业。2011 年，鲁家村启动了美丽乡村建设工程，在朱仁斌书记和村班子的努力下，鲁家村开始着手改变现状，整治人居环境。之后，村领导班子意识到实现乡村振兴仅靠提升人居环境是远远不够的，从而开始培育和发展自己的优势产业。

2. 鲁家村的建设历程

鲁家村的发展主要分为三个阶段。第一阶段：2011—2013 年，美丽乡村建设项目整治阶段。2011 年，朱仁斌当选为鲁家村党支部书记。在新的领导班子带领下，鲁家村开始实施美丽乡村建设工程。通过村上贷款和以书记的工厂做担保筹集资金，进行全村的道路拓宽、农房外观整治、院墙整治、环境整治、基础设施建设等工作，进行人居环境整治和基础设施建设，提升村容村貌，为后续发展休闲农业和乡村旅游奠定了环境基础。

第二阶段：2013—2015 年，产业布局阶段。① 规划和建立家庭农场。2013 年村集体决定借助“田园综合体”发展村集体经济，乡贤投入 300 万委托专业公司做村庄规划。2014 年规划了 18 个家庭农场，搭建了“村党委＋企业＋特色家庭农场”组织经营模式，并于 2016 年完成了农场的招商引资，流转土地 8 000 亩，撬动 8 亿余元社会资本进入鲁家村发展。② 修建家庭农场和乡村旅游的配套设施。乡贤捐赠 300 万元、希望小学拍卖资金 188 万、美丽乡村项目考核奖励金 357 万、交通、水利、环保等农村项目建设资金 400 万、商业街商铺售卖资金 450 万，共计获得资金 1 700

多万元用于建设商业街、河道、木艺文化馆、10 公里绿道、4.5 公里村庄铁轨等。其中，与浙北灵峰旅游公司合作修建铁路，社会资本占 51%，村集体占 49%，后由于企业资金无法跟进，村集体买回全部股份，于 2015 年成立安吉乡土农业发展有限公司进行景区建设与管理。

第三阶段：2015—2019 年，田园综合体项目建设阶段。① 成立两山学院。2016 年，鲁家村成立两山学院，成为浙江省村干部的培训基地，学院通过培训和为各地提供美丽乡村建设咨询服务获得可观的营业收入。② 建设田园综合体。2017 年 7 月，鲁家村与周边三村组团建设“田园鲁家”田园综合体项目，形成一个总面积 55.9 平方公里的生态型农业园，被纳入全国首批 15 个田园综合体项目，获得省级美丽宜居村等多项荣誉。③ 民宿兴起。村民利用自家宅基地或者购买商业街商铺申请建设民宿，目前约 30 户。由村民自愿提出申请，自筹资金，严格按照一户一宅建设，村集体辅助做好房屋规划、消防审批、协调贷款等工作。

3. 鲁家村的建设成效

（1）集体经济发展迅速

2011 年鲁家村账户上只有 6 000 多元，负债高达 150 万元，集体资产不足 30 万元，集体经营性收入 1.8 万元。到 2018 年底，村集体资产增加到 2.5 亿元，集体经济收入达到 400 余万元。鲁家村通过经济的多元化转型发展，实现了从单一的经营收入向旅游业、教育培训业、规模农业并举的多样化拓展。目前，鲁家村的集体经济收入来源主要包括：各地来学习考察的项目讲解与经验分享按时收费、培训收费、场地租赁收费、小火车与电瓶车收费、运营管理模式推广收费、土地流转租金和股权分红等。

表 7-1　鲁家村集体经济发展情况(单位：万元)

年份	村集体资产	村集体经营性收入
2011	30	1.8
2016	335	286
2018	25 000	400

资料来源：课题组调研整理。

（2）农民增收效果显著

根据问卷统计，项目前鲁家村户均家庭可支配收入为 143 974 元，2018 年增长到 191 225 元，与项目前一年相比，可支配收入增长了约 33%。从收入结构看，项目前一年鲁家村村民的收入结构比较单一，主要是打工收入和农业收入。2018 年，鲁家村村民的主要收入分为四个部分：一是工资性收入，村内产业兴旺创造就业机会，吸纳劳动力，增加了工资性收入；二是经营性收入，部分村民返乡创业，发展民宿、超市、农场等，部分村民自主经营农家乐、农副产品、民宿及其他旅游相关周边产品；三是分红收入，村民成股民，村民股权从 2014 年的每股 375 元增长到每股 2.5 万元，增加了股份分红收入；四是租金收入，村民土地流转给集体，每年可拿 600—800 元/亩的租金。鲁家村景区全部建成并投入运营后，预计将产生 800 个以上就业岗位，每年可为村民带来 600 万元以上的收入。项目前鲁家村非农收入占比为 44.7%，2018 年非农收入占比提升到 55.4%，经营性收入比重由项目前的 5%提升到 8%。

（3）农村一、三产业融合深化

土地流转促进了农业的规模化经营，18 家家庭农场促进了农业产业化和现代化的发展。“两山学院”开展教育培训活动，推动了教育产业的发展，给村庄增加了集体经营性收入。田园经济、乡村游、农家乐、民宿产业等项目实施，推动了乡村旅游的发展，农村一三产业融合发展的效果开始凸显。

（4）村庄人居环境显著提升

“开门就是花园、全村都是景区”，村庄基础设施建设完善，村民生活更加便利。从生活用水来源看，鲁家村2011年绝大多数农户使用的还是井水，2018年由于村庄自来水工程的推进，村民都使用上了自来水；从村庄道路看，由土路变成柏油路；从污水处理与垃圾处理看，项目前村内没有污水处理站和垃圾处理站，现在村庄内都已经配备齐全；从文娱健身设施看，项目前村内文娱健身设施不太完备，目前文娱健身设施已经很完备了。

（5）土地资源价值得到显化

项目前，鲁家村村民以外出务工为主，存在着严重的承包地抛荒撂荒、宅基地与农宅闲置的现象。同时，村庄的集体承包山、未利用地利用效率低下，只是作为一种资源存在着，而不能成为获得经营收入的资产。2011年后，鲁家村通过规划18家家庭农场将村民的承包地进行流转，村民获得租金，家庭农场规模化和产业化经营提高了土地效率。对于闲置宅基地，村集体鼓励村民发展民宿。同时，将村内的未利用地积极利用，建设商业街等项目，土地资源的价值得到显化。

4. 鲁家村建设的共建机制分析

鲁家村在美丽乡村建设中形成了“政府＋村集体＋乡贤＋社会资本”的多方共建机制，各主体承担着不同的角色，发挥了不同的作用。

（1）政府作用

在鲁家村的建设过程中，政府主要发挥了三方面的作用：一是进行政策引导和宏观规划；二是为村庄基础设施建设和产业发展项目提供资金支持；三是对村庄发展项目进行考核和监督。在政府支持下，鲁家村用足政策，获得大量项目资金。在人居环境提升阶段，鲁家村获得交通、水利、环保等农村项目建设资金共 400 万元。在产业布局阶段，鲁家村获得美丽乡村项目考核奖励金 357 万元。在田园综合体项目建设阶段，田园综合体项目获得 3 亿建设资金，70%用于本村发展，30%用于带动周边村庄的发展。政府大量政策性资金的投入使得鲁家村成功创建美丽乡村精品示范村落、1 条最美河道、最美村道、1 个木艺文化馆、修建了两山学院和小火车的村庄铁轨等。鲁家田园景区的建立和发展大大得益于政府项目资金的支持。

（2）村集体作用

在鲁家村的建设过程中，村集体发挥了重要作用。通过组织编制村庄发展规划，引导村民进行土地流转，助力村庄产业发展转型。农业规模化需要大量农用地的参与。进行土地确权，理顺土地产权关系，是促进土地资源向土地资本转化的前提。村集体与村民进行协商，将土地承包经营权收回到集体，减少了公司与农户的谈判成本。村集体共流转农地 8 000 亩，根据地理位置和土地肥沃程度的不同，每亩地按照 600—800 元的标准对农户支付租金。通过土地流转，不仅使被抛荒的土地得以重新利用，而且还给村民带来可观的收益。鲁家村在进行基础设施建设时，对村庄道路进行整修和拓宽，占用了部分承包地，按 300 元/平方米的标准对农户补偿。修建小火车村内轨道占用的承包地，按照 4.5 万/亩（包含 4 000 元青苗费）的标准对农户补偿，并调整了土地权属，土地性质仍为集体建设用地。为了释放宅基地的活力，村集体鼓励村民在自家宅基地上发展民宿和餐饮，目前鲁家村已有 30 家民宿在建，一家民宿和几家餐馆及小超市在营业，未来可为村民带来一定收益。鲁家村还通过“招拍挂”的方式以每亩 40 万—50 万元的价格出让了 27 亩集体经营性建设用地，出让年限为 40 年，用途为旅游用地，盘活了鲁家村的集体建设用地，为田园鲁家项目提供了用地保障，促进了乡村旅游发展。此外，鲁家村还通过加强基层干部队伍建设和吸引专业人才返乡创业为村庄发展提供人才支撑。村党支部书记朱仁斌动员年富力强、经商有道、富有家乡情怀的一批党员参选村干部。2011 年村两委干部平均年龄为 41.6 岁，到 2017 年换届结束，村两委七分之四的干部是 85 后年轻干部，对乡村建设抱有极大热情，显著增强了村集体的治理能力。随着鲁家村的品牌效应增长，吸引了一些专业人才返乡创业，截至 2018 年年底，鲁家村吸引包括大学生在内的各类专业人才回乡创业共计 100 多人。

(3) 乡贤与社会资本作用

在鲁家村的建设过程中，乡贤与社会资本也发挥了积极的作用。村党支部书记朱仁斌基于对家乡情感的认同，想改变村庄落后的面貌，以自家工厂为担保筹集资金，并拿出自有资金无息贷款给村集体进行乡村建设。同时，20 余位有着家乡情结的乡贤主动筹资 300 余万元，助力鲁家村筹建了 18 家具有特色差异的家庭农场。为解决鲁家村产业发展资金短缺和后续专业技术支持不足的困境，鲁家村利用平台思维进行资源整合，积极吸引社会资本参与乡村发展。在村党委主导下，村集体和社会资本联合成立了安吉乡土发展有限公司等三家公司，注册“鲁家”商标，搭建了“村＋公司＋家庭农场”组织经营模式，流转土地 8 000 亩，撬动 8 亿元社会资本进入鲁家村发展，初步形成了较为丰富的产业业态。

5. 鲁家村建设的共享机制分析

鲁家村在发展过程中建立了相对完善的多元主体共享机制，使得村集体、村民和投资者均获得相应的收益，调动了各方参与乡村建设的积极性。鲁家村的共享机制主要是合作分红机制，由村集体、家庭农场和旅游企业按照约定比例进行利益分配，村民则从村集体的收益中按股分红。村集体在 2014 年按照每人一股的办法向 2 200 名村民分配了股份，经过 5 年的发展，村民的股份增长到 2018 年底的 2.5 万元/股，股权价值达到 5 168.8 万元。农民可在村庄发展的基础上经营农家乐和民宿，生产和销售农副产品，获得更多收入。村集体的收入来源于家庭农场主的收入，农场主需要从自身收入中提取 3%—10%不等的利润纳入集体收入。农场主除了能够共享村里的基础设施，还可以依托旅游公司为其招揽游客。

五　结论与启示

本章的研究结论有三点：一是习近平“共建共治共享”社会治理理论，既一脉相承又与时俱进地创新发展了中国特色社会主义理论，是新时代中国特色社会主义各项事业（包括乡村建设）开展的重要指引。二是乡村建设的本质在于通过生产方式变革与生产关系调整，走出中国乡村普遍存在的要素流失、农民主体缺位、内生动力不足以及政府或资本单边主导引致利益失衡、矛盾冲突的困境。乡村建设应以习近平“共建共治共享”社会治理理论为指引，以增进农民福祉为导向，通过构建一套可操作的共建共治共享机制，走出当前中国乡村建设政府主导、资本主导与农民自主三种路径面临的现实困境。三是乡村建设的共建共治共享路径并非理论空想，有着一定的实践基础。随着城市化的高度发展以及城乡融合发展体制与新型地权制度的逐步形成，普通乡村通过共建共治共享走上振兴之路具有现实可行性。现阶段实施乡村建设行动，关键是抓住城市化带动消费升级的历史机遇，健全城乡融合体制，深化乡村地权制度改革，构建一套可操作的共建共治共享机制，让城市化辐射到的乡村以市场方式率先振兴起来，同时把节约的财力转移给城市化辐射不到的乡村进行保底建设。

本章蕴含的政策启示也有三点：一是坚持乡村振兴与新型城镇化战略协同推进，促进城市的高质量发展与居民消费结构持续升级，为乡村建设奠定更牢固的需求基础，以城市居民的需求拉动乡村产业的供给结构调整，实现乡村振兴与城市化相辅相成、相得益彰。二是加快健全城乡融合发展的体制机制，赋予乡村与城市平等的发展权，推进乡村地权制度与社会保障制度联动改革。一方面，允许包括宅基地在内的农村集体土地有序入市，使农民拥有更完整的土地产权，建构一种兼顾保障性与财产性功能的新型地权制度；另一方面，以完善入市土地收益分配机制联动社会保障制度改革，通过提取一定比例入市土地收益，同步建立农民社会保障基金，逐步形成涵盖失业、养老、医疗和住房保障等门类齐全的城乡一体社会保障体系。既充分发挥市场配置土地资源的作用，促进乡村社会生产力发展，又不让农民进城失败后流离失所，守住社会稳定与公平的底线。三是发挥政府的关键引领作用，形成多元主体共建共治共享机制。一方面，应优化乡村投资环境，吸引城市资本与人才向乡村流动，提升农民的人力资本价值，增强农民的主体意识和组织化程度，促进乡村一二三产业融合发展，实现多元主体共建乡村、共享发展成果；另一方面，应勇于自我革命、下放权力和约束权力，给农民、市场和社会让渡出参与治理的空间，依据乡村发展的阶段性矛盾，引导形成多元共治格局。通过共建共治共享，破解中国乡村普遍存在的要素流失、农民主体缺位、内生动力不足以及政府或资本单边主导引致利益失衡、矛盾冲突的困境，形成“共治保共享、共享促共建”的良性循环，最终实现农业强、农村美和农民富的目标。

第八章

新型地权制度与乡村共建共治共享机制设计

本章基于前文的分析研究，立足于新时代中国的人地关系变化与新型工农城乡关系的调整，以乡村的可持续发展与现代化为目标，系统地提出新型地权制度建构思路与乡村共建共治共享机制设计思路，期望为破解乡村建设面临的悖论及系列难题提供决策参考。

一　新型地权制度建构思路

（一）总体思路

1. 新型地权制度建构应符合演化规律

制度变迁是内生演化和人为设计共同作用的结果（田国强等，2018）。制度建构主义对人类的主观设计过于乐观，制度演化主义则片面强调自发秩序而轻视人的能动性，有效的制度变迁应是在符合演化规律基础上对人能动性的运用，或者说实现了内生演化与人为设计的融合。构建新型地权制度，关键在于对中国城乡结构与人地关系变迁规律的把握。新中国经过70多年的改革发展，已经从费孝通意义的“乡土社会”进入到“乡城社会”的后期阶段或者说刘守英意义的“城乡社会”早期阶段（刘守英等，2018）。在新的城乡发展阶段，农民分化的趋势明显，以地谋生固守乡土者有之，离开乡土进城务工者有之，离开城市返乡创业者也有之（姚树荣等，2021）。从职业来看，有虽为农民身份但完全不从事农业生产的农民，有虽非农民身份但实际在从事农业生产的新型农业经营主体，千百年来的“自耕农”

现象已经发生了很大变化，“耕者有其田”的耕者不再专指农民，制度创新应当响应拥有耕地而不耕作以及没有耕地而想耕作两类群体的人地分离矛盾；从收入看，富裕农民、中等收入农民、低收入农民在同一时空内并存，晏阳初眼中的农民认知——“愚贫弱私”在当今中国也已发生了很大变化；从代际看，老一代农民工离土出村但年老时仍选择回村，新生代农民工离土出村但年老时不再选择回村，农民“安土重迁”的观念不再那么根深蒂固；从趋势看，城市化是中国经济发展的主旋律，以土地和农业生产谋生的农户会愈来愈少，土地对农民生存和发展的保障功能会进一步削弱，农民对土地财产功能的诉求会进一步增强，将闲置宅基地转换成集体经营性建设用地或者通过复垦整治形成建设用地指标进行市场化交易的空间会不断释放，“土地是农民的命根子”这句话已不能放之四海而皆准。总之，乡城交织的阶段最为复杂，不宜再把“农民”作为一个整体概念来大而化之地研究讨论。新型地权制度建构，应在保持历史耐心的基础上，精准把握新时代城乡结构与人地关系的变化特征，对不同群体的土地利益诉求加以理性观照。社会演化的趋势昭示，随着乡村人地关系与城乡结构的发展变化，在多重力量的推动下，地权制度将继续从保障性向财产性方向演化，但在较长时期内会稳定为一种兼顾保障性与财产性功能的复杂产权结构，地权分置、地利共享、价值形态的发展权交易和实物形态的使用权有条件流转可能成为新时代中国乡村地权制度建构的重点。

2. 新型地权制度建构应坚持系统观念

习近平总书记在党的十九届五中全会上强调，“系统观念是具有基础性的思想和工作方法”。在全面建设社会主义现代化国家的新征程中，中国经济社会发展矛盾错综复杂，必须从系统观念出发加以谋划和解决。土地问题牵涉亿万农民，利益关系十分敏感，“牵一发而动全身”。新型地权制度的建构，更是需要坚持系统观念，促进土地制度系统内部的协调以及土地制度系统与外部经济社会环境的协调。当前，迫切需要研究解决农村土地权利体系的统一问题。承包地“三权分置”改革使用的是所有权、承包经营权、经营权概念，宅基地“三权分置”改革使用的是所有权、资格权、使用权概念，集体经营性建设用地入市改革则维持了“两权分离”的思路，即所有权与使用权。乡村地权制度改革存在的权利名称不一致、权利内涵模糊、权利边界不清晰问题，必然会增大土地市场交易的困难，引致经济效率损失。更为严重的是，原本统一的农村土地被人为地基于土地功能切割成“多块土地”，不同类型土地的转换困难不仅制约了乡村发展对土地复合利用的合理需求，而且导致了高昂的制度性交易成本。此外，乡村地权制度还与征地制度、户籍制度、社会保障制度以及财税制度等紧密相关。农村集体建设用地入市范围与征地范围互为消长，征地范围宽，入市范围就窄，反之亦然；城乡发展权利平等，不仅要求“同地同权”，而且要求消除附着在户籍上的城乡居民公共福利差别，特别是加快消除农民社保的历史欠账，让社会保障兜底农民的基本生存，为乡村地权的市场化配置改革提供条件；“土地—财政—金融”三位一体的城市投融资模式沿袭的仍是乡村支持城市的做法，只有推动中国经济从土地要素驱动发展转向创新驱动发展，重构中央与地方之间的财权与事权关系，减少地方政府对土地财政的依赖，赋予农民更完整的土地权能，才有可能从根本上消减地方政府对农民土地干预及利益剥夺的动力。因此，新型地权制度的建构，需要联动推进征地、户籍、社保、财税等相关制度改革，并加快经济发展方式的转变，形成新时代全面深化改革的协同效应。

3. 新型地权制度建构应有利于畅通国民经济循环

土地制度的绩效如何，取决于能否适应社会生产力的发展要求。应通过构建新型的地权制度，增强与经济社会发展战略的适配性，更好地解放和发展社会生产力。构建“双循环”新发展格局、促进高质量发展，是中国“十四五”时期甚至更长时期的战略抉择。但是，长期以来，中国经济发展秉持“重工抑商”的策略，采取土地“宽供应、低成本”的政策鼓励工业发展，采取土地“紧供应、高成本”的政策抑制服务业发展，导致服务业发展相对滞后于工业发展。由于服务业发展滞后，城市吸纳农业转移劳动力的能力明显不足，使得大量劳动力只能留在 GDP 占比越来越低的农业部门（徐朝阳等，2020）。2020 年，占 GDP 比重仅 7.3％的第一产业却承载着 4.9 亿多的乡村常住人口，严重拉低了乡村的人均 GDP 水平，这是导致城乡居民收入差距大和居民消费不足的重要原因。国内消费不足加剧了工业产能过剩问题，发展出口导向型经济成为了解决供需错配矛盾的主要途径。但近年来全球环境发生了巨大变化，出口动能明显减弱。因此，要化解工业产能过剩的问题，必须激发国内消费动能，而实现城乡要素双向流动、平等交换就是拉动居民消费、畅通国内大循环的“一剂良药”，其作用机理如图 8－1 所示。开放乡村地权市场，城市资本、人才、技术等要素流入乡村，与农民一道建设美丽乡村和重构乡村产业体系，包括农业的现代化改造以及一二三产业的融合发展，在更好满足居民消费需求的过程中，提升乡村产业附加值，拓宽农民就业增收的渠道；农民富裕，提升了农民对城市商品的消费能力，有助于化解城市工业产能过剩的矛盾；农民通过参与乡村建设和乡村产业重构，在“干中学”中积累与提升了人力资本价值，增强了进城就业落户的能力，有助于提升城市化水平和城市经济发展的质量。可见，要扩大内需、畅通国内大循环，不仅需要开放乡村地权市场，破除城乡二元的土地制度，赋予农民更充分的土地权利，而且需要地方政府扭转多年来存在的重工业、轻服务业的政策倾向，减少对产业用地的行政干预，提高产业用地市场化配置程度。总之，土地要素市场化配置改革滞后，是导致中国居民消费不足、工业产能过剩、经济循环不畅通的重要原因。新型地权制度的建构，应响应新时代高质量发展、拉动内需、畅通国民经济循环以及乡村振兴等战略要求，在促进城乡要素市场配置、双向流动和平等交换方面探索有效路径。

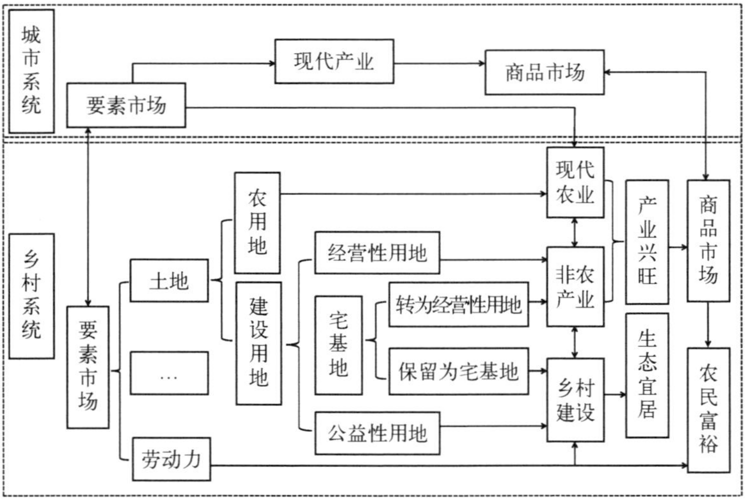

图 8－1　城乡要素流动对畅通国民经济循环的作用机理

4. 新型地权制度建构应兼济高效、公平与可持续目标

首先，土地作为一种基础性的资源要素，具有稀缺性，中国人多地少，尤其需要高效利用土地资源。因此，好的土地制度应体现效率目标，有助于人们高效率地利用土地来满足对美好生活的追求。但

我们现在看到的现象是，农村的耕地撂荒与粗放耕作、宅基地闲置浪费，城市的工业用地闲置低效问题也很严重，新城新区扩张过快，很多地方不同程度地出现了“鬼城”“睡城”现象，土地批而未供、供而未用、用而低效的问题普遍，土地亩均产出存在很大提升空间。什么样的土地制度可以激励人们高效率利用土地？近现代人类社会发展的实践表明，市场经济是最富效率的制度，尽管市场经济存在诸多局限，但迄今为止还没有发现比市场经济更富效率的制度。因此，效率导向的土地制度，要求充分发挥市场在资源配置中的决定性作用。

其次，土地利用的背后实质上是人与人之间的经济利益关系。人类依赖土地而生存，土地不仅被视为一种自然资源和生产要素，更被视为一种资本和财产，土地成为人类所希望拥有的最有价值的东西，人们一旦拥有了土地，便拥有了利用土地谋取经济福利的排他性权利(韩乾，2013)。正是由于土地利用涉及的经济利益巨大，可能因为土地占有不公，导致社会财富分配不公，并最终波及社会稳定与政权安全。因此，好的土地制度应体现公平目标，有利于促进社会和谐稳定。千百年来，无论是官僚士绅还是普通百姓，都十分注重对土地财富的占有和争夺。中国古代的历史是一部追逐土地财富的循环往复史(易小明，1992)，要打破这种历史周期律，土地公有制是必然选择。马克思在《资本论》中对土地私有制进行了无情抨击，认为土地私有制是“荒谬的东西”，论证了土地国有化的必然性，认为“土地国有化将彻底改变劳动与资本的关系，……靠他人的劳动而生活将成为往事”。[①] 新中国成立后，逐步建立起了土地公有制度，为社会公平提供了最基本的制度保障。因此，应按照习近平总书记的要求，改革

① 马克思恩格斯选集(第 3 卷)[M].北京：人民出版社，1995：129.

农村土地制度,必须坚持集体土地所有制不动摇。凡是有利于公平正义的制度政策要坚持,凡是有悖公平正义的制度政策要改革完善。

最后,土地还是一切人类活动和自然环境的空间载体。土地受阳光、雨水、风、气候的变化,以及不同的温度、土壤、地形、生物、环境等因素的影响,同时也影响环境,人们很难把自然与土地分开,可以说,土地就是自然,自然就是土地(韩乾,2013)。自工业革命以来,随着科技进步、人口增加、社会制度的改变,人类活动对自然环境的破坏越来越严重,与此同时,自然环境也对人类进行了最严厉的报复,可持续发展的理念日益受到重视。中华民族要永续发展,必须处理好人类与自然的关系,不仅要关注当代人的发展需要,也要关注后代人的发展需要,高度重视自然资源与生态环境的保育。因此,好的土地制度应体现可持续发展目标,不仅要鼓励人们善用土地,而且要鼓励人们善待土地,土地的开发利用活动要符合基于资源环境承载力与国土空间开发适应性"双评价"的国土空间规划。

(二) 建立土地发展权配置制度

土地发展权配置是一场嵌入到中国城乡二元经济结构中的地权演化,被赋予了振兴乡村的预期,在实践中衍生出"转移型、保留型、拓展型"等不同的模式,应认真总结评估,改革和完善土地增减挂钩、宅基地退出与土地综合整治等相关政策,构建科学的土地发展权配置制度,增强乡村建设的发展动能。

1. 明确土地发展权的内涵与法律性质

如前文所述,中国特色的土地发展权可定义为产权主体在政府管制的前提下通过改变土地用途与开发强度等空间配置谋求自身发展的一种新型财产性权利。其内涵可以从三个方面把握：① 土地发展权源于所有权，是从土地所有权中分离出来的可独立行使的能为权利人带来经济利益的财产权利。② 土地发展权因政府管制而产生，也须依政府管制而行使，产权主体改变土地用途与开发强度等空间配置应取得政府的规划许可。③ 土地使用权与土地发展权虽然都是财产权利，但二者的行权方式不同。以宅基地为例，按照《中华人民共和国民法典》规定，宅基地使用权是一种不完整的财产权利，农户仅拥有占用宅基地建造房屋居住的权利，不具有对外出售和抵押的权利。按照宅基地"三权分置"的改革思路，允许农户通过自营、出租、入股、合作等方式适度放活宅基地使用权。即使赋予农户对外出售和抵押的权利，宅基地使用权的行使也不能替代土地发展权。由于土地位置的不可移动性，受区位和市场需求的约束，一块实物形态的宅基地并不一定能转化成现实的经济利益，但通过宅基地的用途转换、区位调整、功能拓展与开发强度提升等方式，则可为产权主体带来现实的经济利益。土地发展权配置的实践在中国如此生动，且经过多年探索日臻完善，应及时将成熟的实践经验总结提炼，形成正式制度成果并吸收入法。

2. 扩大村集体及农户的土地发展权

在中国经济转型的背景下，通过土地发展权的优化配置推动乡村建设，是适应人口、土地、产业与城乡发展空间重组的必然要求，本书研究显示土地发展权配置对乡村建设绩效的影响表现为显著且稳定的正向作用。对有些地方追逐土地指标、逼迫农民"上楼"与合村并居的现象，虽然与地方政府固守城市发展偏向观念、急于求成地追逐政绩有关，但从深层次看，主要原因是增减挂钩试点以来，始终没有从法律上将土地复垦确立为农民的"发展权"，而是被政府当作一种“公权”在行使。把哪个村庄纳入项目、何时实施项目、如何筹措资金、怎样规划建设新村、复垦指标转移到哪里、价格多少、收益怎么分配等重要事项，均由政府决定，项目申报、实施与验收主体也都是政府。简言之，缺乏对政府公权力约束、农民地权保护与侵权追责以及体现城乡等价交换与市场化配置原则的制度安排，政府随意动农民土地的闸门没有关住，是问题之根源。因此，应通过法律明确要求，在满足社会公共利益的前提下，建立扩权赋能的土地发展权保障制度，扩大村集体及农户的土地发展权，确立村集体及农户在土地综合整治中的主体地位，在农民自愿和产权保护的前提下以市场化方式开展土地综合整治，政府做好政策引导与监管，任何组织和个人不得侵权。①

3. 建立完善的土地发展权配置机制

资金和土地是乡村建设的关键要素。对远离中心城市的传统乡村，建设用地不具有投资吸引力，将建设用地复垦指标有偿转让，可以化解乡村建设面临的资金困境；对城市近郊乡村和具有资源禀赋的乡村，产业发展通常需要建设用地集中连片布局，但现状建设用地的布局大多零星分散，需要通过土地综合整治实现建设用地的集中连片布局。因此，以市场化方式推动土地发展权在空间上的再配置与优化组合，建立完善的土地发展权配置机制，是乡村建设的内在需求。机制设计要点如下：① 建立反映市场供求与资源稀缺程度的土地发展权定价机制。研究表明，土地发展权保留在有发展需求的乡村内部，对乡村建设绩效的促进效应最大，而目前土地发展权主要通过增减挂钩项目以行政定价方式从乡村转移给城镇，这

① 姚树荣等.乡村振兴绩效的地权解释——基于土地发展权配置视角[J].中国农村经济，2022(06)：23-44.

不利于城乡平等发展，也不利于发挥市场配置资源的效率优势。应扭转由乡到城的配置导向，遵循等价交换原则，综合考虑土地复垦成本、农房补偿安置成本、区位条件、经济发展水平、土地规划使用条件、年度农转用计划指标数量、宏观经济形势等因素的影响，在政府调控下根据市场供求决定土地发展权交易价格。② 建立合理的土地发展权收益分配机制。应以共享发展、更多地向农民倾斜为原则，平衡好土地发展权配置中的政府、村集体及农户和投资者的利益关系，增强农民的获得感。③ 建立有效的土地发展权市场监管机制。应更好地发挥政府作用，通过最低保护价、示范合同、信息披露、价格规制等手段，平等维护农民和投资者的合法权益；在强化耕地保护责任与国土空间规划管控的前提下，按照"先省域、后全国"的时序搭建统一的市场交易平台，实现要素跨区域最优配置，保持市场平稳健康运行。④ 建立科学的土地发展权配置管理机制。应根据不同模式对乡村建设绩效的影响，有针对性地完善管理措施。转移型应秉持可持续发展理念，同步推进农用地整理、高标准农田建设与现代农业发展，并预留必要的建设用地指标以保障未来产业发展的用地空间，以产业兴旺带动农民富裕；拓展型重点强化村集体的统筹协调作用，做好村庄建设与产业发展的规划引导；保留型需要研究解决土地发展权接收区从农用地转为建设用地及被占地农民社保诉求等新问题，畅通闲置宅基地向集体经营性建设用地转换入市的渠道，建立产业经营收益惠及农户的利益联结机制，提升农民富裕水平。①

---

① 姚树荣等.乡村振兴绩效的地权解释——基于土地发展权配置视角[J].中国农村经济，2022(06)：23-44.

（三）探索集体土地“三权分置”实现形式

1. 探索承包地“三权分置”实现形式

党的十八大之后，中国加大了集体土地产权制度改革力度，基本取向是建立“三权分置”的产权结构，以应对改革开放40多年来人地关系变化、农业发展方式转变以及土地流转中集体、农户与经营者权责关系模糊等对“两权分离”制度带来的挑战。

（1）承包地“三权分置”制度的确立过程

承包地“三权分置”的提法可追溯至2013年7月习近平总书记在湖北考察时“要好好研究农地所有权、承包权、经营权三者之间的关系”的讲话，这是中央领导人将土地承包经营权分离成承包权和经营权的首次公开表达。2013年11月，党的十八届三中全会通过的《中共中央关于全面深化改革若干重大问题的决定》赋予了农民更充分、更完整的土地承包经营权，不仅强调要“稳定农村土地承包关系并保持长久不变”，而且明确提出“赋予农民对承包地占有、使用、收益、流转及承包经营权抵押、担保权能”，这意味着土地承包经营权基本具备了用益物权的属性，为进一步分离为承包权和经营权奠定了产权基础。2013年12月，中央农村工作会议提出“要不断探索农村土地集体所有制的有效实现形式，落实集体所有权、稳定农户承包权、放活土地经营权”，中央正式作出了建立承包地“三权分置”制度的安排要求。此后几年，中央连续发文要求推进承包地“三权分置”改革，特别是2016年10月中共中央办公厅、国务院办公厅印发的《关于完善农村土地所有权承包权经营权分置办法的意见》对“三权分置”的重要意义、指导思想、基本原则、分置格局与实施办法等进行了明确规定。在中央政策的引导下，各地围绕承包地“三权分置”改革进行了积极探索，并最终推动了法律的修改。在总结改革试点经验的基础上，2018 年 12 月 29 日第十三届全国人大常委会审议通过了新修正的《农村土地承包法》，正式确立了承包地“三权分置”的制度安排，允许农户在保留土地承包权的前提下，将其承包地的土地经营权流转给他人经营，明确耕地承包期届满后再延长 30 年，规定承包期内发包方不得收回承包权，也不得调整承包权，承包地的产权制度改革向着扩权赋能、财产性功能和长期稳定的方向迈进了关键一步。

(2) 承包地“三权分置”制度的主要内容

2018 年新《农村土地承包法》和 2020 年 5 月 28 日第十三届全国人民代表大会第三次会议审议通过的《中华人民共和国民法典》对承包地“三权分置”制度作了全面规定，主要内容可概括如下：

① 落实集体所有权

首先，明确了集体所有权的内涵和行使主体。《民法典》第 261 条规定：“农民集体所有的不动产和动产，属于本集体成员集体所有。”集体所有权的行使主体是农民集体，《民法典》第 262 条对集体所有权的行使主体作了具体规定：“属于村农民集体所有的，由村集体经济组织或者村民委员会依法代表集体行使所有权；分别属于村内两个以上农民集体所有的，由村内各该集体经济组织或者村民小组依法代表集体行使所有权；属于乡镇农民集体所有的，由乡镇集体经济组织代表集体行使所有权。”

其次，明确了集体所有权的权能，主要包括：一是对集体土地依法享有占有、使用、处分和收益的权利；二是对集体土地依法享有发包、调整、监督和收回的权利，即有权发包集体所有的土地，有权监督承包方依照承包合同约定的用途合理利用和保护土地，有权制止承包方损害承包地和农业资源的行为；三是对集体土地征收补偿费用依法享有分配和使用的权利；四是土地承包经营权流转应经集体所有权人同意，土地经营权流转应向集体所有权人备案。

最后，明确了集体所有权的法律保护。《民法典》第265条规定："集体所有的财产受法律保护，禁止任何组织或者个人侵占、哄抢、私分、破坏。"《农村土地承包法》第63条规定："承包方给承包地造成永久性损害的，发包方有权制止，并有权要求赔偿由此造成的损失。"第64条规定："土地经营权人擅自改变土地的农业用途、弃耕抛荒连续两年以上、给土地造成严重损害或者严重破坏土地生态环境，承包方在合理期限内不解除土地经营权流转合同的，发包方有权要求终止土地经营权流转合同。土地经营权人对土地和土地生态环境造成的损害应当予以赔偿。"这些规定，强化了集体所有权的实施效力，有利于集体土地在承包经营或流转过程中得到保护和合理利用。

② 扩大并稳定农户承包经营权

首先，明确了土地承包经营权的法律性质及其权利主体的身份。《民法典》将土地承包经营权归入用益物权，实质是从法律上确认了土地承包经营权的用益物权属性。《农村土地承包法》第5条规定"农村集体经济组织成员有权依法承包由本集体经济组织发包的农村土地"，明确了土地承包经营权的权利主体为农村集体经济组织成员，表明土地承包经营权同时具有身份属性，仅限于农村集体经济组织成员。由此可以推论，土地承包经营权是一种特定身份主体依法享有的用益物权，或者说是一种兼具身份属性与财产属性的复合型权利。

其次，扩大并明确了土地承包经营权的权能，主要包括：一是土地承包经营权人依法享有承包地占有、使用和收益的权利，有权自主组织农业生产经营和处分产品并取得收益；二是土地承包经营权人有权互换、转让土地承包经营权，并可以自主决定在保留土地承包权的情况下依法采取出租(转包)、入股或者其他方式向他人流转土地经营权；三是土地经营权可以抵押，《农村土地承包法》第 47 条明确规定："承包方可以用承包地的土地经营权向金融机构融资担保"；四是土地承包经营权人可以自愿有偿退出承包地；五是当承包地被征收、占用或被发包方收回时有权获得合理补偿；六是土地承包经营权人应得的承包收益，可以依法继承。

再次，明确了承包期限，重申稳定农村土地承包关系并保持长久不变。《农村土地承包法》第 21 条规定："耕地的承包期为三十年。草地的承包期为三十年至五十年。林地的承包期为三十年至七十年。前款规定的耕地承包期届满后再延长三十年，草地、林地承包期届满后依照前款规定相应延长。"同时，第 27、28 条明确规定：承包期内，发包方不得收回和调整承包地。

最后，明确了土地承包经营权的法律保护。一是规定国家"保护承包方的土地承包经营权"，"保护承包方依法、自愿、有偿流转土地经营权"，任何组织和个人不得侵犯；二是强调平等保护农村妇女的土地承包经营权益，《农村土地承包法》第 31 条明确规定："承包期内，妇女结婚，在新居住地未取得承包地的，发包方不得收回其原承包地；妇女离婚或者丧偶，仍在原居住地生活或者不在原居住地生活但在新居住地未取得承包地的，发包方不得收回其原承包地。"三是强调不得以退出土地承包经营权作为农户进城落户的条件；四是对土地承包经营权登记发证、土地承包合同与流转合同签订作了明确规定，有利于依照法律和契约维护当事人的合法权益，减少土地纠纷和矛盾；五是对侵犯土地承包经营权的行为明确了法律责任，如规定：承包合同中违背承包方意愿或者违反法律、行政法规有关不得收回、调整承包地等强制性规定的约定无效；任何组织和个人强迫进行土地承包经营权互换、转让或者土地经营权流转的，该互换、转让或者流转无效。

③ 放活土地经营权

首先，明确了土地经营权的法律地位和内涵。《民法典》和《农村土地承包法》均明确提出了“土地经营权”的术语，根据相关表述，土地经营权是从土地承包经营权中分离出来的一种可以独立行使的用益物权。土地经营权人不像土地承包经营权人那样有身份限制，可以是任何合法的组织和个人。土地经营权人对流转土地依法享有在合同约定期限内占有、使用和收益的权利。

其次，明确了土地经营权的权能，主要包括：一是土地经营权人有权使用流转土地，自主开展农业生产经营并取得收益；二是土地经营权人经承包方同意，可以投资改良土壤，建设农业生产附属、配套设施，并按照合同约定对其投资部分获得合理补偿；三是土地经营权可以抵押，土地经营权人经承包方书面同意并向发包方备案，可以将流转取得的土地经营权向金融机构融资担保；四是土地经营权可以再流转，经承包方书面同意并向本集体经济组织备案后，土地经营权人可以再流转土地经营权给他人；五是流转土地被征收、征用、占用时有权按照合同约定获得相应的补偿。

最后，明确了土地经营权的法律保护。一是规定国家“保护土地经营权人的合法权益”，任何组织和个人不得侵犯，发包方和承包方不得妨碍土地经营权人行使合法权利；二是规定“土地经营权流转期限为五年以上的，当事人可以向登记机构申请土地经营权登记”；三是除土地经营权人“擅自改变土地农业用途、弃耕抛荒连续两年以上、给土地造成严重损害或者严重破坏土地生态环境、其他严重违约行为”外，承包方不得单方解除土地经营权流转合同。

④ 明晰“三权”之间的关系

首先，集体所有权、农户承包经营权和土地经营权三者之间是一种“层层派生”的关系（刘守英，2022）。集体所有权处于最高层次，在“两权合一”的制度下，集体所有权人对集体所有的土地依法享有占有、使用、处分和收益的排他性权利。在“两权分离”的制度下，集体所有权派生出农户承包经营权，农户承包经营权虽是用益物权，但其权利主体有身份限制，需要具有集体经济组织成员资格。这时，承包地的实际占有和使用从发包方转入承包方，双方的权利义务关系在符合法律的前提下由承包合同约定。在“三权分置”的制度下，农户可以选择自主开展农业生产经营活动，也可以选择保留土地承包权，流转土地经营权，由他人经营。如果农户选择自主经营，土地产权仍维持“两权分离”格局，农户拥有完整的土地承包经营权；如果农户选择流转土地，则形成“三权分置”格局，土地承包经营权分离为土地承包权和土地经营权，农户保留土地承包权，土地转入方获得土地经营权，土地经营权派生于农户承包经营权。这时，承包地的实际占有和使用从承包方转入经营方，双方的权利义务关系在符合法律的前提下由流转合同约定。

其次，法律对集体所有权、农户承包经营权和土地经营权三者之间的权利边界作了规范。原则上，一旦承包合同或流转合同生效，承包农户或土地经营权人就依法享有自主开展农业生产经营的权利，集体所有权人不得妨碍承包农户自主开展农业生产经营，承包期内不得收回和调整承包地，承包农户也不得妨碍土地经营权人自主开展农业生产经营。同时，法律赋予了集体所有权人和承包农户对特定土地利用行为的监督权利。承包农户和土地经营权人需承担维护土地农业用途、保护和合理利用土地的义务，集体所有权人对承包农户和土地经营权人的土地利用行为具有监督权，对违反法律、规划和合同的行为有权制止甚至收回土地并要求赔偿；承包农户流转土地经营权或在本集体经济组织内部互换土地承包经营权，需向发包方备案；土地经营权人投资改良土壤、建设农业生产附属、配套设施，需经承包方同意；土地经营权人再次流转土地经营权，需经承包方书面同意，并向本集体经济组织备案；土地经营权向金融机构融资担保，需经承包方书面同意并向发包方备案。

最后，法律明确了土地承包经营和土地流转纠纷的解决途径，包括协商、调解、仲裁和诉讼，以及侵权的法律责任。

（3）承包地“三权分置”制度的完善思路

通过上述分析可以看到，承包地“三权分置”的制度安排逐渐清晰，并且通过法律修改形成了正式制度，这是集体所有制改革的又一次重大制度创新，也是马克思主义产权经济理论中国化的最新成果。承包地“三权分置”制度，不仅契合了改革开放以来大量农民进城务工、抛荒撂荒的人地关系变化新趋势，而且顺应了土地向新型农业经营主体流转、现代农业规模经营和提高劳动生产率的新要求，还在坚持集体所有、维护农民土地权益、增加农民财产性收入的前提下实现了地权的稳步演化，达到了国家、农民集体、农户与投资者利益的兼顾，以及改革、发展与稳定的统一。当前和今后一段时期的主要任务是实施好承包地“三权分置”制度，要加大宣传和普法力度，让权利意识、法治意识和契约意识深入民心。同时，还要继续改革完善承包地

“三权分置”制度，主要包括四个方面的内容。一是进一步明确土地承包权与土地经营权的权利性质。土地承包权究竟是用益物权还是身份权，土地经营权究竟是用益物权还是债权或者依据流转合同区别界定，学术界仍存在争议，需要在理论与实践层面继续探索。二是进一步探索集体所有制的实现形式。如何应对城乡人口流动与自然增减带来的集体经济组织成员变动与土地承包关系长久不变的矛盾，如何清晰界定农民集体和农户的土地权利，平衡好农民集体和农户的土地权益，特别是处理好土地的集体统筹利用和农户自主利用之间的关系，发挥好农民集体和农户两个积极性，促进农村新型集体经济持续发展，需要在理论与实践层面继续探索。三是尽快制定《土地经营权融资担保办法》，畅通金融资本进入现代农业领域的渠道，发挥好金融资本赋能现代农业发展的作用。四是针对土地承包经营与土地流转中的新情况、新问题，如耕地“非粮化”治理与农户自主经营以及新型农业经营主体流转土地积极性的关系等，需要及时加以调查研究，有针对性地提出解决办法。

2. 探索宅基地“三权分置”实现形式

继农村承包地“三权分置”改革之后，2018 年中央一号文件首次提出探索宅基地“三权分置”改革，2021 年中央一号文件进一步要求探索宅基地“三权分置”的有效实现形式。“三权分置”已经成为新时代深化农村宅基地制度改革的核心和重点任务，是化解“两权分离”框架下宅基地制度诸多矛盾和冲突的必然选择。目前，理论与实践界对宅基地“三权分置”仍存在诸多争议与困惑，我们在梳理相关研究基础上提出如下改革思路。

（1）探索宅基地集体所有权的实现形式

坚持集体土地所有制，是中国基本制度不可逾越的改革底线。

从产权理论出发,宅基地所有权就是农民集体对宅基地依法享有的占有、使用、处分和收益的权利。制度设计要点如下:① 建立完善农村集体经济组织,作为宅基地集体所有权的行使主体。农民集体只是一个没有法律人格的抽象概念,如果不能具化为具有法律人格的"组织",就会因缺乏行使主体而导致宅基地集体所有权处于虚置状态。因此,落实宅基地集体所有权,首先应该加快制定《农村集体经济组织法》,赋予农村集体经济组织法人资格,健全农村集体经济组织的治理结构与运行机制,明晰集体经济组织与集体成员的权利义务关系,在此基础上,各地要依法建立完善农村集体经济组织,由其作为宅基地集体所有权的法定行使主体。② 赋予农村集体经济组织对宅基地所有权的完整权能,包括:宅基地初始分配权,即有权将宅基地分配给集体成员,公平保障农户的基本居住权;宅基地退出收回权,即农户自愿退出宅基地的,农村集体经济组织有权有偿收回,农户违法多占或超占宅基地的,农村集体经济组织也有权收回;宅基地使用与流转监督管理权,即对农户使用宅基地的行为进行监管,对农户多占或超占的宅基地收取有偿使用费,农户流转宅基地使用权应经集体经济组织批准;宅基地流转收益分享权,即对宅基地使用权的流转收益有权按一定比例分享,具体分享比例及用途可在政府指导下采取村民自治方式民主协商确定,培育和壮大新型农村集体经济;闲置宅基地处分权,即集体经济组织有权对收回的闲置宅基地进行处分,可以分配给有资格的村民,也可以通过土地综合整治和指标交易换取乡村建设资金,还可以就地就近入市自行开发经营或引入社会资本联合开发经营,实现对闲置宅基地的盘活利用。③ 明晰政府、集体与农户之间的关系。农村集体经济组织行使宅基地集体所有权应符合国家的法律、政策与规划,有义务协助政府编制并实施好国土空间规划与村庄规划；应结合乡村治理，完善村民议事与决策程序，切实保障集体成员在宅基地分配、利用和收益等重大事项中的知情权、参与权、监督权，充分发挥农民的主体作用。

（2）探索宅基地农户资格权的实现形式

对于宅基地资格权的性质，学术界莫衷一是，主要有成员权说、宅基地使用权取得资格说、人身权与财产权双重属性说、用益物权说等，我们认为宅基地资格权是兼具身份属性与财产属性的复合型权利。理由如下：从宅基地制度的演变看，宅基地资格权不是一种全新的土地权利，它是伴随土地的集体化改造而生成的。随着宅基地制度从“农户私有、两权合一”到“集体所有、两权分离”的变迁，宅基地资格权便相伴而生。1963 年《中共中央关于各地对社员宅基地问题作一些补充规定的通知》首次明确了农户对宅基地的取得资格与方式以及使用权利问题，规定只有集体成员才有资格申请宅基地，农户使用宅基地需要向集体申请，占用耕地的需经县政府批准；农户可以无偿取得宅基地、长期使用，但不准出租和买卖，但房屋出卖后，宅基地使用权可以随之转移给新房主。可见，只要“集体所有、两权分离”的制度结构存在，就必然存在农户取得宅基地的资格、方式及取得宅基地后享有什么权利的问题，农户对宅基地的资格权与使用权从产生之初就是复合型的权利。这种权利虽在 1982—1997 年间向符合条件的非农业人口短暂开放过，但到 1998 年《土地管理法》修订后再次回到封闭状态，仅本集体经济组织成员才有资格申请取得宅基地。在宅基地制度的变迁过程中，虽然没有明确提出宅基地资格权的概念，但实际上现行法中的宅基地使用权是暗含着宅基地资格权的，宅基地使用权的取得是需要具备一定资格条件的，是带有身份性和福利性的。正是由于这种身份性与福利性，宅基地使用权的行使才受到诸多限制,不能对外出售和抵押融资。说其是用益物权,但权能很不完整;说其是成员权,但又具有财产功能。有鉴于此,我们认为,2018年中央一号文件提出的宅基地资格权,就是现行法中的宅基地使用权,它是一种兼具了身份属性与财产属性的复合型权利。进一步,我们不同意将宅基地资格权定性为成员权或宅基地使用权取得资格,不仅因为其不符合宅基地制度的演变逻辑,而且因为这样的定性没有实质性意义。现实中,很多权利的取得都需要具备一定的资格条件,但并不需要将这种资格设定为一种实体权利,更不宜设定为一种产权序列中的子权利。将宅基地资格权定性为成员权或宅基地使用权取得资格,将带来入法困境以及不动产登记的困境,以致在实际操作中"三权分置"蜕变为"两权分离",只不过和过去相比推动了宅基地使用权的流转与盘活利用,但却回避了宅基地继续承载农民基本居住保障功能的问题,背离了"三权分置"的政策目标。

基于上述对宅基地资格权的性质界定,我们认为,农户的宅基地资格权具体包含以下权利:① 宅基地初始分配的请求权。按照"一户一宅"或"户有所居"的原则,符合资格的农户有权向集体申请取得宅基地,且应是无偿取得,以保证集体经济组织内部最基本的居住公平。无偿分配,可以看作是党对农民为新中国的成立与发展做出巨大牺牲的补偿,或者看作是党对农民"耕有其田""住有其屋"的政治承诺。② 对宅基地的实际占有、使用、处分与收益权。农户实际取得宅基地之后,就获得了事实上的宅基地使用权。这时的宅基地资格权与宅基地使用权合二为一,在权利名称上可维持"宅基地使用权"的称呼,仍体现为"所有权+使用权"的产权结构。宅基地发生流转的情形,实际上是农户对宅基地使用权利的让渡,流转方式包括出租、入股、转让、抵押等,流转对象除了本集体经济组织成员外,可以是其他法人或自然人,流转时应以书面合同形式约定双方的权利义务关系。当发生宅基地流转情况时,“两权分离”的结构就演变为“三权分置”的结构,“三权分置”的结构取决于流转方式,比如采取出租方式时就演变为“所有权+使用权+租赁权”的产权结构,采取转让方式时就演变为“所有权+使用权+经营权”的产权结构。这里需要特别说明的是,2018 年中央一号文件提出的“所有权+资格权+使用权”的产权结构是政策语言,采取通俗易懂的方式,是为了让普通民众听得懂,有利于中央精神的宣传与贯彻落实,在正式入法时应转换成规范的法律语言。鉴于实践中许多地方已经向农户颁发了宅基地使用权证,为降低制度创新成本,减少不必要的确权费用及对农户的宣传解释,没必要将农户手中的宅基地使用权证收回并重新颁发宅基地资格权证;同时,鉴于承包地“三权分置”中已经使用了“经营权”一词,权利名称一致、制度系统协调有利于各方主体沟通交流,降低纠纷诉讼发生的风险,宅基地“三权分置”中第三方的权利也可考虑采用“经营权”一词,经营权在权利内涵上小于使用权。当农户将经营权让渡给第三方时,农户便失去了对宅基地的实际占有与使用权利,但仍享有依据流转合同分享收益的权利、对合同履行的监管权力以及一定年限后收回宅基地的权利;第三方受让宅基地经营权后,则享有依据流转合同对宅基地的实际占有、使用、处分与收益的权利。③ 宅基地资格权的置换、退出与保留权。宅基地资格权的置换,是指村集体通过养老公寓、货币补偿、城镇保障性住房、“房票”等方式有偿置换农户的宅基地资格权。这种情况下,宅基地资格权并未转化成实际的宅基地使用权,农户今后也不得再申请无偿取得宅基地。宅基地资格权的退出,是指农户在取得宅基地使用权后因已落户城镇等原因自愿退出宅基地的使用权与资格权,村集体给予合理补偿。这种情况是一种彻底的退出，今后不再享有申请宅基地的权利。宅基地资格权的保留，是指农户在取得宅基地使用权后，因落户城镇等原因自愿退出宅基地使用权，但保留宅基地资格权。这种情况是一种“保权”式退出，今后农户仍可以向村集体申请取得宅基地。这种“保权”式退出可能更为农民群众接受，对于在城镇就业与居住尚不稳定的进城务工群体而言具有“定心丸”和“有退路”的作用，也更能调动农户退出宅基地的积极性。[①] 值得指出的是，在宅基地“三权分置”改革中应区分清楚是彻底退出（资格权与使用权一起退出）还是保权退出（保留资格权、退出使用权），二者的补偿应有所不同，彻底退出的补偿应高于保权退出的补偿。

在明确了宅基地资格权的性质与权利内涵之后，应加快研究制定《宅基地资格权认定与管理办法》。制度要点如下：一是将宅基地资格权的获取主体原则上规定为集体经济组织成员，重点研究解决有户籍无宅基地人口、有宅基地但户籍转出人口、无户籍无宅基地但出生或长期生活在当地人口以及政策性移民与海外华侨等特殊群体的资格权问题；二是明确宅基地法定面积标准，实行“按人定面积、按户控上限”制度；三是明确“户”的认定与分户的条件；四是明确宅基地资格权的实现方式与申请程序；五是明确农户对宅基地的使用权能，明晰集体与农户在宅基地使用权益上的边界，特别是农户处分权的行使限制以及宅基地收益分享；六是规范宅基地资格权的置换、退出与保留事项，重点是明确补偿安置的标准、方式与条件。然后，依据该办法加快完成宅基地使用权的确权颁证，妥善处分宅基地历史遗留问题，确保农户在宅基地初始分配中的社会公平。

---

① 宋志红.宅基地资格权：内涵、实践探索与制度构建[J].法学评论，2021(01)：78－93.

（3）探索宅基地使用权的实现形式

适度放活宅基地使用权应在两个方面作出制度响应：一方面是农户对宅基地的使用诉求。乡村具有极强的异质性，不同乡村甚至同一乡村的不同农户对宅基地的功能诉求具有很大的差异，宅基地使用权直接入市、拥有更完整权能已成为众多乡村及农户的强烈需求。从农民与土地关系的发展演变趋势看，支撑宅基地使用权入市的力量在不断增长。因此，深化宅基地制度改革，应对这部分农户的诉求作出响应，赋予农户对宅基地更充分的权能，除现行法规定的可以占有、使用宅基地建房用于自住的权利之外，还应赋予农户在符合规划与用途管制的前提下改（扩）建房屋用于畜禽养殖、农产品加工等农业产业化经营与民宿、农家乐等非农产业经营以及通过租赁、入股、抵押、对外流转等方式获取财产性收入的权利。为稳妥起见，可以对农户流转、抵押宅基地使用权的行为进行必要的行权限制，如需要提供另有合法稳定居所的证明、设定流转最高期限并明确届满后由原农户收回、限定流转范围与用途等，以体现在不丧失基本居住保障前提下的“适度放活”之政策目标。具体的行权限制条件，可根据乡村及农户的实际情况有差别地设定（张克俊、付宗平，2020）。这样，虽然颁发给农户的仍是宅基地使用权证，但宅基地使用权的内涵发生了质的变化。另一方面是国家对“人减地增”、闲置低效宅基地盘活的效率诉求。应赋予农户在使用权下为他人设立经营权的权利，宅基地经营权是纯粹的用益物权，受让人可以依据流转合同享有对宅基地的实际占有、使用、处分与收益权，可以再次出租、转让、抵押、入股，在合同约定权利范围内所有权人和使用权人不能干预经营权人。当然，经营权人也不能超出合同约定的权利范围而损害所有权人和使用权人的合法权益。

此外，在宅基地总量不突破、本集体经济组织成员户有所居的前提下，应积极探索建立宅基地使用权的有偿使用制度。一是对本集体经济组织成员因历史原因超占的宅基地实行有偿收费制度；二是对因家庭人口增加确有住房需求的实行有偿竞拍制度；三是对具备一定条件（如为村民讲授知识技能达到一定学时、为乡村招商引资达到一定额度或为乡村建设作出其他重要贡献）的非本集体经济组织成员，授予“新村民”资格，允许其有偿购买宅基地使用权建房居住，以此吸引人才返乡（入乡）创业，推动乡村在开放发展中实现振兴。

（4）完善宅基地基础管理制度

① 严格宅基地规模管控。要妥善处理农民申请宅基地建房需求与耕地保护的关系，避免因宅基地财产属性显化引致宅基地新增规模无序扩张及对耕地甚至永久基本农田的滥占问题发生。要对农民占用耕地（包括永久基本农田）建房的情况进行全面摸底排查，在尊重历史的前提下分类进行处理，妥善化解宅基地相关的历史遗留问题。要理顺农业农村、自然资源和住房建设等相关部门在农村宅基地及农房监督管理方面的职责关系，清晰划定职责边界，建立起分工协作的工作机制，合力提升农村宅基地利用及农房建设管理规范化水平。要在确保 18 亿亩耕地红线的前提下，结合第三次全国土地调查与国土空间规划及村庄规划编制，按照“县域平衡、只减不增、存量挖潜”的原则，合理确定各个村庄的宅基地总量上限，切实避免“人增地增、人减地仍增”的现象继续发生。

② 固化宅基地初始分配。要抓住宅基地制度改革的契机，以村民自治的方式确定宅基地分配固化的时点，遵循“生不增、死不减”的原则，今后无论家庭人口增减变动，都不再调整和重新分配宅基地，确保农户对宅基地使用权长久不变，阻断宅基地福利分配制度，为今

后建立宅基地有偿使用制度奠定基础。这里需要指出的是,我们对“地权平均”应正确看待,可以在一个时点实现地权平均分配,但因人的能力差异及土地利用效率的差异等因素,在市场机制作用下土地会出现一定程度的集中趋势,地权平均的状态很难长期维系。地权平均分配是为了让劳动力与土地两种生产要素得到更好的结合,地权集中也是通过市场机制实现劳动力与土地两种生产要素的优化配置,提高土地利用效率(龙登高,2018)。为了保持地权平均、防止地权集中,禁止地权的市场交易,实际上相当于阻断了通过市场机制优化要素配置、提升要素利用效率的通道。因此,要兼顾公平与效率,禁止地权市场并非明智之举,可以通过税收与福利等调控制度设计,将地权集中控制在社会的承受范围之内。固化宅基地初始分配,既是防止宅基地无序扩张而危及耕地保护红线的重要举措,更是引入市场机制、构建新型地权制度和提高宅基地利用效率的必要条件。

③ **公平开展宅基地确权颁证**。现阶段,中国的城市化水平和社会保障能力还不足以为进城农民提供充分稳定的就业与居住保障,大量农民仍需依赖土地作为生产、生活和居住保障,宅基地仍需承载保障农户居住和社会稳定的基本功能。因此,应坚持“起点公平”的原则开展宅基地的确权颁证。应结合第三次全国土地调查与集体经济组织成员资格认定,按照资源节约集约利用与当地农民的基本居住需求,按照“按人定面积、按户控上限”的思路,科学划定人均或户均宅基地法定面积标准,确保具有集体经济组织成员资格的农户获得法定标准的宅基地,颁发宅基地使用权证;对超出法定标准的宅基地,颁发集体建设用地使用权证,属于农户合法取得的颁给农户,其他则颁给集体;对农户违法超占的宅基地,研究制定处理办法,可分情况采取缴纳有偿使用费、拆除并恢复原状、合理补偿后收回集体以

及无偿收回集体等措施;对已无可分配宅基地、难以保障“一户一宅”的,鼓励探索“户有所居”的多种保障方式,探索从“一户一宅、宅基地保障方式”向“多户一宅、住房保障方式”转变。在此环节,既要确保宅基地初始分配的社会公平,落实农户对宅基地的资格权,又要立足于乡村人均宅基地面积大、利用粗放低效的现状,通过对法定标准内与法定标准外宅基地的分宗设置,让法定标准内的宅基地继续承担居住保障的功能,法定标准外的宅基地转换为集体经营性建设用地而发挥财产功能。

④ **推行宅基地清单制管理**。清单制管理是落实“放管服”改革和建设现代服务型和法治型政府的重要举措。权力清单是以清单形式列出政府的法定权力事项,通过贯彻“法无授权不可为”的原则,约束政府乱用权力的行为,建设“有限政府”;责任清单是以清单形式列出政府必须履行的职责,通过贯彻“法定职责必须为”的原则,解决政府“不作为”的问题,塑造“服务型政府”;负面清单是以清单形式列出禁止和限制的市场行为,通过贯彻“法无禁止皆可为”的原则,激活市场主体的活力和创造力,促进“有效市场”。宅基地管理与盘活利用涉及的政府职能部门众多,包括农业农村、自然资源、住房建设、环境保护、电力、卫生、交通、市场监督和公安等,目前还存在着部门之间权责关系不清、管理不到位和滥用职权等问题,以致宅基地利用中乱倒垃圾、乱排污水和废气、乱拉电线、乱停汽车和乱搭乱建等问题得不到有效治理。因此,迫切需要引入清单制管理方式,厘清政府相关部门、企业、农民集体和农户在宅基地利用管理中的权责利边界,实现宅基地的有效治理。

⑤ **促进宅基地精细化管理**。要健全宅基地统计调查制度,形成包含权利人、地类、四至、面积以及审批、流转、复垦、执法等信息在内

的农村宅基地信息大数据库。要按照不动产统一登记的规范和要求进行宅基地与房屋的确权颁证以及适时的变更、注销登记。要建立便捷的宅基地和农房并联审批制度，保障农民合理的建房需求。要建立宅基地与集体建设用地以及农用地之间的地类转换制度，明确审批部门、权限、程序与要件，特别是要畅通闲置宅基地向集体经营性建设用地的转换，保障乡村产业融合发展的用地需求。要运用大数据等新技术手段，建立宅基地退出、复垦、指标交易等台账，做到可追溯、可复核，推进宅基地与农房的信息化、数字化管理，健全宅基地利用与农房建设的监管机制。

综上所述，新时代宅基地产权制度建构的基本思路可概括如下：一是坚持集体土地所有制不动摇，落实农民集体对宅基地的所有权，增强农民集体统筹配置与经营土地的能力，培育和壮大新型集体经济；二是坚持规划和用途管制，以国土空间规划引领乡村可持续发展，严格管控宅基地规模，以立体式监管与严格执法为手段，严禁滥占耕地，确保耕地保护与生态保护“双红线”不突破，同时以全域土地综合整治为平台，优化乡村的生产、生活、生态“三生”空间布局，践行生态文明建设理念；三是坚持经济效率与社会公平兼顾，保障农户住有宜居和社会公平，不让农民遭受资本剥夺和流离失所，同时要让市场机制发挥的作用更大，盘活闲置低效宅基地，显化宅基地的财产功能，提高资源利用效率，更好地促进乡村生产力发展；四是坚持系统观念，按照基本一致的逻辑，协同推进承包地“三权分置”改革与宅基地“三权分置”改革，以宅基地集体所有权对应承包地集体所有权，以宅基地使用权对应土地承包经营权，正如土地承包经营权可以分离为土地承包权与土地经营权一样，宅基地使用权也可以分离为宅基地资格权与宅基地经营权；五是立足农村人均宅基地面积大、满足农民居住需求后多有节余的基本国情，树立空间思维，宅基地产权分置与空间分置并重，将土地发展权配置制度有机嵌入宅基地“三权分置”的制度框架，形成改革的集成效应；六是完善宅基地基础管理制度。最终，建构起一种兼容稳定与效率、保障与财产功能的新型宅基地产权制度，助力城乡融合发展与乡村振兴战略实施。

（四）推进集体经营性建设用地入市

1. 集体经营性建设用地入市的制度规定

2019 年新《土地管理法》具有里程碑意义的制度创新是，正式确立了农村集体经营性建设用地入市的制度，废除了限制集体建设用地流转的制度安排，在破除城乡二元体制、推动保障性地权制度向财产性地权制度演化上取得了实质性进展，为乡村产业融合和新型集体经济发展提供了用地保障。根据 2019 年新《土地管理法》和 2021 年新《土地管理法实施条例》，集体经营性建设用地入市主要有如下规定：① 赋予了集体经营性建设用地入市的权利，允许土地所有权人通过出让、出租等方式将集体经营性建设用地交由单位或个人在一定年限内有偿使用，也允许集体经营性建设用地通过转让、互换、出资、赠与或者抵押等方式再次流转。② 明确了集体经营性建设用地入市的条件：一要符合国土空间规划；二要产权明晰，依法办理了土地所有权登记，不存在权属争议；三要经本集体经济组织成员的村民会议三分之二以上成员或者三分之二以上成员代表同意；四是入市方案需经市、县政府审核批准。③ 规定了集体经营性建设用地入市的用途，包括工业、商业等经营性用途。④ 规定了集体经营性建设用地入市的程序：土地所有权人提出入市申请→自然资源部门提出规划条件，并会同有关部门提出产业准入和生态环境保护要求→土地所有权人编制入市方案，由集体经济组织出具书面意见后报市、县政府审核→市、县政府审核批准，或提出修改意见返回土地所有权人→经政府批准后，以招标、拍卖、挂牌或者协议等方式确定土地使用者，签订书面合同→土地使用者缴纳土地价款和相关税费，申请办理不动产登记。⑤ 规定了集体经营性建设用地入市方案和合同的主要内容。入市方案的主要内容包括宗地的土地界址、面积、用途、规划条件、产业准入和生态环境保护要求、使用期限、交易方式、入市价格、集体收益分配安排等；入市合同的主要内容包括土地界址、面积、用途、规划条件、使用期限、交易价款支付、交地时间和开工竣工期限、产业准入和生态环境保护要求，约定提前收回的条件、补偿方式、土地使用权届满续期和地上建筑物、构筑物等附着物处理方式，以及违约责任和解决争议的方法等。本次修法虽然为集体经营性建设用地入市开了“口子”，但基于稳慎改革原则，同时加强了政府管控。一是计划管控，规定集体经营性建设用地入市应纳入土地利用年度计划管理；二是规划管控，规定集体经营性建设用地入市应符合国土空间规划、产业准入和生态环境保护要求，符合规划用途以及具体的规划使用条件，入市方案需经政府审核批准；三是合同管控，详细列出了入市合同的法定内容，规定入市合同应报自然资源部门备案，强调“未依法将规划条件、产业准入和生态环境保护要求纳入合同的，合同无效；造成损失的，依法承担民事责任”。同时规定，对达不到合同约定的开工、竣工期限等要求的，土地所有权人可以收回集体经营性建设用地使用权，以防止囤地、炒地等投机行为和造成新的闲置低效用地问题。

2. 完善集体经营性建设用地入市制度

虽然新《土地管理法》和新《土地管理法实施条例》对集体经营性建设用地入市制度作了比较详尽的规定，但在入市实践中仍存在一些制度模糊或争议的问题，需要尽快加以研究明确。

（1）集体经营性建设用地入市范围

集体经营性建设用地入市面临的首要问题是，何种范围内的集体经营性建设用地可以入市？或者说，集体经营性建设用地入市是否需要区分城镇规划范围内外？首先，对于城镇规划范围外的集体经营性建设用地可以入市，学术界应无异议。其次，对于城镇规划范围内的集体经营性建设用地能否入市的问题，学术界存在不同主张。依据《宪法》规定，"城市市区的土地属于国家所有"。但何谓"城市市区"，法律没有明确。与之相近的概念是《城乡规划法》中的城市规划区，即城市建成区以及因城市建设和发展需要必须实行规划控制的区域。城市建成区属于城市市区，其土地属于国家所有，应无异议；但因城市建设和发展需要必须实行规划控制的区域不一定属于城市市区，由于城市规划的动态性，这一区域的土地权属现状通常为集体所有，需要通过征收才能转为国有建设用地。现在的问题是，这一区域内的集体经营性建设用地能否不通过征收而直接入市？《城市房地产管理法》第 9 条规定，"城市规划区内的集体所有的土地，经依法征收转为国有土地后，该幅国有土地的使用权方可有偿出让，但法律另有规定的除外"。有的学者据此认为，在无相关法律出台前，城镇规划区范围内的集体经营性建设用地不能直接入市。还有的学者进一步将城镇规划区分为城市规划区和镇规划区，认为城市规划区范围内的集体经营性建设用地不能直接入市，但镇规划区范围内的集体经营性建设用地可以直接入市，因为《宪法》规定，"农村和城市郊区的土地，除由法律规定属于国家所有的以外，属于农民集体所有”。镇规划区范围内的土地可以是农民集体所有，且不受《城市房地产管理法》第9条规范。我们研究认为，上述观点不能成立。按照“法无禁止皆可为”的原则，《土地管理法》并没有对集体经营性建设用地入市的范围加以区分，也没有明确禁止城镇规划区范围内的集体经营性建设用地入市，《城市房地产管理法》第9条“法律另有规定”的“但书”条款实际就是2019年新《土地管理法》第63条的规定，无论是否在城镇规划区范围内，只要国土空间规划确定为工业、商业等经营性用途并经依法登记的集体经营性建设用地，就可以依法入市。简言之，集体经营性建设用地能否入市，主要依据是国土空间规划而非城镇规划范围内外。同时，2019年新《土地管理法》也没有以城镇规划区范围内外为标准确定集体土地征收范围，反而采取列举方式界定了集体土地征收的六种情形，大幅缩小了集体土地征收范围。集体土地征收与集体经营性建设用地入市是“此消彼长”的关系，征收范围大，就会挤压入市空间，反之亦然。因此，从立法精神来看，是要缩小征地范围而扩大集体经营性建设用地入市范围的。进一步，如果以城镇规划区范围内外为标准确定入市范围，不仅会大幅挤压入市空间，而且可能造成城镇规划区范围内既不能入市也不能征收的尴尬现象。综上所述，我们认为，法律政策上不应限制城市和镇规划区范围内的集体经营性建设用地入市，但可以按照先城镇规划区范围外再镇规划区范围内最后再城市规划区范围内的顺序，稳妥有序推进集体经营性建设用地入市。

(2) 集体经营性建设用地入市用途

对于集体经营性建设用地入市用途，2019年新《土地管理法》第63条作了规定：“土地利用总体规划、城乡规划确定为工业、商业等经营性用途，并经依法登记的集体经营性建设用地，土地所有权人可以通过出让、出租等方式交由单位或者个人使用。”从该条款来看，集体经营性建设用地是可以用于工业和商业用途的，但能否用于商品住宅开发则存在很大争议。争议的焦点是该条款中的“等”作何种理解。一种观点认为，“等”表示列举未尽之意，集体经营性建设用地除能用于工业和商业这两种经营性用途之外，还能用于商品住宅开发等其他经营性用途；另一种观点认为，“等”为列举后煞尾之意，集体经营性建设用地仅能用于工业和商业这两种经营性用途，并进一步认为法律条文必定是字斟句酌、严谨考证了的，若采“列举未尽”之意，则条文列举出“工业、商业”这样的具体用途类型完全是画蛇添足，应将条文调整为“土地利用总体规划、城乡规划确定为经营性用途”，即删除“工业、商业”，但条文未这样表述，说明另有深意，即在于以“工业、商业”对经营性用途加以限缩。

依据法律条文进行法律解释是一种研究进路，另一种研究进路是从制度改革与建设的角度，探讨应不应该限制集体经营性建设用地用于商品住宅开发。首先，从中央改革精神来看。党的十八届三中全会审议通过的《中共中央关于全面深化改革若干重大问题的决定》曾明确要求，“在符合规划和用途管制前提下，允许农村集体经营性建设用地出让、租赁、入股，实行与国有土地同等入市、同权同价”。为了贯彻落实党的十八届三中全会精神，经全国人大授权，2015 年北京大兴等 33 个试点县开展了农村集体土地征收制度、集体经营性建设用地入市与宅基地制度“三项制度”改革，在总结试点经验基础上，2019 年 8 月 26 日第十三届全国人大常委会审议通过了新修正的《土地管理法》。可见，本次法律的修改与党的十八届三中全会精神一脉相承，按照中央“同权同价”的改革精神，不应限制集体经营性建设用地用于商品住宅开发。

其次，从现实需求来看。随着经济发展和消费结构的升级，城乡融合发展的趋势愈来愈明显，居民到乡村休闲度假、康养和养老的需求显著增加，为乡村产业重构提供了历史性机遇；而振兴乡村，不仅需要推进现代农业发展，而且需要以农业为基础促进产业融合发展，提升乡村产业附加值，增加农民的产业经营收入，乡村具有发展附加值更高的休闲度假、康养与养老产业的需求。但是，目前这类产业多数与商品住宅开发紧密相关，没有必要量的商品住宅开发，这类产业多数难以取得盈利。以某全国农村集体经营性建设用地入市改革试点县为例，政府既想引入项目促进乡村振兴又担心资本下乡变相从事商品住宅开发，拟对田园综合体等产业项目设置产业用房自持比例。我们调查了 6 家重点企业，企业普遍认为，田园综合体项目具有投资大、周期长（从土地整治到项目盈利通常在 10 年以上）、政府附加要求多（包括土地流转租金保证、农民住房安置、农业示范区打造、带动项目区乡村振兴等）、风险高、融资难、回报低的特点，不赞成政府设置产业用房自持比例，如果必须设置，自持比例以 10%为宜。自持比例确定的测算依据是，当自持比例 10%时，投资回报率为 5%；当自持比例 20%时，收支平衡；当自持比例 30%时，出现严重亏损。经过多方博弈，区政府基于稳慎原则采取了严格禁止乡村产业项目从事商品住宅开发的政策，严重挫伤了企业下乡投资的积极性，目前这类企业多数处于观望阶段，并未进行实质性投资，少数已经完成投资的企业因无法办理产权分割和销售房屋而陷入经营困境，导致项目“烂尾”和农民利益受损。如何精准把握新时代乡村发展特点，既满足城乡居民追求美好生活的需要，又防止乡村出现房地产无序开发等乱象，是当前乡村建设必须直面且亟待解答的一个现实课题。

最后，从约束条件来看。集体经营性建设用地用于商品住宅开发，可能影响城市房地产市场并引发系统性经济风险。自20世纪90年代中后期以来，中国的城市化逐步走上了一条过度依赖土地要素驱动增长的路子，其运作过程及致险机理如图8－2所示。地方政府通过低补偿的形式大量征收农村集体土地，经过储备和整理后高价出让给房地产开发商，增加地方财政收入；同时，通过组建融资平台以土地抵押方式获取银行贷款，进行城市基础设施建设，经营城市；随着城市营商环境的改善，大量产业项目招引进来，就业机会增多，人口流入，商品住宅的需求也随之增加，房价上涨，房地产开发竞争加剧，地价跟涨，地价的上涨推动房价进一步上涨，地方政府以地生财和以地融资的能力得以增强，商业银行更加偏好贷款给政府融资平台和房地产开发商；在房价上涨的预期下，居民出于刚需、改善型需求或投资动机通过商业银行按揭贷款购置房产，企业出于逐利动机也“脱实向房”通过商业银行贷款参与房地产投资或炒房，房价上涨越快，居民和企业炒房的动机越强，商业银行的房地产贷款数额越大。由此，政府融资平台贷款、房地产开发商贷款、居民个人住房贷款、企业土地或房产抵押贷款全部与商业银行的信贷行为捆绑在一起，整个资金链条维系于“房价上涨的预期”。可是，房价的持续上涨，必然导致严重的资产泡沫，根据相关学者的研究，无论从房价收入比、租售比还是空置率来看，目前房地产泡沫问题已相当严重。一旦泡沫破裂，房价出现大幅下跌，很可能引发财政和金融系统连锁性风险。虽然从改革的方向来看，是要摆脱地方政府过度依赖土地要素驱动经济增长与城市化的模式，走上以新发展理念引领的高质量发展路子，但在策略上最好还是“渐进式改革”，平稳实现新旧动能转换与经济“软着陆”。近年来，在国内与国际多重因素叠加影响下，特别是受新冠肺炎疫情影响，城市房地产市场已呈疲态，中国经济下行的压力与政府债务风险累积的压力骤增，若在此时开禁集体经营性建设用地用于商品住宅开发，很可能会加速城市房地产市场的衰退，一旦时机和力度把握不好，资金链断裂，就可能形成连锁反应，导致房地产与经济“硬着陆”。

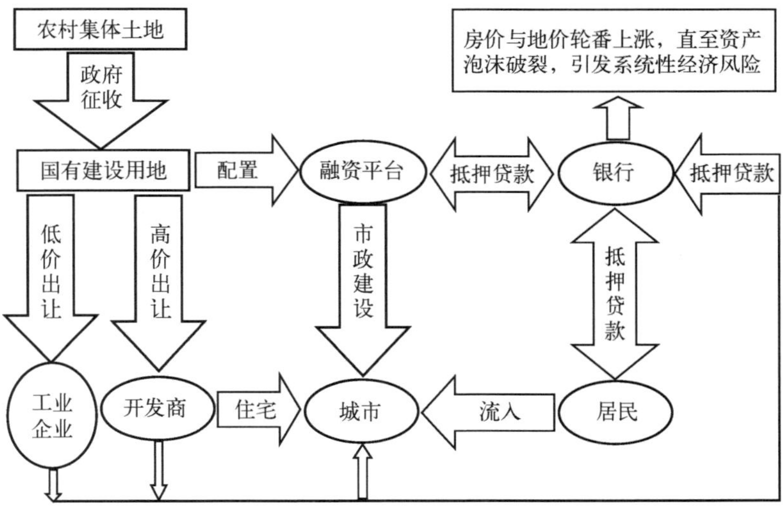

图 8-2　土地要素驱动城市化的运作过程及致险机理

综上所述，我们研究认为，为贯彻落实中央“同等入市、同地同权”的改革精神，满足城乡居民追求美好生活的现实需要，不应从法律制度上限制集体经营性建设用地用于商品住宅开发，但是受现实条件约束，本着渐进改革、经济平稳转型和“软着陆”的思路，从实施策略来看暂时不宜全面开禁集体经营性建设用地用于商品住宅开发。现阶段，应坚持“疏堵并举”的原则，建议依托国家城乡融合发展试验区，重点围绕转变经济发展方式、摆脱土地财政依赖、构建城乡统一的土地与住房制度、完善集体经营性建设用地用于商品住宅开发制度、促进城乡融合发展与乡村振兴等方面改革探索，乡村产业项目在满足土地流转租金保证、农民住房安置、农业示范区打造、带动项目区乡村振兴等条件下，允许配套一定比例的集体经营性建设用地进行商品住宅开发，以解决乡村产业项目资金周转困难的问题。在试点成熟的基础上，再稳步有序向其他地区推广直至普及。

(3) 集体经营性建设用地入市收益分配

能否寻求到利益的最大公约数，事关集体经营性建设用地入市改革成败。目前，《土地管理法》未对集体经营性建设用地入市收益分配作出规范，《土地管理法实施条例》也只是笼统地规定，集体经营性建设用地入市方案应当载明“入市价格、集体收益分配安排”等内容，集体经营性建设用地使用者应当“依法缴纳相关税费”。因此，应当按照党的十八届三中全会审议通过的《中共中央关于全面深化改革若干重大问题的决定》提出的“建立兼顾国家、集体、个人的土地增值收益分配机制，合理提高个人收益”的原则要求，进一步研究明确收益分配及相关税费缴纳规则，为集体经营性建设用地入市提供法律支撑。

关于收益如何在农民集体与成员之间分配的问题。我们研究认为，现阶段在农村集体经济组织制度尚不完善、成员权实现机制尚不健全的情况下，农民集体与成员之间的土地增值收益分配应采取“法定＋意定”结合的方式，由法律规定集体提留比例和主要用途，同时规定村民自治的程序，赋予成员自治的空间。首先，法律应对集体提留的最低比例进行规定，具体比例由村民民主议决。农民集体的抽象性所蕴含的制度逻辑是，不仅现有成员可以对集体土地占有、使用、收益，未来新增成员也可以占有、使用、收益。集体土地不是某一时间点的集体成员共有，所以集体土地收益不能全部用来向现有成员进行分配，必须提留一部分用于公共服务等事项。目前试点地区关于集体与成员的分配比例五花八门，如某试点县政府规定集体提留 80%、成员分配 20%，理由是壮大农村集体经济，防止农民很快花光。我们认为这不符合中央“合理提高个人收益”的原则要求，成员分配比例过低，农民对集体经营性建设用地入市改革的获得感就不会强。在有的案例中，每户仅能分到几十元钱，谈何有获得感并支持入市改革呢？同时，政府以行政方式规定分配比例，挤压了成员自治的空间，有越俎代庖、代民做主之嫌。当然，还有的试点县规定集体提留 20%、成员分配 80%，集体提留过少，也不利于发挥农民集体在乡村振兴中的积极作用。综合试点地区的做法与效果，统筹考虑，我们建议法律规定集体提留比例不低于 30%，具体比例通过村民会议民主决定。其次，法律应明确规定集体提留收益的主要用途为提供社会保障和公共服务。在实践中，农民之所以十分关注土地增值收益分配，其中一个主要原因是城乡二元体制下的农村社会保障制度不健全、标准低，集体土地仍承担着社会保障的功能，所以集体提留收益应重点解决农村社会保障问题，减轻甚至消除农民后顾之忧，方可开展更多元的分配形式。目前，集体仍承担着农村公共服务的职能，集体提留收益是集体的主要收入来源，所以集体提留收益也可用于提供公共服务。在满足社会保障和公共服务用途的前提下，若集体提留仍有盈余，盈余资金的使用可通过村民会议民主决定，如用于发展集体经济等。最后，法律应对土地增值收益分配程序作出明确规定，以确保程序公正。可以参照《土地管理法》和《村民委员会组织法》，规定“集体经营性建设用地入市收益分配方案应当经过村民会议三分之二以上成员或者三分之二以上村民代表同意，并报乡（镇）

人民政府和县级人民政府自然资源主管部门备案”。

关于相关税费缴纳的问题，实际上是要回答如何在集体经营性建设用地入市改革中体现国家利益的问题。目前，试点地区执行的是财政部、国土资源部印发的《农村集体经营性建设用地土地增值收益调节金征收使用管理暂行办法》。这引起了学术界对调节金法律性质、征收基数与征收比例等问题的讨论。首先，关于调节金的法律性质问题。我们认为，调节金是“税”而非“费”。因为：费具有有偿性，政府征收调节金并没有提供直接对应的公共服务，所以调节金不应认定为“费”；而税收的特点在于无偿性，国家收税无需付出任何形式的直接报酬和代价，调节金符合无偿性特点，具有调节收入分配的功能。在具体的税收设置上，应区分“出让”和“转让”分别设置税种。对于集体经营性建设用地首次出让，按法理应当征收所得税，但出于支持乡村振兴目的，可以考虑免征所得税或按较低的比例税率简易征收所得税。对于集体经营性建设用地再次转让，可以考虑征收土地增值税。应及时修改《土地增值税暂行条例》，扩大征税范围，将转让集体经营性建设用地使用权取得的增值额纳入征税对象。通过征收土地增值税，不仅可以实现涨价部分归公，增加地方财政收入，发挥税收在调节收入分配上的功能，而且有利于平抑市场价格，抑制集体经营性建设用地交易市场的投机行为。其次，关于调节金的征收基数问题。再次转让较易确定土地增值收益，难点在首次出让征收基数的确定。按照《暂行办法》，调节金的征收基数是土地增值收益，是入市收入或再转让收入扣除取得成本和土地开发支出后的净收益。同时《暂行办法》还规定，无法核定入市或再转让土地取得成本的，可根据土地征收或土地收储的区域平均成本情况，制定集体经营性建设用地的平均成本，或制定按成交总价款一定比例征收调节金的简易办法。而在试点实践中，超过一半的试点地区未以土地增值收益为基数，主要原因是集体经营性建设用地入市的增值部分难以计算。以入市成交价款为计算基数较为简单明确，易于操作，在试点地区被广泛采用。考虑到乡村实际情况，以入市成交价款作为征收基数收取调节金是具有可操作性的方式。再次，关于调节金的征收比例问题。原国土资源部曾要求，“实现土地征收转用与集体经营性建设用地入市之间取得的土地增值收益在国家和集体之间分享比例的大体平衡”。但从各试点地区的实践来看，“大体平衡”很难做到。如果要保持政府在土地征收中的收益水平不降低，就必须大幅挤压农民集体的收益，集体经营性建设用地入市改革对农民集体就没有吸引力；如果要发挥市场调节的作用，保证农民集体的入市收益大于土地征收的收益，让农民集体支持集体经营性建设用地入市改革，政府的入市收益就必然低于土地征收的收益。事实上，集体经营性建设用地入市改革就是一场政府的自我革命，是“让利于民”的改革。我们认为，应在发挥好市场作用，保证农民集体的入市收益大于土地征收收益的前提下，各地可根据自己的经济与财政状况，按照不同土地区位与用途合理确定征收比例，但基于试点地区的做法与效果评估，比例区间以20%—40%为宜，以此实现土地财政平稳转型。最后，建议适时开征土地保有环节的税种，通过加大土地保有环节的征税力度，抑制土地闲置低效利用现象，促进土地节约集约利用。

3. 建立闲置宅基地向集体经营性建设用地转换机制

从试点地区特别是中西部试点地区反映的情况来看，符合规划的“存量”集体经营性建设用地很少，如果将入市条件严格限定为“存量”，那么集体经营性建设用地入市改革的意义将大打折扣，乡村产业融合发展对建设用地的需求也难以得到保障。2019年，《中共中央国务院关于建立健全城乡融合发展体制机制和政策体系的意见》提出，“允许村集体在农民自愿前提下，依法把有偿收回的闲置宅基地、废弃的集体公益性建设用地转变为集体经营性建设用地入市”。这为在耕地保护与粮食安全前提下实现“增量”集体经营性建设用地入市提供了政策依据，建议国家有关部门加快研究制定闲置宅基地向集体经营性建设用地转换入市的具体操作办法。为此，我们在总结成都“小挂钩”、建设用地指标交易与持证准用以及集体经营性建设用地入市等试点经验基础上提出如下思路（如图 8－3 所示）：第一步，建立市场化土地整治机制，允许社会投资者及农民集体投资实施农村土地综合整治项目，由社会投资者和农民集体及农户通过协议的方式就农村居民点整理、补偿安置、新居规划建设与收益分配等事

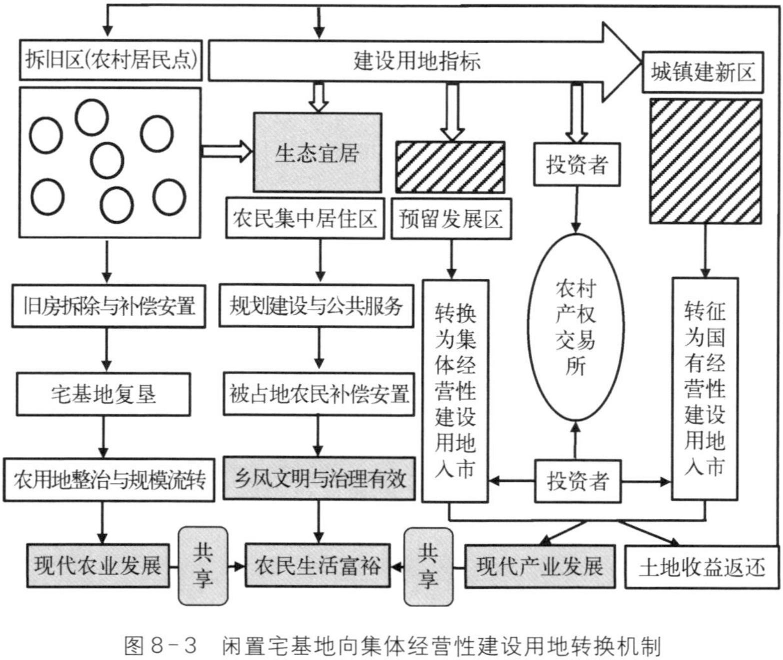

图 8－3　闲置宅基地向集体经营性建设用地转换机制

项协商一致。第二步，进行项目立项，编制项目实施规划，确定拆旧区、农民集中居住区和城镇建新区等事项。第三步，进行项目实施，完成农民旧房拆除与补偿安置、宅基地复垦、新居规划建设与公共服务配套等事项。第四步，完成项目验收，包括宅基地复垦和农房建设质量，农户入住新房。第五步，确定预留发展区，将节约的部分建设用地指标覆盖到预留发展区，从而完成从农用地向建设用地的变更，同时由自然资源部门出具经营性用途的规划使用条件，形成符合规划的集体经营性建设用地。第六步，组建农村产权交易平台，为集体经营性建设用地公开入市提供高效便捷的交易服务，完成集体经营性建设用地入市程序。第七步，社会投资者支付集体经营性建设用地交易价款，交易收益用于农村土地综合整治成本偿还和投资回报，集体经营性建设用地用于保障乡村产业融合发展。第八步，如果实施农村土地综合整治与乡村建设存在资金短缺问题，还可以将节余的部分建设用地指标拿到农村产权交易所直接交易，实现投资回报；同时，城镇建新区的开发商购买国有建设用地时需要到农村产权交易所购买同等面积的建设用地指标，即所谓“持证准用”，因为城镇建新区要完成从农用地向国有建设用地的转用与征收程序，需要建设用地指标覆盖到城镇建新区上。土地成交后，国有建设用地出让的部分收益返还到农村，用于土地综合整治成本偿还与投资回报；国有建设用地用于保障现代产业发展。第九步，整合涉农资金与项目，叠加到农村土地综合整治项目上，增强集成效应，包括：农用地整治、土地规模流转与发展现代农业；乡村治理和乡风文明建设；建立产业共享发展机制，拓展农民就业增收渠道，实现农民生活富裕。以农村土地综合整治为平台，经过上述系列运作，不仅建立起了闲置宅基地向集体经营性建设用地转换入市机制，而且建立起了城市土地市场与农村土地整治市场联结机制，同时还能有效促进乡村振兴战略的实施。

（五）完善耕地保护制度

耕地是保障国家粮食安全的根本，是关系中华民族永续发展的全局性战略问题。改革开放以来，快速的工业化和城市化导致大量耕地资源被占用，使得原本就稀缺的耕地资源更加稀缺，这引起人们对粮食安全问题的担忧。1986年，中共中央和国务院印发《关于加强土地管理制止乱占耕地的通知》，第一次正式将耕地保护作为基本国策。1994年，美国学者莱斯特·布朗提出"谁来养活中国"后，耕地保护与粮食安全再次引起党和政府的高度重视。1997年，中共中央和国务院印发《关于进一步加强土地管理切实保护耕地的通知》，提出建立以耕地总量动态平衡和土地用途管制为核心的土地制度体系，并于1998年贯彻到《土地管理法》的修订之中。党的十八大以来，党中央和国务院始终高度重视耕地保护，习近平总书记强调要"坚持最严格的耕地保护制度"，"采取'长牙齿'的硬措施，全面压实各级地方党委和政府耕地保护责任"，"18亿亩耕地必须实至名归，农田就是农田，而且必须是良田"。2017年，中共中央和国务院印发《关于加强耕地保护和改进占补平衡的意见》，提出建立数量、质量、生态"三位一体"的耕地保护新格局。经过不断的探索实践，中国已建立起了比较完善的耕地保护制度体系，对遏制耕地数量锐减、保障国家粮食安全发挥了重要作用。近年来，受美国战略遏制、逆全球化浪潮、新冠肺炎疫情、俄乌冲突、极端自然灾害、经济衰退等因素影响，国际国内环境不稳定性不确定性明显增强，粮食安全和耕地保护的极端重要性进一步凸显。为有效应对"百年未有之大变局"，必须统筹处理好发展与安全的关系，针对耕地保护的薄弱环节与突出问题，进一步完善耕地保护制度，制定专项耕地保护法案，依法筑牢国家粮食安全屏障。

1. 建立耕地保护共同责任机制

耕地保护具有典型的外部性，粮食安全是全体人民的共同利益，因而也是全体人民的共同责任。应在法律中明确规定耕地保护的"党政同责"，地方党委和政府主要负责人是本行政区域耕地保护的第一责任人；应在法律中明确发包方的耕地保护责任与监督管理义务，将耕地保护的"田长制"与网格化管理落到实处；应在法律中规定承包合同和流转合同必须明确承包人与经营者保护耕地、按照耕地用途管制要求使用耕地的义务，让承包人与经营者知道保护耕地、按耕地用途管制要求使用耕地是应当履行的法律义务；应将耕地保护考核结果作为党政领导干部晋升任免考核的重要内容，实行耕地保护"一票否决制"；应在法律中明确非法占有耕地、破坏耕地、擅自改变耕地用途的法律责任，加大违法惩戒力度，提高违法经济成本，强化违法责任追究的实施效能。

2. 健全耕地用途管制制度

在严格控制耕地向建设用地转换、加强耕地"非农化"治理的同时，应及时补齐耕地向其他农用地转换的制度漏洞，抑制耕地"非粮化"倾向，确保耕地实至名归，主要用于种植粮、棉、油、糖、蔬菜等农作物，永久基本农田重点用于粮食生产。根据 2021 年公布的国土"三调"数据成果，全国现有耕地 19.17 亿亩，相比"二调"，减少了 1.13 亿亩，不断逼近 18 亿亩耕地红线。但梳理耕地减少的原因发现，"二调"以来耕地净流向林地 1.12 亿亩，净流向园地 0.63 亿亩。耕地转为其他农用地，是这 10 年间耕地减少的主要原因。然而，耕地转为其他农用地，除国家安排的生态退耕、灾毁耕地、河湖水面自然扩大造成耕地淹没等原因之外，最主要的原因是农民、农业经营主体或地方政府在经济比较利益诱导下进行的农业种植结构调整，包括在耕地上种植花卉苗木与草坪、在耕地上挖湖造景、占用耕地进行农业设施与乡村道路建设等。耕地保护的主要目的是保障国家粮食安全，但耕地的"非粮化"利用严重侵蚀了粮食安全。因此，从保障国家粮食安全的角度出发，应进一步加强耕地向其他农用地转换的用途管制，即在严格控制耕地转为其他农用地的前提下，因农业结构调整、农业设施建设等确需将耕地转为其他农用地的，应按照"出多少、进多少"的原则，通过将其他农用地整治为耕地等方式，补充同等数量质量的耕地，简称"进出平衡"制度。在实施"进出平衡"制度时，应注意吸收"占补平衡"制度实施中曾出现的"占优补劣、占多补少"等问题，在法律中明确禁止或限制性行为，如"禁止将优质耕地转为其他农用地"。同时，应明确耕地种植用途的管制要求，在关照农民和新型农业经营主体"套种、轮作休耕、复合利用"等合理种植需求的基础上，对耕地"非粮化"的含义及分类治理措施作出清晰界定，避免"一刀切"治理现象，做到耕地种植用途管制"宽严适度"。

3. 创新耕地保护补偿制度

遵循责权利一致原则，在明确耕地保护责任的同时，也应给予保护人相应的利益补偿，形成激励相容，这对于调动保护人自觉保护耕地的积极性至关重要。对于耕地的所有权人、承包经营权人或经营权人而言，限制耕地用于经济比较利益更高的其他农业用途或非农业用途，就是限制了他们利用土地获取更高经济收益的权利，如果不能给予相应的经济补偿，那么他们就可能在逐利动机的驱动下铤而走险。事实正是如此，尽管法律明确禁止永久基本农田用于发展林果业和挖塘养鱼，但永久基本农田用于发展林果业和挖塘养鱼的情形十分普遍，以致法不责众。对于地方政府而言，推动区域经济增长是其重要职责，而区域承担的耕地保护任务越重，可能越不利于区域经济增长，在以 GDP 为核心的政绩考核制度与土地财政格局下，如果不能通过转移支付给予相应的经济补偿，地方政府也不会有积极性支持耕地保护。再从空间正义的角度来看，不同地区承担的耕地保护任务不同，一般地，耕地保护任务越重，越不利于经济增长。近年来，全国耕地保护与粮食生产的重心已严重北移，北方干旱半干旱区、黄淮海平原区、东北平原区的耕地占全国耕地比重由 1980 年的 51.75％增加到 2017 年的 72.46％，粮食生产也由改革开放前的南粮北运变为现在的北粮南运（温良友等，2021），但经济增长反向而行，北方经济持续低迷，“南北差距”开始引起社会各界的关注，这种状况不利于区域之间的协调发展。因此，基于耕地发展权补偿理论或者耕地保护的机会成本理论，建立耕地保护补偿制度势在必行。此外，耕地不仅对保障粮食安全具有重要意义，而且对保障生态安全也具有重要意义。耕地作为生态系统的重要组成部分，在调节气候、净化环境、维持生物多样性、涵养水源、固碳减排等方面发挥着不可或缺的重要作用（温良友等，2021）。因此，建立耕地保护补偿制度，还要运用生态服务补偿理论，把耕地提供的生态系统服务价值考虑进来，对耕地的经济价值、社会价值和生态价值进行全面核算，确定科学的耕地保护补偿标准。

以何种思路建立耕地保护补偿制度，是一个值得研究的重要问题。目前理论与实务界的主流思路是，在测算耕地保护补偿标准的基础上，建立自上而下的转移支付制度，以耕地保护补贴等形式发放给农户。这种思路实质是庇古税思想的运用，试图通过税收或补贴的方式把耕地保护的外部效应内部化，但在实践中面临着补偿标准测算、补偿资金筹集、补贴发放方式与受偿对象识别等系列难题，以及行政方式存在的低效、寻租和腐败等痼疾。另一种思路是，借鉴科斯定理，运用土地发展权转移理论，将市场机制引入耕地保护补偿制度设计中，建立区际耕地保护横向补偿机制，发挥市场在价格发现方面的独特功能优势，由市场供求关系和竞争状况来决定耕地保护补偿标准。通过比较两种思路，我们研究提出如下综合方案：一是以县级行政区域为基本单元，根据区域内的人均粮食消费量、常住人口数、粮食单产和粮食自给率等指标确定区域初始的耕地保护目标任务，达不到耕地保护目标任务的为耕地赤字区域，超过耕地保护目标任务的为耕地盈余区域。二是建立区际耕地占补平衡指标/进出平衡指标的市场化交易机制，由耕地赤字区域向耕地盈余区域在公开市场上购买，价格由市场供求关系和竞争状况确定；为保持市场平稳有序运行，政府应建立市场调控和监管机制，包括对市场价格的必要管制，如设立最低保护价与最高限价等；市场交易范围应以省域内交易为主、跨省域交易为辅，跨省域交易可设置必要的前置条件，由中央政府审核批准后进行；市场交易主体按照“谁投入、谁收益”的原则确定指标供给方，按照“谁享用、谁买单”的原则确定指标需求方，鼓励社会资本和农村集体经济组织参与农村土地整治，形成包括政府、社会资本和农村集体经济组织在内的多元市场主体。三是耕地占补平衡指标/进出平衡指标交易收入在扣除成本后，应逐层分解发放给实际履行了耕地保护责任的主体。四是借鉴林业碳汇办法，探索建立耕地碳汇交易机制，以市场的办法显化耕地保护的生态系统服务价值。五是中央政府和各级地方政府应提取一定比例的财政收入建立耕地保护补贴基金，通过转移支付的方式逐层发放给实际履行了耕地保护责任的主体。

总之，耕地保护补偿制度具有一举多得之效果，通过正向激励社会各方保护耕地的积极性，既促进了粮食安全与生态安全战略实施，又促进了城乡与区域协调发展，有利于增加农民和新型农业经营主体收入，提升乡村振兴绩效。

4. 开展耕地产能提升行动

耕地保护的核心目标是保障粮食安全，相应地，耕地保护的重点是耕地的粮食生产能力(即耕地产能)。虽然现实的粮食产量受经济比较利益、政策与气候变化等多种因素影响会有所波动，但是只要耕地产能达到了保障粮食安全要求的水平，我们就可以做到“心中不慌”(张凤荣，2022)。耕地产能取决于耕地的数量、质量和生产投入，因此，耕地保护不应局限于耕地数量保护，而应把耕地产能提升作为耕地保护的重点，实行更积极的耕地保护政策。一是开展耕地质量提升行动。在把良田划为永久基本农田、实行特殊保护的基础上，进一步完善农用地整治市场化机制，鼓励社会资本参与“旱改水”、中低产田改造和高标准农田建设，向“质量要产能”。二是开展耕地生态保护修复行动。加强耕地土壤调查、污染监测与防控，结合全域土地综合整治，创新耕地生态保护修复机制，完善耕地休耕轮作制度，探索耕地生态产品价值实现路径，鼓励社会资本参与耕地生态保护修复，“向生态要产能”。三是开展土地可耕种科技攻关行动。据农民日报(2022 年 9 月 13 日)报道，山东省先后改造了 580 万亩盐碱耕地，培育了 200 多个耐盐新品种，使得山东以占全国不足 6%的耕地生产了 8.75%的粮食、9.8%的肉蛋奶、11.2%的蔬菜。另据周天勇(2020)测算，通过调节水资源分配，改造未利用土地，调整一些干旱草原地为耕地等，可增加 8 亿到 10 亿亩耕地。不论测算的准确性如何，但可以看出，向科技要产能的潜力很大。因此，应发挥举国体制优势，组织科技力量对盐碱地和土地荒漠化进行联合攻关，采取水利、生物和物理等工程措施，变“未利用地”“不可耕种土地”为“可利用地”“可耕种土地”，向“科技要产能”。此外，我们还应在农业投入上下功夫，运用科技手段选育良种，提高粮食单产与农业劳动生产率；充分发挥国有企业在保障国家粮食安全方面的重要作用，用好国内与国际两个市场。总之，通过这些农业“新基建”措施，既能保障国家粮食安全，又能避免耕地数量保护的“内卷”，为城乡建设释放更多的发展空间，还能增加农民和新型农业经营主体的收入，提升乡村振兴绩效。

（六）联动社保与财税等相关制度改革

土地制度与户籍、社保、财税等制度之间存在着相互嵌套的关系，需要增强相关制度改革的系统性、整体性与协同性，实现制度系统内部协调、功能互补以及与外部环境相辅相成。首先，宅基地是农村土地的一个类别，宅基地制度改革应与承包地“三权分置”改革、集体经营性建设用地入市改革、征地制度改革以及土地要素市场化配置改革等相互协调，实现各项土地制度改革的协同效应。其次，应以集体土地入市收益分配改革联动推进农民社会保障制度改革。农民社会保障体系不健全，是阻碍集体土地市场化改革的重要因素，是导致集体土地被迫承载社会保障功能、难以发挥财产功能的重要原因。因此，集体土地市场化改革应与农民社会保障制度改革协同推进。当前，可行的路径是，提取集体土地入市收益的一定比例建立农民社会保障基金，加快健全包括住房保障、失业保险、养老保险、医疗保险等在内的制度统一、标准一致的城乡居民社会保障体系，解决农民进城失败等后顾之忧，为社会稳定托底，为赋予宅基地完整的用益物权和直接入市创造条件。最后，财税制度也是紧密相关、需要联动改革的重要方面。分税制是导致地方政府谋求土地财政的重要制度诱因，应进一步理顺中央与地方之间的财权与事权关系，弱化地方政府追求土地财政的动力；缺乏对土地及房屋保有环节有效的税收调节制度，是导致市场主体过度“囤地”“炒房”以致土地及房屋闲置与粗放低效利用的重要原因，应加强土地及房屋保有环节征税的立法研究，以税收手段抑制城市与农村土地及房屋闲置与粗放低效利用的现象。我们通过对成都等地的实践经验研究认为，不动土地改革，只动其他改革，乡村建设很难取得实质性进展；而只动土地改革，不动其他改革，乡村建设很可能做成“夹生饭”，沦为“圈地”“拆房”运动；只有土地制度与相关制度联动改革、协同推进，乡村建设才能取得预期的良好效果。

二 乡村共建共治共享机制设计思路

（一）总体思路

地权残缺是乡村建设利益失衡的制度根源，地权越完整，农民利益越能得到保障。不变革地权制度，农民主体地位难以落实，乡村建设的共建共治共享机制难以形成。建构起兼容保障与财产功能的新型地权制度，是乡村共建共治共享机制形成的制度基础。本节在提出新型地权制度建构思路的基础上，进一步以习近平“共建共治共享”社会治理理论为指引，探索设计一套可操作的乡村共建共治共享机制。总体设计思路如下：首先，应对乡村的资源、环境、文化和美学价值等充分挖掘，基于乡村的独特优势价值，对乡村建设进行科学规划，吸引城市资本与人才等要素流向乡村，通过多主体合力共建美丽乡村，着力解决当前中国乡村空心化、老弱化情况下乡村建设主体缺位、生产要素不活、内生动力不足等系列难题；其次，随着乡村从封闭走向开放，利益关系趋于复杂化，特别是资本逐利性带来的无限张力可能造成利益失衡、生态安全等风险，应及时构建起乡村建设的多元共治机制，实现对农民权利保障、政府权力约束和资本张力规制的有效治理，避免乡村沦为资本追逐利润最大化或者政府追逐短期政绩最大化的工具。治理有效是乡村产业兴旺、生态宜居、乡风文明和农民生活富裕的重要保障，“没有乡村的有效治理，就没有乡村的全面振兴”（韩俊，2019）。最后，在有效的治理作用下，通过创新农民合作的组织机制，实现“弱者的联合”和“政府、资本与农户的合作”，政府、资本与农民优势互补、分工协作，共同推动乡村走上产业兴旺、生态宜居、乡风文明之路，并通过紧密的利益联结、收益共享机制带动农民走上共同富裕之路，从而实现乡村的全面振兴。乡村共建共治共享机制设计的总体思路如图 8－4 所示，下面分节具体阐述。

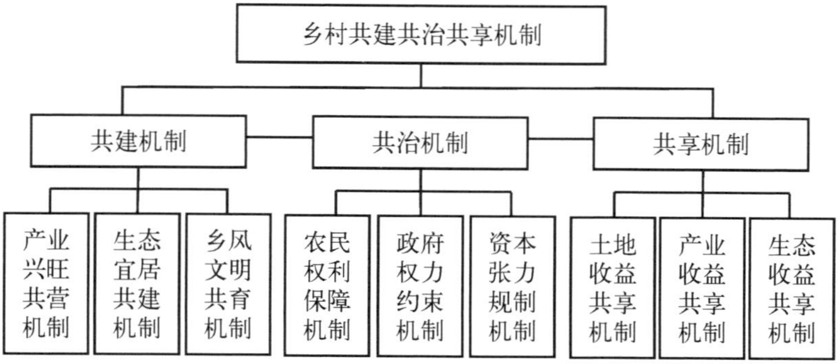

图 8－4　乡村共建共治共享机制设计思路

（二）乡村共建机制设计

乡村共建机制主要由产业兴旺共营机制、生态宜居共建机制和乡风文明共育机制构成。从推进乡村生产方式变革的需要出发，一方面通过教育培训以及扩权赋能提升农民的人力资本价值，唤醒农民参与乡村建设的主体意识，探索适应市场经济要求的新型集体经济组织形式，持续壮大集体经济；另一方面营造良好的投资环境，吸引城市资本与人才下乡，探索与农民行之有效的合作共建机制，让社会资本、返乡创业人员参与乡村产业经营、土地综合整治、农房建设与公共服务供给、生态修复保护以及乡风文明培育。对于乡村建设市场失灵的领域，如社区之外的基础设施建设以及公益性生态环境治理，政府就应介入给予必要的支持。判别共建机制有效性的标准是，充分调动了多元主体参与乡村建设的积极性，形成了多元主体优势互补、分工协作的关系，促进了乡村产业兴旺、生态宜居和乡风文明。

1. 产业兴旺共营机制设计

首先，改造传统农业的核心是引入现代生产要素（罗必良等，2021），让具备企业家能力的新型农业经营主体有动力参与现代农业的生产经营活动，这要求继续深化农村土地"三权分置"改革，为现代生产要素进入农业领域，实现农业规模化、集中连片生产与全产业链经营提供制度条件。

其次，应探索建立农民参与现代农业的有效机制。这种机制不应是农民依附于资本、资本凭借技术或市场的垄断地位剥夺农民利益的不平等合作，而应是基于平等合作、优势互补基础上的多元共赢。农民参与现代农业的过程，应是农民弥补自身短板，逐步提升内生发展能力，逐步吸收现代生产要素，逐步提高农业生产规模化、现代化和智能化水平的过程。四川崇州探索的"农业共营制"将土地、人才、资金、技术、政策等资源整合在一起，有效解决了怎么种地、谁来种地、谁来服务、怎么增收的问题，把农民引入了现代农业发展的轨道（刘同山等，2018）；正大集团探索的资本密集型养殖业"农户＋公司＋政府＋银行"的"四位一体"整合经营模式以及立足产业链纵向整合开展的"百城万店、百万小老板"项目，把农民变成店员和小企业主的做法，也是实现小农户与现代企业有机衔接的有益探索。实践中这些行之有效的做法，值得认真总结推广。

最后，应注重发挥好村集体的资源整合和统筹协调作用。村集体是撮合小农户与各类新型农业经营主体"产业共营"的组织载体，可以在土地权属互换、土地流转、产业发展谋划、资源要素整合、推广农业技术与开展培训、购置农机农具、提供农业社会化服务等诸多方面发挥积极作用，重新焕发出中国统分结合双层经营体制中"统"的制度优势。乡村产业兴旺共营机制设计思路如图8－5所示。

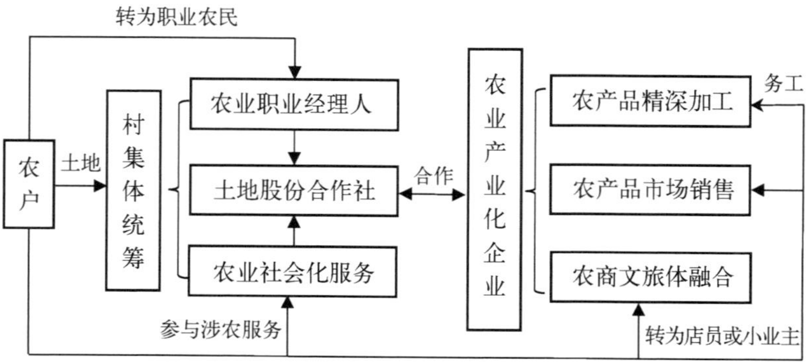

图8－5　乡村产业兴旺共营机制设计思路

2. 生态宜居共建机制设计

生态宜居是乡村生态与乡村宜居的有机统一(孔祥智等,2019)。在内容上,生态宜居建设至少应包括三个方面:一是加强乡村生态环境保护修复,主要是土壤、水体与农业面源污染治理,土地退化与荒漠化治理、退耕还林、自然保护地等,通过山水林田湖草沙综合治理,实现人与自然和谐共生;二是改善农民居住条件与生活环境,应在科学规划的前提下,通过实施全域土地综合整治与生态保护修复以及农村人居环境整治,优化生产、生活与生态空间,实现农民适度集中居住、房屋质量与安全性明显提升、公共服务设施配置完善,垃圾污水收集处理,村容村貌整洁卫生,居住生活便捷宜人;三是推进乡村形成绿色发展导向的空间格局、产业结构、生产方式与生活方式,实现生态产业化与产业生态化,将乡村资源环境优势转化为经济发展优势。在机制上,生态宜居建设可考虑以全域土地综合整治与生态保护修复为平台,聚合农村人居环境整治,探索建立"村集体及农户为主体、政府引导、企业参与、市场运作"的系统集成运行机制。目前,自然资源部在总结浙江"千万工程"的基础上,在全国部署开展全域土地综合整治与生态保护修复试点。与以往开展的土地整治与增减挂钩试点相比,全域土地综合整治与生态保护修复应把生态宜居建设作为重要目标,在内涵及机制上实现以下五个方面的新拓展:全域性,以片区为单元编制乡村国土空间规划,进行全域规划、全域整治;综合性,实行"3+X"整治模式,即在农用地整治、建设用地整治、生态保护修复三项基本任务基础上,根据乡村实际情况,把历史文化保护和人居环境整治等整合到一个平台,把山水林田湖草沙作为生命有机体进行全资源、全要素整治;生态性,把生态保护修复嵌入土地综合整治,实施生态型土地综合整治,突出抓好土壤污染治理、水环境治理、农业面源污染治理、垃圾与污水处理、生物多样性保护、大地景观与水系水网再造等突出环境问题；统筹性，把全域土地综合整治与生态保护修复作为一个系统工程，形成统筹推进的工作机制，实现规划一张图、实施一盘棋、资金一本账、管理一张网；创新性，充分发挥市场机制的作用，组合运用农村土地“三权分置”、集体经营性建设用地入市、农村产权抵押融资、土地指标交易、碳汇交易、生态补偿、生态产品价值实现等改革政策工具，调动社会资本与农民集体及农户参与全域土地综合整治与生态保护修复的积极性，着力解决好生态宜居建设“钱从哪里筹”等难题。

3. 乡风文明共育机制设计

乡村建设不仅要“外在美”，更要“内在美”，乡风文明是乡村建设“内在美”的集中体现。当前，中国乡风文明建设的困境主要是基层政府、村干部和农民的积极性不高。对待乡风文明建设这种无利可图、村民要求不强烈、缺乏硬性考核指标的事务，基层政府和村干部往往采取形式主义或被动应付的策略；在城市化进程中，伴随着集体主义观念的逐渐淡化，农民行动的最大动力蜕变为物质利益，如果乡风文明建设不能给农民直接带来物质利益，农民就不会主动参与，甚至会因束缚感增加、耽误时间、影响赚钱等有所排斥（黄昕等，2019）。因此，推进乡风文明建设，关键是培育多元化的乡村文化主体，形成乡风文明共育的合力。一是深刻认识乡风文明对乡村建设的重要性，确保政府职能到位，加大乡风文明建设的人财物支持力度，实施乡村文化人才振兴行动，多渠道、多形式提供乡村公共文化服务供给，将社会主义先进文化、优秀传统文化和西方文化精华有机嵌入乡风文明建设之中。二是发挥好基层党组织的战斗堡垒作用，基层党组织是推动乡风文明建设的组织保障，将党建活动与乡风文明建设相结合，以党员干部行为示范引领文明新风尚。三是发挥好新乡贤的带动作用，鼓励返乡创业的大学生和农民工以及“新村民”投身于乡风文明建设，通过言传身教等多种方式将先进文化、观念和文明习惯“传帮带”到乡村。四是动员社会力量参与乡风文明建设，文化赋能是提升产业附加值的重要途径，鼓励社会力量在参与乡村建设和产业经营的过程中，深入挖掘乡村特色文化，实现农文旅融合发展，将乡风文明建设嵌入文化产业经营之中。五是确立以满足农民需求、解决农民实际问题为主要导向的理念，采取农民喜闻乐见的形式，唤醒农民心中的正能量，激发农民投身于乡风文明建设的主动性。例如，浙江义乌何斯路村通过“功德银行”的方式记录好人好事，起到了弘扬“向上、向善、向美”优秀传统文化的效果；山西运城雷家坡村通过设立“日间照料中心”为 70 岁以上老人提供一日三餐、看护、休息、娱乐等服务，以实际行动弘扬“孝老”文化，切实起到了“润物无声”的效果。总之，应在深入理解政府、村两委、农民、乡贤、企业和社会组织的行动逻辑基础上，按照激励相容的目标进行机制设计，最终形成“政府＋村两委＋农民＋乡贤＋企业＋社会组织”的多元主体共育乡风文明格局。

（三）乡村共治机制设计

乡村共治机制主要由农民权利保障机制、政府权力约束机制和资本张力规制机制构成。以解决现实问题为导向，乡村应在党委的领导下从单边治理转向共同治理。一是围绕关乎农民切身利益的重要事项，从农民的知情权、决策权、参与权、监督权和收益权入手，健全农民权利保障机制，提升农民组织化程度，增强农民对外部负面冲击的韧性，让农民有能力“自治”和自行维护权益；二是明确政府在乡村发展不同阶段的角色与职责，避免政府不当干预、过度包揽以及相关的官员寻租行为，以法治方式约束政府公权力行使；三是针对资本下乡悖论，即不引入资本乡村面临生产要素流失、农民主体缺位、内生动力不足的难题，而引入资本则可能因资本逐利性带来的无限张力造成利益失衡、生态环境破坏等风险，法治与德治相结合，激励与惩戒手段并用，对资本张力进行有效规制。判别共治机制有效性的标准是，实现了“政府主导”向“政府负责”的转变，厘清了政府与村民自治组织的权责边界，农民的治理话语权明显增强，各类经济社会组织协同治理，通过民主协商的方式能够有效化解各类矛盾纠纷，实现了社会安定和谐。

1. 农民权利保障机制设计

在多元共治中，农民由于权利残缺、动力不足、意识淡漠而经常处于失语的境地，农民利益被侵犯的现象时有发生。因此，在多元共治机制设计中，最重要的是保障好农民的合法权益。

首先，应坚持农民在乡村建设中的主体地位，明确“乡村为农民而建”的目的。要通过地权变革进行“扩权赋能”，赋予农民更完整的土地权利，土地综合整治、土地流转、农房建设、收益分配等重要事项均应交由农民采取民主方式议决。为了提高农民自治的能力，成都市给予每个村庄一定数额的村级公共服务资金，资金使用需要经过严格的程序和民主议决，不仅让村民“有钱办事”，而且让村民“民主办事”，以小额资金使用来锻炼农民的自治能力。因此，“扩权”与“赋能”应当并重，既让农民有权利参与乡村治理，又让农民有能力参与乡村治理。

其次，应细化农民在乡村建设各环节的权益，厘清农民与相关主体之间的权责利边界。要围绕关乎农民切身利益的重要事项,特别是土地整治补偿安置方案、新房规划建设方案、土地权属调整方案、新房分配方案、资金使用方案、集体经营性建设用地入市方案、土地增值收益分配方案等,清晰界定农民在其中享有的知情权、决策权、参与权、监督权和收益权,哪些事项必须经农民表决同意或者签字按印,哪些事项必须在什么地方公示或公告多久,哪些事项只需农民知情或者征求意见但不一定完全采纳,等等。实践中,农民对自己享有哪些权益并不完全清楚,相关主体拥有较大的自由裁量权,以致农民合法权益受到侵害。

最后,应建立农民权利保障救济机制。当农民权利难以实施、受到侵害或引发纠纷争议时,应有相应的救济渠道和表达机制。成都专门成立了农村产权仲裁院,对农村产权纠纷进行仲裁服务,值得总结推广。此外,应加大对侵害农民合法权益行为的惩戒力度,纳入党纪和法治轨道,坚决制止发生强迫农民意愿、侵害农民权益的现象。

2. 政府权力约束机制设计

在多元共治中,政府的作用最为关键。作为强势一方,政府首先要具有自我变革的勇气,改变长期以来形成的自上而下纵向控制的思路,推动农民、企业、社会组织等多元主体参与乡村治理,形成党委领导下的多元共治格局。政府要主动改变大包大揽、代民做主的做法,在乡村建设中要从具体项目的直接投资实施者超脱出来,更多履行规划者、政策制定者、服务者和监管者的角色。政府要敢于授权、善于放权,把培育多元治理主体、搭建多元治理平台、协调多元主体关系作为乡村建设起步阶段的重要职责。随着多元治理主体的形成,政府要审时度势,逐步退出相关事务的治理,只要农民、企业和社会组织愿意参与、有能力参与的治理事务,就大胆让渡给农民、企业和社会组织，但在治理失灵的领域，政府则应及时补位。其次，应在党委领导下加强顶层设计，针对政府在乡村建设中存在的越位、缺位、错位现象，以正式制度的方式进行规范，有效约束公权力的行使，促使政府正确地履行乡村治理的职能。最后，应针对乡村建设过程中政府官员寻租或政府官员与资本合谋共同侵害农民权益的行为进行严格惩戒，防止发生政策执行偏差和扭曲现象。总之，乡村治理的成效如何，关键取决于政府能否正确定位自己的角色，及时转变职能，并根据乡村发展的不同阶段任务更好地发挥作用。

3. 资本张力规制机制设计

内生动力不足的乡村，引入社会资本是必要的，与资本下乡相伴而行的通常还有人才、技术、信息，这些先进要素是乡村经济转型发展不可或缺的要件。一方面要发挥好企业在资金、技术、人才、市场和品牌等方面的优势作用，另一方面也要充分认识到资本逐利性可能造成的利益失衡、生态环境破坏等风险，加强资本张力规制同样至关重要。首先，应对下乡资本设置必要的准入门槛。产业项目应符合国土空间规划、产业发展规划、环境保护规划以及其他专项规划，以科学规划引领乡村高质量发展，不符合规划要求的不得准入。应明确环境质量安全底线和自然资源开发上限要求，不得造成环境污染、资源浪费、生态破坏，不得违法占用耕地与永久基本农田，不得破坏乡村原有风貌和历史文化，不得违规开发乡村别墅和私人庄园会所。其次，应运用规划与政策手段对下乡资本正向引导。在项目形态上，引导产业科学布局，合理利用地形地貌，展现田园原汁原味之美；在项目业态上，鼓励发展生态农业、体验农业、创意农业，注重绿色科技创新，探寻农业降成本、增效益新路子；在项目生态上，鼓励采用生态节能环保材料和生态化施工工艺，不随意砍树、移植古树名木、占用林地、填占水域，不随意对河道进行改道、截弯取直、切滩；在项目文态上，鼓励保护历史文化与特色建筑，不搞大拆大建。最后，应针对主要风险点建立健全对下乡资本的监管机制，形成政府、农民和社会组织监管合力，以完善的制度规范与严格的惩戒实现有效制衡与治理。

（四）乡村共享机制设计

乡村共享机制主要由土地收益共享机制、产业收益共享机制和生态收益共享机制构成。首先，应建立资本下乡的优先选择机制，把妥善安置农民、建立利益联结机制、引导农民融入现代农业体系、扶持农民提升人力资本价值等作为优先选择的条件。其次，在收益分享上既要遵循城乡要素平等交换、按贡献和能力分配的原则，又要对农民给予适度的人文关怀，平等保护农民和资本的合法权益。在此前提下，鼓励资本与农民探索多样化的收益分享方式，通过“租金动态上涨”“收益保底＋利润分红”“碳汇交易”“联合经营、按比分配”“资源入股、锁定风险、优先分配”等多种方式，保障农民切实享受到土地增值收益、生态补偿收益和产业经营收益的实惠。判别共享机制有效性的标准是，在党委领导下，资本与农民通过平等协商达成了激励相容的收益分配合约，农民利益有明显增进，实现了生活富裕。

1. 土地收益共享机制设计

土地是农民最重要的资产，共享机制设计应充分体现农民土地的权益价值。首先，土地作为一种生产要素，应按照等价交换的原则参与收益分配。这要求在农村土地“三权分置”改革的基础上，加快培育和发展农村集体土地产权交易市场，释放长期受城乡二元制度抑制的土地经济价值，形成能够灵敏反映市场供求关系和资源稀缺程度的土地价格形成机制。既要充分发挥市场在土地资源配置中的决定性作用，又要更好地发挥政府对农村土地市场形成的引导作用、农村土地市场健康运行的调控作用和监管作用。应强化农村土地市场交易的信息披露，建立农村土地交易最低保护价与基准地价制度，避免由于信息不对称等原因导致农民土地权益受损；应通过规划与计划管理等手段对农村土地市场交易进行必要的调控，避免由于供求关系严重失衡等原因导致土地价格大起大落；应运用大数据、互联网和人工智能等技术手段进行全方位、全过程监管，采取法治、行政、经济等综合措施，防止发生囤地、炒地、闲置浪费和违法用地问题。

其次，以土地发展权交易探索形成合理的土地指标价格形成机制，统筹解决当前农村普遍存在的“人减地增”、集体建设用地闲置低效、不同地类转换与空间布局优化的问题，同时确保农民能够公平分享土地发展权交易收益。目前，重庆、四川成都、浙江义乌、河南、广东等围绕土地发展权交易做了积极探索，但在市场交易机制设计特别是建设用地指标价格形成机制设计上还存在不足。比如，成都建设用地指标成交价格从 2011 年至今一直固定在 30 万元/亩，名为市场交易、实为行政定价；重庆“地票”成交价格多年维持在 20 万元/亩上下略有变动，且出现了“地票”供过于求、出售困难、价格由高到低、农民收益难以及时兑现的现象，行政干预不当与调控缺位问题同时并存。建设用地指标价格的合理确定是一个十分复杂的问题，受到诸多因素的影响。一是受到农村土地综合整治成本的影响，不同区域、不同旧房质量结构、不同人均宅基地面积、不同复垦还耕标准、不同新房规划建设标准，土地综合整治的成本差异很大；二是受到建新区（指标接收区）土地出让收入的影响，建新区的区位条件不同、规划使用条件不同、经济发展水平不同，土地出让的收入差异悬殊；三是受到宏观经济形势特别是房地产市场形势的影响，宏观经济和房地产市场形势好，产业项目用地需求越大，对建设用地指标的需求也越大；四是受到年度用地计划指标供给量的影响，国家下达的计划内土地征收与农转用指标越少，地方对通过增减挂钩项目形成的计划外的建设用地指标需求就越大，反之亦然；五是受到“持证准用”范围的影响，重庆、成都都实行了“持证准用”制度，从逻辑上来讲，新增国有建设用地首次出让，无论是经营性用途还是非经营性用途，只要是使用增减挂钩项目节余建设用地指标进行土地征收与农转用的，就会比使用计划内土地征收与农转用指标多出一块农村土地综合整治的成本，所以这种性质的土地出让需要“持证准用”，即同时购买出让土地相应面积的建设用地指标，以弥补额外增加的成本，但在实际操作中考虑到其他因素，可能人为扭曲“持证准用”的范围，如成都规定工业项目用地、重大服务业项目用地以及非经营性项目用地可以不适用“持证准用”，这就缩小了“持证准用”的范围，减少了建设用地指标需求，进而通过供求关系影响了价格；六是受到市场交易主体设计的影响，有的地方规定建设用地指标交易主体只能是政府，有的地方规定建设用地指标交易主体是企业，有的地方规定建设用地指标交易主体包括政府、企业、其他社会组织和自然人，交易主体不同，也会影响市场价格的形成；七是受到政府对价格干预的影响，建设用地指标交易不可能是完全自由市场，政府对价格干预是必要的，但如何干预值得探讨，建设用地指标价格高，有助于提高城市反哺乡村的能力，但会增加城市的用地成本甚至可能推高房价，城乡关系认知影响政府对价格的干预。此外，“持证准用”制度的建立，使得农村建设用地指标供给会制约城市建设用地出让，这就必须考虑建设用地指标供求平衡问题，是否需要建立政府对建设用地指标的储备库以在供求严重失衡时调节市场运行，以及是否允许建设用地指标具有投资与抵押融资价值，显然，这些政策设计必然会对建设用地指标价格产生影响。总之，综合权衡多种因素，探索建立起土地发展权交易机制，让农民能够公平分享土地发展权收益，仍有深入研究之必要。

最后，应因地制宜，采取多样化的土地收益共享方式。采取土地租赁方式的，应鼓励建立租金的动态调整机制。可以实行实物租金制，即参照粮食作物的耕地年产值以及当年粮食作物的市场价确定每年支付给农民的土地租金标准，实现租金的随行就市；也可以双方确定一个固定租金，然后按照每隔几年（如 5 年）上涨一定比例（如 5%）调整租金标准，实现租金的动态上涨。采取土地出让方式的，关键在于合理确定政府、集体和农民之间的土地增值收益分配比例，扣除成本和应缴纳的税费之后，集体和农民之间的分配应遵循村民自治的原则进行民主协商决定，政府要发挥好引导作用，但不能越俎代庖。一些地方政府担心农民获得现金后会立即吃光花光，过度强调发展集体经济，出台政策文件强制规定按照“集体 80%、农民 20%”的比例进行分配，结果导致农民的获得感和满意度不高，对集体经营性建设用地入市改革不够支持，这种代民做主、“一刀切”的做法需要引以为戒。采取土地入股方式的，应坚持稳慎、安全原则，强化经营风险防范的意识，鼓励实行“收益保底＋利润分红”或“土地入股、锁定风险、优先分配”的机制，保障农民安全稳定地获取土地收益，下乡资本应主要通过发挥资金、技术、人才、信息、市场、品牌等优势，获取产业经营收益，不应把利润回报的重点放在捕获土地价值上。采取土地发展权交易方式的，关键也是平衡好国家、村集体及农户和投资者的利益关系，体现共享发展的精神。国家利益以税费形式体现，应与集体经营性建设用地入市税费收缴相衔接；村集体及农户和投资者的收益分配按照合同约定，但政府应通过制定最低保护价、提供示范合同、加大信息披露等多种措施，平等维护双方的合法权益；村集体与农户之间的收益分配以及集体收益部分的用途应当采取村民自治的方式民主决定。从各地实践来看，广东按净收益5%、5%、15%、75%的比例分配给县级财政、镇级财政、土地所有权人和土地使用权人的做法比较合理，可加以总结推广。[①]

2. 产业收益共享机制设计

土地之于农民，不仅是一种重要的资源要素和财产，还是经济活动不可或缺的空间载体，可以发挥“链接”农民与资本、使小农户融入现代农业体系的作用。下乡资本应认识到，离开农民土地这个空间载体，从事乡村产业发展就成了“无源之水、无本之木”，因此，应通过土地这个空间载体，建立起资本与农民之间的利益联结机制，一方面调动农民通过投工投劳甚至资金入股等方式参与到乡村全产业链的经营发展中，另一方面根据能力与贡献原则让农民合理分享产业经营的收益，形成联农、带农、富农的机制。在构建产业收益共享机制方面，应充分发挥村集体的组织作用和集体经济组织的平台作用，陕西袁家村的实践提供了示范。袁家村首先对集体拥有的多个村办企业资产进行了整合，成立了村集体经济组织——袁家村文化旅游产业有限公司，将公司股权按照每股20万元量化分配给了全村62户农民，形成了集体持股38%、农户持股62%的股权结构，每股年分红4万元；同时，对农户拥有的承包地和闲置农房等资源资产进行了整合，把分散在各农户的572亩承包地按照每亩4万元的标准流转给

① 姚树荣.土地发展权的市场化配置与权益实现[J].土地科学动态，2020(05)：20-23.

村集体统一经营，按照自愿原则将农户闲置农房估价折算投入到村文旅公司，发展农家乐与客栈。通过资源的集中整合，袁家村建立了集体经济发展的平台，形成了农户与集体之间的收益共享机制。在此基础上，袁家村进一步整合村内外各方力量发展文化旅游产业，允许村内外的农户和企业通过技术、管理和人才等方式加入村文旅公司，形成农户和企业混合持有村集体股份的股权结构，同时还允许村文旅公司与各类合作社、各家商铺和农家乐交叉持股，形成“我中有你、你中有我”的利益共同体。此外，为了向游客提供更好服务，袁家村还通过“调节股”的方式来缩小商户之间的收入差距，即将盈利状况好的商户的一部分股份收益补贴给有稳定客源但盈利状况差的商户；为了维护社会公平，通过“限制股”的方式来照顾家庭经济状况差的农户，即农户应遵循“全体参与、自愿入股、钱少者先入、钱多者少入、照顾到小户、限制住大户”的规则入股合作社。通过这种共享机制设计，袁家村极大地凝聚了村内外农户与商户的合力，推动以关中民俗为特色定位的乡村旅游产业不断创新发展，并带动食品加工业与种植、养殖业持续稳健发展，形成了“有机农产品生产基地（14个）＋食品加工企业（10 家）＋旅游服务企业（8 家）＋店铺（623 户）＋农家乐（62 户）”的产业融合发展格局。袁家村的产业发展吸引了大量外来人口，常住人口从 2007 年的 300 多人增加到 2018 年的 3 000 多人，2018 年村集体收入达到 5.2 亿元，人均纯收入也达到 8.3 万元的高水平。[①]

3. 生态收益共享机制设计

良好生态是乡村建设的重要内容，也是振兴乡村最重要的资源

① 吴正海，范建刚．资源整合与利益共享的乡村旅游发展路径——以陕西袁家村为例[J]．西北农林科技大学学报（社会科学版），2021(02)：70－79.

禀赋。首先，应在充分认识乡村资源环境“内在结构化粘连”特性的基础上树立起“生命共同体”的观念。习近平总书记指出：“山水林田湖是一个生命共同体，人的命脉在田，田的命脉在水，水的命脉在山，山的命脉在土，土的命脉在树。”[①]资源环境具有的这种“内在结构化粘连”特性，不仅要求在国家层面由一个部门（自然资源部）统一行使山水林田湖草沙的生态保护修复职责，而且也要求在乡村层面由一个组织（村集体经济组织）以“生命共同体”的理念负责对全村资源环境的整体规划设计、保护修复与开发运营。唯有如此，才能保障乡村资源环境治理取得事半功倍的效果。因此，在乡村生态保护修复方面，村集体应充分发挥好资源整合、组织策划、招商引资和利益协调的重要作用，切实避免社会资本在利润最大化目标驱动下选择性投资和“挑肥拣瘦”的现象发生。

其次，应着力破解乡村资源环境优势向经济优势转化的渠道，探索多样化的生态产品价值实现方式。生态保护的外部性，导致乡村资源环境的经济价值难以显现，进而导致生态产品的供给不足，以及不同行政区域生态保护和经济发展之间的结构性矛盾。生态保护是全民事业，自然也应是全民责任，但实际上生态保护责任在不同行政区域之间存在着明显差异，中国西部地区特别是西部乡村地区承担了耕地与生态保护的主要责任，但并未享受到应有的经济红利，这是导致中国城乡与区域发展不平衡的重要原因。应建立健全中国的生态保护补偿机制，加大纵向财政转移支付的力度，理顺横向生态补偿利益关系，积极探索市场化耕地与生态保护补偿模式。在进一步完善水权交易、排污权交易、碳排放权交易等试点的基础上，在不同行

① 习近平.关于《中共中央关于全面深化改革若干重大问题的决定》的说明[N].新华社，2013.11.15.

政区域之间探索开展土地指标的市场化交易。基本思路如下：① 根据国家粮食安全和生态安全的需要，设定全国耕地保护总面积和生态保护总面积。② 以县级行政区划为基本单位，计算出各县的粮食消耗量和生态系统服务消耗量，以及各县粮食消耗量、生态系统服务消耗量分别占全国粮食总消耗量、全国生态系统服务总消耗量的比重，以此确定各县应承担的耕地保护面积和生态保护面积，并以此为基础形成全国各区域土地指标的初始分配，包括耕地保护面积和生态保护面积等，纳入国土空间规划。③ 将各地现状耕地和生态保护面积与初始分配的耕地与生态保护面积指标进行对比，盈余地区为供给方，赤字地区为消费方。④ 将盈余指标转换折算成耕地占补平衡指标和建设用地指标，设计成有价值、可交易的商品，明确交易主体，搭建交易平台，引入市场供求、竞争、价格、监管机制，形成政府调控下的市场交易机制，能够反映市场供求和资源稀缺程度以及体现自然价值和代际补偿。值得强调的是，县级、地市级、省级行政区域必须承担的耕地与生态保护面积底线以及开发建设上限应满足国家粮食安全和生态安全格局的基本需要，唯有在底线之上和上限之下的盈余指标才可进入市场进行跨区域交易。通过这种机制，激励耕地保护与生态保护从消极、被动保护转向积极、主动保护，实现“绿水青山”向“金山银山”的顺畅转化，解决不同行政区域之间耕地与生态保护和经济发展的结构性矛盾，促进城乡区域协调发展（杨锐等，2020）。此外，福建顺昌依托国有林场搭建的“森林生态银行”、浙江丽水依托生态优势打造的“丽水山耕”品牌、贵州依托大数据平台开展的“单株碳汇”精准扶贫等，都是对生态产品价值实现机制的有益探索，值得进一步总结经验和借鉴。

最后，应因地制宜，实行有差别的生态收益共享方案。一是按照公益性和经营性区分生态产品，公益性生态产品更多采取纵向财政转移支付方式，如退耕还林、公益林补助、草原奖补、生态保护公益岗位（如护林员）等补偿方式，直接补助到承担了生态保护责任的农户家庭；经营性生态产品可遵循“谁投资、谁受益”的原则，按照市场化方式运营管理。二是按照区域划分，遵循“谁受益、谁补偿”的原则，对具有明确生态—经济紧密关系的行政区域之间（如京津冀、长江经济带）建立起跨区域或跨流域的生态共建共治共享机制，受偿地区获得补偿后再根据生态贡献分配到具体单位；“飞地经济”也是一种区域之间的经济共享模式，比如生态保护区出耕地占补平衡指标和建设用地指标，经济发达地区出土地、资金和技术，双方共建产业园区，共享园区的GDP、税收和就业。三是按照生态产品是否可直接交易，区分为可直接交易的生态产品和不可直接交易的生态产品。对于可交易的生态产品，如碳排放权、排污权、用能权、用水权、森林覆盖率、湿地信用等，通常是在环境配额约束下引入市场机制进行交易，以此实现生态保护区或从事生态修复保护的组织收回投资成本并取得合理利润；对于不可交易的生态产品，可通过生态产业开发将生态产品的价值附加在农业、工业或服务业产品上通过市场销售溢价等方式实现投资回收。比如，通过区域生态环境改善，带动区域土地与房产增值；通过对自然保护地与国家公园的地理标志品牌打造，提升当地土特产品、民宿旅游、旅游纪念品的销售溢价；通过区域生态环境改善，增强对环境友好型产业和高端人才的招商引智吸引力。总之，乡村建设应高度重视生态修复保护，充分调动社会各方力量参与“山水林田湖草沙”生命共同体的综合治理，探索多样化的生态产品价值实现方式，并在生态修复保护中形成联农带农富农机制，让农户通过以工代赈、投工投劳等方式参与生态文明建设，共享生态文明成果。

第九章

总结与展望

本章的主要任务是总结全书，归纳提炼出主要的研究结论或思想观点，同时对未来研究可以深化拓展的方向进行展望。首先，总结全文研究，课题组得到以下七个主要结论：

一、乡村建设应有大历史观和大发展格局

百年乡村建设的实践表明，乡村问题不是一个孤立存在的问题，它内生于中国上百年工业化、城市化与现代化转型的过程中，从根本上取决于社会生产力的发展状况，内嵌于工业与农业、城市与乡村、国家与农民、政府与市场等一系列社会关系与结构之中。乡村建设应避免就乡村问题而讨论乡村问题，落入“技术化”“内卷化”陷阱。技术主义的“乡土重建”方案虽对解决乡村问题有积极作用，但难以从根本上解决乡村问题；不断地通过以城带乡、以工补农的方式，加大对乡村的财政转移支付力度，虽能在一定程度减缓城乡发展差距，但不能明显提升农民的生活质量与满意程度，不能扭转农村青壮年劳动力向城市单向流动的态势，不能解决试点村投入过度而非试点村投入严重不足的马太效应。乡村建设应顺应社会生产力的发展要求，遵循工业化、城市化和现代化转型的发展规律，既不消极等待也不急躁冒进，以历史的耐心，在对工农与城乡关系、国家与农民关系、政府与市场关系动态调整的过程中加以系统解决。

二、乡村建设必须适应性变革乡村地权制度

民国时期的乡村建设运动是以知识分子为主体振兴乡村的伟大尝试，历史意义重大而深远，一些探索至今仍有启示价值，但本质上是改良主义的，没有变革地权制度，没能触动乡村的社会结构，没能发动农民广泛参加，没能从根本上改变乡村贫困落后的面貌，具有历史的局限性。中国共产党成立后，抓住乡村地权这个关键“锁钥”，先

后领导了土地革命时期、抗日战争时期、解放战争时期的地权制度改革，发动农民广泛参与，乡村社会发生了翻天覆地的变化。新中国成立后，长期受赶超主义、工业化优先、城市化偏向以及城乡二元体制的影响，特别是伴随着农业的社会主义改造，中国逐步建构起了独特的保障性地权制度，把乡村产业“窄化”为农业生产，土地功能“固化”为社会保障，这种保障性地权制度虽对低成本快速推进工业化和城市化发挥了重要作用，但也是导致乡村相对于城市日新月异发展而日渐衰退的重要原因。21 世纪以来，中国在统筹城乡发展、城市反哺农村方面采取了一系列政策措施，但城乡发展差距不仅没有缩小反而拉大，主要原因是没有变革保障性地权制度，破除城乡二元体制的束缚。历史经验表明，实现乡村振兴，必须变革保障性地权制度，赋予乡村与城市平等的发展权利，为乡村经济的多样化、市场化和现代化转型提供支撑。

三、乡村地权与乡村建设具有内在的互动共演关系

乡村社会是一个耗散结构的复杂系统，其内部系统由生产力、经济基础和上层建筑三个子系统以及技术、资源、产权、分配、制度和文化六个关键因素构成，其外部环境主要由国内环境、国际环境以及一些不可控因素构成。在乡村社会，土地是最重要的生产资料，基于土地的产权制度安排（地权制度）是乡村生产关系的核心。从根本上讲，乡村地权制度取决于乡村生产力的发展水平，并随着乡村生产力的不断发展而适应性演化；同时，乡村地权制度对乡村生产力发展有重要的阻碍或促进作用。乡村地权制度演化的基本逻辑可概括为：外部环境变化引起技术变化，技术变化引起经济过程中人们的产权关系变化，产权关系变化最终引起乡村地权制度的变化；乡村地权制度变化反过来又引起产权关系的变化，产权关系变化进一步作用于

技术，技术变化再引起外部环境的变化。在同一的地权制度安排下，会形成不同的地权配置模式。地权配置模式不同，导致相关参与者的利益关系不同，博弈策略不同，形成不同的乡村建设模式，面临不同的矛盾和问题，最终导致差异化的乡村建设绩效，由此又推动着地权不断动态演化，形成多样性的地权配置模式与乡村建设模式。在保障性地权制度下，土地发展权配置与美丽乡村建设呈现出明显的协同演化特征，即“地权的行政化配置与政府主导型乡建模式→地权的市场化配置与资本主导型乡建模式→地权的金融化配置与农户自主型乡建模式”。

四、乡村地权制度从保障性向财产性演化具有客观必然性

土地功能具有保障性与财产性双重性质，二者既相互依存又相互矛盾。在土地资源稀缺、人地矛盾突出的中国，因市场机制缺失而导致的土地利用效率损失备受社会诟病；随着人地关系与城乡结构的变化，农民对土地的保障功能需求持续减弱；随着计划经济向市场经济的转轨，土地产权人对土地固有的财产性收益的追逐具有内在张力；等等。这些因素不断冲击着保障性地权制度的秩序，共同驱动着乡村地权制度不断演化与变迁。近20年来，中国宅基地制度的演化呈现出以下特征：一是避开实体形态的权利流转限制，侧重于指标形态的权利流转制度创新；二是以“空间分置”为手段，在让部分宅基地承担居住保障功能的同时，释放出部分宅基地的财产功能，提高了资源利用效率；三是土地发展权配置模式多样化，有利于差别化地解决偏远农区、大城市近郊以及区域经济发展水平高等不同类型乡村的发展空间与资金问题；四是土地发展权配置从主要保障城市发展转向主要服务乡村振兴，从政府行政配置转向农民集体及农户自主配置，市场在土地要素配置中发挥的作用越来越大。社会演化的

趋势昭示，在多重力量的推动下，乡村地权制度必将继续从保障性向财产性方向演化，但在较长时期内会稳定为一种兼顾保障性与财产性功能的复杂地权结构，地权分置、地利共享、价值形态的发展权交易和实物形态的使用权有条件流转可能成为新型地权制度建构的重点。

五、土地发展权配置正向影响乡村建设绩效

经过理论分析、案例分析与实证分析相结合的方法研究发现：土地发展权配置对乡村建设绩效具有重要影响；在农民自愿和产权保护的前提下，土地发展权配置能够有效地提升乡村建设绩效，有土地发展权配置比无土地发展权配置的乡村建设绩效更优；不同土地发展权配置模式对乡村建设五方面子绩效的影响存在差异，进而导致了对乡村建设整体绩效影响的差异。一般而言，相较于土地发展权的转移型模式，保留型与拓展型模式更有利于产业融合发展；相较于土地发展权的拓展型模式，保留型模式更有利于村集体统筹配置土地要素推进产业融合发展，在“产业兴旺”方面的绩效表现更优，但在促进“生活富裕”方面的绩效表现不如拓展型模式；整体而言，保留型模式的影响程度最大。

六、新型地权制度为乡村共建共治共享奠定制度基础

政府、市场与农民关系是百年乡村建设面临的最大困惑。“号称乡村运动而农民不动”，民国时期以知识分子为主推动的乡村建设运动没能激活农民的主体意识，这是导致运动变得“无声无息”的重要原因。在当前的乡村建设实践中，农民的主体意识仍然没有很好地激活，主要原因是在地权残缺的制度条件下地方政府或社会资本沿循单边治理的思维，在乡村建设中唱“独角戏”，挤压了农民自主作为的空间，消解了农民的主体意识。乡村建设的本质是通过生产方式

变革与生产关系调整，走出中国乡村普遍存在的要素流失、农民主体缺位、内生动力不足以及政府或资本单边主导引致利益失衡和矛盾冲突的困境。习近平“共建共治共享”社会治理理论，为新时代中国乡村建设走出一条“共建共治共享”的新路提供了理论指引。新型地权制度为促进城乡要素优化组合、提升农民可行能力和激励多元主体共建共治共享提供了制度条件。新时代实施乡村建设行动，关键是抓住城市化带动消费升级的历史机遇，建立城乡融合体制和新型地权制度，形成一套可操作的共建共治共享机制，让城市化辐射到的乡村以市场方式率先振兴起来，同时把节约的财力转移给城市化辐射不到的乡村进行保底建设。

七、以地权变革推动乡村建设需要处理好五对关系

根据课题组实地调查发现的问题，需要在以地权变革推动乡村建设中正确处理好以下五对关系：一是处理好建设与保护的关系，切忌“大拆大建”，注重乡村的历史文化传承与生态环境保护；二是处理好标准化与多样化的关系，既要推进美丽乡村标准化、规范化建设，又要把握乡村的异质性特点，因地制宜、分类分步实施，杜绝“一刀切”做法；三是处理好新型城镇化与乡村振兴的关系，一方面坚持推进以人为核心的新型城镇化，降低农民工市民化成本，为农民工创造更多就业机会，提供平等包容的市民待遇，另一方面要畅通生产要素向乡村流动的制度性渠道，促进科技入乡（如数字乡村建设）、人才入乡（如乡村企业家、农业职业经理人与新型职业农民）、消费入乡（如休闲旅游、健康、养生与养老），充分发挥好城市对乡村的辐射带动作用；四是处理好集体与成员的关系，既要选好配强村两委干部，发展壮大新型集体经济，又要强化农民人力资本投资，提高农民综合素质与内生发展能力，平衡好集体与成员有关土地的权责利关系。

五是处理好空间分散与集聚的关系，要遵循乡村人口的流动规律，统筹规划城镇与村庄空间布局，合理把握农民集中居住的时度效，既要避免浪费大量人财物资源建设“美丽的空心村”，造成村庄布局过度分散、基础设施与公共服务难以共享的问题，又要杜绝超越乡村发展阶段、违背村民意愿、过度追求经济集聚效应的合村并居与大规模集中居住问题。

基于上述结论，课题组提出新时代中国乡村建设的新路径：

一、乡村建设的理论指引：“共建共治共享”社会治理理论

党的十八大以来，习近平总书记围绕“共建共治共享”作了一系列重要论述，形成了系统的社会治理理论，既一脉相承又与时俱进地创新发展了中国特色社会主义理论。他明确指出“共享发展是社会主义的本质要求”，既强调最终奔向共同富裕，又强调立足国情渐进共享。同时指出，共享发展的前提是以高质量发展促进生产力高度发展，手段是“共建”，依靠人民、团结人民、汇聚民智，推动生产方式改进、生产技术革新和资源合理配置，不断厚植共享发展的物质基础；关键是“共治”，通过生产关系、利益分配与治理制度调整，改变政府决策“一言堂”、管理自上而下、做事大包大揽的状况，把市场与社会力量从治理的边缘纳入治理格局，形成“党委领导、政府负责、民主协商、社会协同、公众参与、法治保障、科技支撑”的社会治理体系，既克服单边治理模式下利益失衡、矛盾冲突的问题，又治愈多中心治理模式下效率低、好事办不成的顽疾。习近平“共建共治共享”社会治理理论，为破解中国近现代长达上百年乡村建设中普遍存在的要素流失、农民主体缺位、内生动力不足以及政府或资本单边主导引致利益失衡和矛盾冲突的困境提供了新的理论指引。

二、乡村建设的制度基础：兼容保障性与财产性的新型地权制度

新型地权制度建构的总体思路如下：一是符合演化规律，保持历史耐心，精准把握当代城乡结构与人地关系的变化特征，以地权分置、地利共享、价值形态的发展权交易和实物形态的使用权有条件流转作为制度建构重点，对不同群体的土地利益诉求加以理性观照；二是坚持系统观念，促进土地制度系统内部协调及土地制度系统与外部经济社会环境协调；三是符合时代要求，在促进城乡要素市场化配置、双向流动和平等交换方面探索有效路径；四是兼济高效、公平与可持续利用三大目标。遵循总体思路，提出新时代深化宅基地产权制度改革的基本思路：以服务城乡融合发展、乡村振兴战略为主要目标，坚持集体土地所有制不动摇、符合规划与用途管制、兼顾经济效率与社会公平三项基本原则，立足于人均宅基地面积大、满足农民居住需求后多有节余的基本国情，树立空间思维，宅基地产权分置与空间分置并重，将土地发展权制度嵌入宅基地“三权分置”制度框架，最终形成兼容稳定与效率、保障与财产功能的新型宅基地产权制度。进一步，提出了建立土地发展权制度、探索宅基地“三权分置”实现形式、健全宅基地基础管理制度、推进社保和财税等相关制度联动改革的具体思路。

三、乡村建设的机制设计：共建共治共享机制

乡村共建共治共享机制设计的总体思路如下：首先，对乡村的资源环境、文化和美学价值等充分挖掘，基于乡村的独特优势价值，对乡村建设进行科学规划，吸引城市资本与人才等要素流向乡村，通过多主体合力共建乡村，着力解决当前乡村空心化、老弱化情况下乡村建设主体缺位、要素不活、动力不足等系列难题；其次，随着乡村从

封闭走向开放，利益关系趋于复杂化，特别是资本逐利性带来的无限张力可能造成利益失衡、生态安全等风险，及时构建起乡村建设的多元共治机制，实现对农民权利保障、政府权力约束和资本张力规制的有效治理，避免乡村沦为资本追逐利润最大化或者政府追逐短期政绩最大化的工具。最后，通过创新农民合作的组织机制，实现"弱者的联合"和"政府、资本与农户的合作"，政府、资本与农民优势互补、分工协作，共同推动乡村走上产业兴旺、生态宜居和乡风文明之路，并通过紧密的利益联结、收益共享机制带动农民走上共同富裕之路，从而实现乡村的全面振兴。根据总体思路，分别从产业兴旺共营机制、生态宜居共建机制、乡风文明共育机制、农民权利保障机制、政府权力约束机制、资本张力规制机制、土地收益共享机制、产业收益共享机制、生态收益共享机制九个方面提出了乡村共建机制、共治机制和共享机制的具体设计思路。

展望未来，课题组认为可以在以下三个方面继续深化和拓展研究：

一、建立中国特色的乡村建设理论

乡村问题是发展中国家现代化进程中面临的普遍难题，能否解决好乡村问题事关现代化成败。认真总结中国百年乡村建设实践，以大历史观、大发展格局，把握现代化进程中的工农与城乡关系、国家与农民关系、政府与市场关系动态演化的规律，提炼形成中国特色的乡村建设理论，不仅能为中国全面建设社会主义现代化国家提供理论指引，而且能为其他发展中国家解决现代化进程中的乡村问题提供借鉴。

二、新发展理念下中国土地利用转型研究

贯彻落实新发展理念，推进经济社会全面转型发展，是中国新发

展阶段面临的重大战略任务。当前，中国城乡土地制度还不能很好地适应新理念、新阶段、新格局的发展要求，应以新发展理念为指引，以构建新发展格局和助推高质量发展为目标，深化土地制度改革，以土地存量挖潜倒逼创新发展，以土地市场化配置促进城乡融合发展，以生态产品价值实现助力绿色发展，以土地利益调整完善共享发展格局，以主体功能区规划落实粮食与生态安全战略，实现土地利用与经济社会发展同步转型。

三、深化“共建共治共享”理论研究

当前，学术界囿于学科范式之隔，对“共建共治共享”理论的研究还未形成一个有机整体，有的学者将之归入社会治理理论范畴进行研究，有的学者将之归入经济发展理论范畴进行研究。因此，尚需打破学科范式之隔，把“共建共治共享”作为一个有机整体进行系统研究，并从中国特色社会主义建设实践中汲取营养，加以体系化、学理化研究，同时将理论成果应用于新时代中国特色社会主义各项事业的建设。

主要参考文献

（以姓名首字母拼音为序）

(一) 外文译著

[1] 阿马蒂亚・森.集体选择与社会福利[M].上海：上海科学技术出版社,2004.

[2] 阿马蒂亚・森.以自由看待发展[M].北京：中国人民大学出版社,2013.

[3] 埃比尼泽・霍华德.明日的田园城市[M].北京：商务印书馆,2000.

[4] 埃莉诺・奥斯特罗姆.公共事务的治理之道：集体行动制度的演进[M].上海：上海三联书店,2000.

[5] 巴泽尔.产权的经济分析[M].上海：上海三联书店,1997.

[6] 保罗・米尔格罗姆(Paul Milgrom).价格的发现：复杂约束市场中的拍卖设计[M].北京：中信出版集团,2020.

[7] 道格拉斯・C.诺思.经济史中的结构与变迁[M].上海：上海三联书店,1991.

[8] 杜能.孤立国同农业和国民经济的关系[M].北京：商务印书馆,1986.

[9] 加尔布雷思.经济学和公共目标[M].北京：商务印书馆,1980.

[10] 加里・D.利贝卡普.产权的缔约分析[M].北京：中国社会科学出版社,2001.

[11] 卡尔・波兰尼.大转型：我们时代的政治与经济起源[M].杭州：浙江人民出版社,2007.

[12] 凯尔曼.制定公共政策[M].北京：商务印书馆，1990.
[13] 李嘉图.政治经济学及赋税原理[M].北京：北京联合出版公司，2013.
[14] 刘易斯·芒福德.城市发展史：起源，演变和前景[M].北京：中国建筑工业出版社，2005.
[15] 路易斯·凯尔萨，帕特里西亚·凯尔萨.民主与经济力量——通过双因素经济开展雇员持股计划革命[M].赵曙明译.南京：南京大学出版社，1996.
[16] 罗尔斯.正义论[M].北京：中国社会科学出版社，1999.
[17] 罗吉斯.乡村社会变迁[M].浙江：浙江人民出版社，1988.
[18] 罗纳德·H.科斯等.财产权利与制度变迁——产权学派与新制度学派译文集[M].上海：格致出版社，上海三联书店，上海人民出版社，2014.
[19] 罗纳德·德沃金.认真对待权利[M].上海：上海三联书店，2008.
[20] 马丁·威茨曼.分享经济：用分享制代替工资制[M].北京：中国经济出版社，1986.
[21] 马克思.资本论[M].北京：人民出版社，2004.
[22] 马克思恩格斯全集.第46卷[M].北京：人民出版社，1979.
[23] 马克思恩格斯文集.第1、2、3、8卷[M].北京：人民出版社，2009.
[24] 马克思恩格斯选集.第1、3卷[M].北京：人民出版社，2012.
[25] 曼瑟尔·奥尔森.集体行动的逻辑[M].上海：上海三联书店，上海人民出版社，2010.
[26] 帕克等.城市社会学[M].北京：华夏出版社，1987.
[27] 平狄克，鲁宾费尔德.微观经济学[M].北京：中国人民大学出版社，1997.
[28] 乔治·J.施蒂格勒.价格理论[M].北京：商务印书馆，1992.
[29] R.科斯，A.阿尔钦，D.诺思等.财产权利与制度变迁[M].上海：上海三联书店，1994.
[30] 速水佑次郎，神门善久.发展经济学——从贫困到富裕(第三版)[M].北

京：社会科学文献出版社，2009.
[31] 亚当·斯密.国民财富的性质及其原因的研究[M].北京：商务印书馆，2002.

(二) 中文著作

[32] 北京大学国家发展研究院综合课题组.还权赋能：奠定长期发展的可靠基础—成都市统筹城乡综合改革实践的调查研究[M].北京大学出版社，2010.
[33] 陈锡文等.中国农村改革 40 年[M].北京：人民出版社，2018.
[34] 费孝通.乡土中国[M].北京：人民出版社，2008.
[35] 韩乾.土地资源环境经济学[M].台北：五南图书出版公司，2013.
[36] 洪名勇.马克思土地产权制度理论研究——兼论中国农地产权制度改革与创新[M].北京：人民出版社，2011.
[37] 华生.城市化转型与土地陷阱[M].北京：东方出版社，2014.
[38] 梁漱溟.梁漱溟全集(第 2 卷)[M].济南：山东人民出版社，1990.
[39] 林岗等.马克思主义与制度分析[M].北京：经济科学出版社，2001.
[40] 林毅夫等.以共享式增长促进社会和谐[M].北京：中国计划出版社，2008.
[41] 刘锐.土地、财产与治理：农村宅基地制度变迁研究[M].武汉：华中科技大学出版社，2017.
[42] 刘守英.土地制度与中国发展[M].北京：中国人民大学出版社，2018.
[43] 刘守英.直面中国土地问题[M].北京：中国发展出版社.2014.
[44] 龙登高.中国传统地权制度及其变迁[M].北京：中国社会科学出版社，2018.
[45] 卢现祥.新制度经济学[M].武汉：武汉大学出版社，2011.
[46] 钱忠好.中国农村土地制度研究[M].北京：中国农业出版社，2021.
[47] 乔润令等.城乡建设用地增减挂钩与土地整治：政策和实践[M].北京：

中国发展出版社，2013.
[48] 盛洪.现代制度经济学（上卷）[M].北京：北京大学出版社，2003.
[49] 王先明等.百年中国乡村建设的思想与实践论集（上、下）[M].北京：商务印书馆，2021.
[50] 姚昭杰等.中国土地权利法律制度发展趋向研究——以土地发展权为例[M].广州：中山大学出版社，2016.
[51] 张培刚.农业与工业化[M].北京：商务印书馆，2019.
[52] 张宇燕.经济发展与制度选择：对制度的经济分析[M].北京：中国人民大学出版社，2017.
[53] 折晓叶等.城乡关系演变的制度逻辑和实践过程[M].北京：中国社会科学出版社，2014.
[54] 郑大华.民国乡村建设运动[M].北京：社会科学文献出版社，2000.
[55] 周其仁.城乡中国[M].北京：中信出版社，2015.
[56] 周天勇.中国：理想经济增长[M].上海：格致出版社，上海三联书店，上海人民出版社，2020.

（三）中文论文

[57] 白永秀，王颂吉.马克思主义城乡关系理论与中国城乡发展一体化探索[J].当代经济研究，2014(02).
[58] 曹亚鹏."指标漂移"的社会过程——一个基于重庆"地票"制度的实证研究[J].社会发展研究，2014(02).
[59] 陈东辉.延安时期中国共产党的土地政策及其现实意义[J].福建党史月刊，2009(22).
[60] 陈方.城乡关系：一个国外文献综述[J].中国农村观察，2013(06).
[61] 陈广华等.乡村振兴背景下宅基地资格权研究[J].安徽大学学报（哲社版），2019(05).
[62] 陈纪平.能否依赖农业发展缩小城乡差距？——基于国际比较和 DEA

效率分析[J].西部论坛,2010(05).
[63] 陈秋红.农民对美丽乡村建设主要责任主体的认知及其影响因素分析[J].经济学家,2018(06).
[64] 陈锐等.治理结构视角的“乡村建设实验”特征考察[J].现代城市研究,2016(10).
[65] 陈锡文.从农村改革 40 年看乡村振兴战略的提出[J].中国党政干部论坛,2018(04).
[66] 陈锡文.实施乡村振兴战略,推进农业农村现代化[J].中国农业大学学报(社会科学版),2018(01).
[67] 陈锡文.乡村振兴战略的来龙去脉[J].农村.农业.农民(B 版),2019(01).
[68] 陈晓春,肖雪.共建共治共享：中国城乡社区治理的理论逻辑与创新路径[J].湖湘论坛,2018(06).
[69] 程雪阳.农村土地是如何“被集体化”的[N].东方城乡报(T06 版),2014.3.13.
[70] 邓国营等.以“小挂钩”助力乡村振兴[N].人民日报(理论版),2018.5.7.
[71] 丁国胜等.中国乡村建设的类型学考察——基于乡村建设者的视角[J].城市发展研究,2016(10).
[72] 董志凯.土地改革与中国的社会生产力——回答对中国土改的一种看法[J].中国经济史研究,1987(03).
[73] 杜润生.包产到户的禁区是如何冲破的——曾经发生在中央高层的一场大争论[J].今日国土,2006(02).
[74] 杜园园.资本下乡与新中农争地的社会后果研究[J].西北农林科技大学学报(社会科学版),2015(04).
[75] 房艳刚,刘继生.基于多功能理论的中国乡村发展多元化探讨——超越“现代化”发展范式[J].地理学报,2015(02).
[76] 冯子标,王建功.农民转型理论的构建及实证分析[J].中国流通经济,2010(06).

[77] 付伟.广州美丽乡村建设及其内生机制研究[J].探求,2015(03).

[78] 傅金碧.论土地革命初期的两部“土地法”——《井冈山土地法》与《兴国土地法》之比较[J].湘潭师范学院学报(社会科学版),2008(06).

[79] 盖庆恩等.土地资源配置不当与劳动生产率[J].经济研究,2017(05).

[80] 高帆.农村经济体制变革与改革开放再出发的触发机制[J].复旦学报(社会科学版),2019(04).

[81] 高帆.新农村建设：一个政治经济学视角的解析[J].当代经济科学,2007(01).

[82] 高帆.新型农民：新农村建设的真正主体[J].调研世界,2007(04).

[83] 高进云等.农地城市流转前后农户福利变化的模糊评价——基于森的可行能力理论[J].管理世界,2007(06).

[84] 耿卓.宅基地“三权分置”改革的基本遵循及其贯彻[J].法学杂志,2019(04).

[85] 苟兴朝.城乡建设用地增减挂钩中农民合法权益保障研究——基于马克思级差地租理论视角[J].农村经济,2012(04).

[86] 顾朝林.改革开放以来中国城市化与经济社会发展关系研究[J].人文地理,2004(02).

[87] 顾汉龙等.土地发展权交易与区域经济增长的时空溢出效应——基于重庆地票交易政策的实证分析[J].中国人口·资源与环境,2020(03).

[88] 关江华等.不同生计资产配置的农户宅基地流转家庭福利变化研究[J].中国人口资源与环境,2014(10).

[89] 郭剑鸣.试论卢作孚在民国乡村建设运动中的历史地位——兼谈民国两类乡建模式的比较[J].四川大学学报(哲学社会科学版),2003(05).

[90] 韩俊.没有乡村的有效治理就没有乡村的全面振兴[J].农村工作通讯,2019(14).

[91] 韩俊.以习近平总书记“三农”思想为根本遵循,实施好乡村振兴战略[J].管理世界,2018(08).

[92] 韩喜平，刘永梅.中国共享发展理念的价值创新[J].理论学刊，2016(03).
[93] 韩喜平，孙贺.美丽乡村建设的定位、误区及推进思路[J].经济纵横，2016(01).
[94] 何爱平等.新中国成立70年来中国城乡居民收入差距历史变迁与未来展望[J].经济纵横，2019(10).
[95] 何成军等.休闲农业与美丽乡村耦合度评价及协同路径探析[J].云南农业大学学报(社会科学版)，2017(01).
[96] 何得桂.中国美丽乡村建设驱动机制研究[J].生态经济，2014(10).
[97] 贺雪峰.城乡二元结构是保持中国社会结构弹性的关键[N].社会科学报，2018.11.8.
[98] 贺雪峰.城乡建设用地增减挂钩政策的逻辑与谬误[J].学术月刊，2019(01).
[99] 贺雪峰.关于实施乡村振兴战略的几个问题[J].南京农业大学学报(社会科学版)，2018(03).
[100] 贺雪峰.谁的乡村建设——乡村振兴战略的实施前提[J].探索与争鸣，2017(12).
[101] 贺雪峰.为什么说中国土地制度是全世界最先进的[J].湖南科技大学学报，2018(03).
[102] 洪银兴.工业和城市反哺农业、农村的路径研究——长三角地区实践的理论思考[J].经济研究，2007(08).
[103] 洪银兴.完善产权制度和要素市场化配置机制研究[J].中国工业经济，2018(06).
[104] 胡动刚等.武汉城市圈农地城市流转微观福利效应研究[J].中国土地科学，2013(05).
[105] 黄宝连等.产权视角下中国当前农村土地制度创新的路径研究——以成都为例[J].经济学家，2012(03).
[106] 黄克亮，罗丽云.以生态文明理念推进美丽乡村建设[J].探求，2013

(03).
[107] 黄少安.改革开放40年中国农村发展战略的阶段性演变及其理论总结[J].经济研究,2018(12).
[108] 黄昕等.纵横磨合：乡风文明建设的多重逻辑——基于湖南省14个市州的调查分析[J].吉首大学学报(社会科学版),2019(04).
[109] 黄祖辉,汪辉.非公共利益性质的征地行为与土地发展权补偿[J].经济研究,2002(05).
[110] 黄祖辉.准确把握中国乡村振兴战略[J].中国农村经济,2018(04).
[111] 冀县卿,钱忠好.中国农业增长的源泉：基于农地产权结构视角的分析[J].管理世界,2010(11).
[112] 贾万志.消除剪刀差,加快城乡统筹发展[N].重庆日报,2011.7.11.
[113] 焦长权,周飞舟."资本下乡"与村庄的再造[J].中国社会科学,2016(01).
[114] 孔祥智,郭艳芹.现阶段农民合作经济组织的基本状况、组织管理及政府作用——23省农民合作经济组织调查报告[J].农业经济问题,2006(01).
[115] 孔祥智,卢洋啸.建设生态宜居美丽乡村的五大模式及对策建议——来自五省20村调研的启示[J].经济纵横,2019(01).
[116] 孔祥智.新中国成立70年来城乡关系的演变[J].教学与研究,2019(08).
[117] 李汉卿.协同治理理论探析[J].理论月刊,2014(01).
[118] 李杰.试论马克思的产权理论与现代西方产权理论的主要分歧[J].四川大学学报(哲学社会科学版),2001(05).
[119] 李满星.民国时期的乡村建设运动[J].炎黄春秋,2017(11).
[120] 李仁贵,张健生.国外乡村学派区域发展理论评介[J].经济评论,1996(03).
[121] 李善峰.一个现代国家建设的系统方案——纪念梁漱溟《乡村建设理

论》出版 80 周年[J].济南大学学报(社会科学版),2017(06).
[122] 李新仓,阎其华.建设用地指标市场配置法律制度正当性研究[J].西南民族大学学报(人文社科版),2018(02).
[123] 厉以宁.走向城乡一体化:建国 60 年城乡体制的变革[J].北京大学学报(哲学社会科学版),2009(06).
[124] 连雪君等.细碎化土地产权、交易成本与农业生产——来自内蒙古中部平原地区乌村的经验调查[J].中国人口·资源与环境,2014(04).
[125] 林岗,刘元春.诺思与马克思:关于制度的起源和本质的两种解释的比较[J].经济研究,2000(06).
[126] 林岗,刘元春.制度整体主义与制度个体主义—马克思与新制度经济学的制度分析方法比较[J].中国人民大学学报,2001(02).
[127] 林岗,张宇.产权分析的两种范式[J].中国社会科学,2000(01).
[128] 林岗.诺思与马克思:关于制度变迁道路理论的阐释[J].中国社会科学,2001(01).
[129] 林岗等.诺思与马克思:关于社会发展和制度变迁动力的比较[J].中国人民大学学报,2000(03).
[130] 刘凤义.中国经济学如何研究共享发展[J].改革,2016(08).
[131] 刘建生等."增减挂钩"操作问题及改进建议[J].中国土地,2011(06).
[132] 刘璞,姚顺波.退耕还林农户的福利状态研究——可行能力分析法的应用[J].西南民族大学学报(人文社科版),2016(06).
[133] 刘锐.乡村振兴战略框架下的宅基地制度改革[J].理论与改革,2018(03).
[134] 刘守英,熊雪峰.经济结构变革、村庄转型与宅基地制度变迁——四川省泸县制度改革案例研究[J].中国农村经济,2018(06).
[135] 刘守英,熊雪锋.中国乡村振兴战略的实施与制度供给[J].政治经济学评论,2018(04).
[136] 刘守英.集体地权制度变迁与农业绩效——中国改革 40 年农地制度研

究的一个综述性评论[J].农业技术经济,2019(01).
[137] 刘守英.农村土地制度改革：从家庭联产承包责任制到三权分置[J].经济研究,2022(02).
[138] 刘守英等.从乡土中国到城乡中国—中国转型的乡村变迁视角[J].管理世界,2018(10).
[139] 刘同山,郭铖.农业共营制：把小农户生产引入现代农业轨道的崇州试验[J].中国合作经济评论,2018(02).
[140] 刘彦随,周扬.中国美丽乡村建设的挑战与对策[J].农业资源与环境学报,2015(02).
[141] 柳兰芳.从“美丽乡村”到“美丽中国”——解析“美丽乡村”的生态意蕴[J].理论月刊,2013(09).
[142] 龙花楼.论土地利用转型与乡村转型发展[J].地理科学进展,2012(02).
[143] 龙花楼.论土地整治与乡村空间重构[J].地理学报,2013(08).
[144] 卢先锋,芮雯艳.土地增减挂钩与美丽乡村建设协同机制的构建[J].西北农林科技大学学报(社会科学版),2016(05).
[145] 吕云涛.英美法 3 国土地发展权及其转移制度比较研究[J].世界农业,2016(11).
[146] 罗必良.科斯定理：反思与拓展——兼论中国农地流转制度改革与选择[J].经济研究,2017(11).
[147] 罗必良等.为小农户服务：中国现代农业发展的“第三条道路”[J].农村经济,2021(01).
[148] 马智利,李军峰.基于博弈论视角下的成都地票交易制度分析研究[J].世界科技研究与发展,2013(02).
[149] 彭超等.“十四五”时期的农业农村现代化：形势、问题与对策[J].改革,2020(02).
[150] 平新乔,刘伟.本世纪以来西方产权理论的演变[J].管理世界,1988(04).

[151] 钱陈,史晋川.浙江城市化研究的回顾与展望[J].浙江社会科学,2006(05).
[152] 钱龙等.农地产权是"有意的制度模糊"吗[J].经济学家,2015(08).
[153] 钱忠好,牟燕.乡村振兴与农村土地制度改革[J].农业经济问题,2020(04).
[154] 潜莎娅等.基于多元主体参与的美丽乡村更新模式研究——以浙江省乐清市下山头村为例[J].城市规划,2016(04).
[155] 秦中春.乡村振兴背景下乡村治理的目标与实现路径[J].管理世界,2020(02).
[156] 申端锋,李丹.要素融合:新时代乡村产业振兴的路径创新——以长沙浔龙河村为例[J].新疆农垦经济,2019(08).
[157] 申端锋,王孝琦.城市化振兴乡村的逻辑缺陷——兼与唐亚林教授等商榷[J].探索与争鸣,2018(12).
[158] 宋冬林,谢文帅.实现小农户和现代农业发展有机衔接的政治经济学分析[J].经济学动态,2020(01).
[159] 宋国青.城乡关系与农民转移[J].农业经济问题,1985(07).
[160] 宋志红.乡村振兴背景下的宅基地权利制度重构[J].法学研究,2019(05).
[161] 宋志红.宅基地"三权分置":从产权配置目标到立法实现[J].中国土地科学,2019(06).
[162] 宋志红.宅基地资格权:内涵、实践探索与制度构建[J].法学评论,2021(01).
[163] 孙文学."食货":中国封建社会的财政诠释[J].社会科学辑刊,2003(05).
[164] 孙泽学.1978—1984 年农村改革之中央、地方、农民的互动关系研究——以包产到户、包干到户为中心[J].中国经济史研究,2006(01).
[165] 田国强等.制度的本质、变迁与选择—赫维茨制度经济思想诠释及其现

实意义[J].学术月刊,2018(01).

[166] 田世野,李萍.发展视域下中国农村土地产权制度的变迁——基于两种产权理论的比较[J].学术月刊,2021(12).

[167] 仝志辉,温铁军.资本和部门下乡与小农户经济的组织化道路——兼对专业合作社道路提出质疑[J].开放时代,2009(04).

[168] 涂圣伟.工商资本参与乡村振兴的利益联结机制建设研究[J].经济纵横,2019(03).

[169] 屠建平,杨雪.基于电子商务平台的供应链融资模式绩效评价研究[J].管理世界,2013(07).

[170] 汪晓华.土地发展权与土地利用规划权关系之法理释明[J].河北法学,2019(12).

[171] 王朝科,王宝珠.乡村振兴:一个政治经济学的分析框架[J].当代经济研究,2018(11).

[172] 王传发.美丽乡村建设的逻辑理路[J].西南林业大学学报(社科版),2019(06).

[173] 王江红.花园村:一个传奇美丽的村庄[J].新农村,2018(09).

[174] 王磊.马克思产权理论与西方现代产权理论的比较研究[D].湘潭大学,2019.

[175] 王名等.社会共治:多元主体共同治理的实践探索与制度创新[J].中国行政管理,2014(12).

[176] 王萍.发达国家乡村转型研究及其提供的思考[J].浙江社会科学,2015(04).

[177] 王珊等.农地城市流转的农户福利效应测度[J].中国人口·资源与环境,2014(03).

[178] 王卫星.美丽乡村建设:现状与对策[J].华中师范大学学报(人文社科版),2014(01).

[179] 王伟,马超.基于可行能力理论的失地农民福利水平研究——以江苏省

宜兴市和太仓市为例[J].农业技术经济,2013(06).
[180] 王先明.中国乡村建设思想的百年演进(论纲)[J].南开学报(哲社版),2016(01).
[181] 王新志.探索农村宅基地三权分置实现形式[N].中国社会科学报,2019.3.6.
[182] 王学渊,周翼翔.经济增长背景下浙江省城乡工业污染转移特征及动因[J].技术经济,2012(10).
[183] 王育红,刘文海.土地发展权的法律性质[J].河北法学,2017(04).
[184] 魏玉栋.乡村振兴战略与美丽乡村建设[J].中共党史研究,2018(03).
[185] 温良友等.基于区域协同的我国耕地保护补偿框架构建及其测算[J].中国农业大学学报,2021(07).
[186] 温锐,陈胜祥.政府主导与农民主体的互动——以江西新农村建设调查分析为例[J].中国农村经济,2007(01).
[187] 温铁军等.部门和资本"下乡"与农民专业合作经济组织的发展[J].经济理论与经济管理,2009(07).
[188] 温铁军等.国土空间治理创新与空间生态资源深化价值化[J].西安财经大学学报,2021(02).
[189] 文兰娇,张安录.地票制度创新与土地发展权市场机制及农村土地资产显化关系[J].中国土地科学,2016(07).
[190] 吴光芸.多中心治理:新农村的治理模式[J].调研世界,2007(10).
[191] 吴理财,吴孔凡.美丽乡村建设四种模式及比较——基于安吉、永嘉、高淳、江宁四地的调查[J].华中农业大学学报(社会科学版),2014(01).
[192] 吴玲等.人民公社阶段的农地产权制度变迁及其绩效[J].中国农学通报,2006(11).
[193] 吴宣恭.五大发展理念是社会主义基本经济规律内涵的深化拓展和高度概括[J].马克思主义研究,2016(08).
[194] 吴易风.产权理论:马克思与科斯的比较[J].中国社会科学,2007(02).

[195] 吴正海，范建刚.资源整合与利益共享的乡村旅游发展路径——以陕西袁家村为例[J].西北农林科技大学学报(社会科学版)，2021(02).

[196] 伍琳瑜，刘静娴.政府主导型美丽乡村建设模式的共性问题与主体定位[J].生态经济，2017(07).

[197] 习近平.把乡村振兴战略作为新时代“三农”工作总抓手[J].求是，2019(11).

[198] 习近平.关于《中共中央关于全面深化改革若干重大问题的决定》的说明[N].新华社，2013.11.15.

[199] 习近平.切实把思想统一到党的十八届三中全会精神上来[N].人民日报，2014.1.1.

[200] 习近平.习近平在省部级主要领导干部学习贯彻党的十八届五中全会精神专题研讨班上的讲话[N].人民日报，2016.5.10.

[201] 习近平.在中法建交五十周年纪念大会上的讲话[N].人民日报，2014.3.29.

[202] 夏锦文.共建共治共享的社会治理格局：理论构建与实践探索[J].江苏社会科学，2018(03).

[203] 夏柱智，贺雪峰.半工半耕与中国渐进城镇化模式[J].中国社会科学，2017(12).

[204] 萧子扬.迈向2035的乡村建设行动：何谓、为何与何为？[J].农林经济管理学报，2021(01).

[205] 肖冬连.加速农业集体化的一个重要原因——论优先发展重工业与农业的矛盾[J].中共党史研究，1988(04).

[206] 谢文阳等.成都地票模式及其政策变迁研究[J].国土资源科技管理，2013(03).

[207] 新华社.中国共产党第十八届中央委员会第五次全体会议公报[J].求是，2015(21).

[208] 熊万胜，毕菲荣.论地权的基本内涵与地权模式的时空差异[J].南京农

业大学学报(社会科学版),2018(01).
[209] 徐朝阳等.要素市场化改革与供需结构错配[J].经济研究,2020(02).
[210] 徐立,张明龙.浙江专业市场型村落演化的一般过程及其启示[J].安徽行政学院学报,2007(08).
[211] 徐嫣,宋世明.协同治理理论在中国的具体适用研究[J].天津社会科学,2016(02).
[212] 许人俊.中央五个农村一号文件诞生记——围绕包产到户的一场新旧思想斗争[J].炎黄春秋,1997(06).
[213] 宣朝庆.百年乡村建设的思想场域和制度选择[J].天津社会科学,2012(03).
[214] 严金明等.乡村振兴战略实施与宅基地“三权分置”改革的深化[J].改革,2019(01).
[215] 杨继瑞等.统筹城乡实践的重庆“地票”交易创新探索[J].中国农村经济,2011(11).
[216] 杨缅昆.社会福利指数构造的理论和方法初探[J].统计研究,2009(07).
[217] 杨忍等.中国乡村转型重构研究进展与展望——逻辑主线与内容框架[J].地理科学进展,2015(08).
[218] 杨锐等.基于消费端的自然保护地指标交易机制:生态产品的价值实现[J].生态学报,2020(18).
[219] 姚树荣,景丽娟.宅基地“三权分置”的内在逻辑与制度设计[J].中国土地,2021(12).
[220] 姚树荣,李栋楠.农村集体经营性建设用地入市改革问题探讨[J].上海国土资源,2017(04).
[221] 姚树荣,刘书天.易地扶贫迁出区的国土空间治理[J].农村经济,2019(11).
[222] 姚树荣,龙婷玉.农户福利视角下的美丽乡村建设模式比较研究[J].四川大学学报(哲社版),2019(01).

[223] 姚树荣，龙婷玉.市场化土地整治助推了乡村振兴吗——基于成都1187户上楼农民的调查[J].中国土地科学，2020(01).

[224] 姚树荣，熊雪峰.宅基地权利分置的制度结构与农户福利[J].中国土地科学，2018(04).

[225] 姚树荣，余澳.村庄整治中的“小组微生”模式研究[J].安徽农业科学，2018(01).

[226] 姚树荣，袁梨.农户自主型“增减挂钩”模式的微观福利测度[J].中国土地科学，2017(01).

[227] 姚树荣，周诗雨.乡村振兴的共建共治共享路径研究[J].中国农村经济，2020(02).

[228] 姚树荣，周毓君.探索农民就近城镇化的市场路径[N].中国经济时报，2016.6.23.

[229] 姚树荣，周毓君.乡村城镇化的市场驱动模式与实现路径——以成都市福洪镇为例[J].农村经济，2018(05).

[230] 姚树荣.“善治”语境下乡村地权制度的再改革[J].土地科学动态，2020(02).

[231] 姚树荣.关于以“村村挂钩”助推乡村振兴的思考[J].特区经济，2018(11).

[232] 姚树荣.土地发展权的市场化配置与权益实现[J].土地科学动态，2020(05).

[233] 姚树荣.乡村振兴视角下土地整治制度的创新[J].中国土地，2018(10).

[234] 姚树荣.小挂钩大战略——成都福洪镇的振兴之路与启示[J].土地科学动态，2018(02).

[235] 姚树荣等.基于乡村异质性的土地发展权配置研究[J].中国土地科学，2022(01).

[236] 姚树荣等.基于演化与设计融合理念的宅基地制度改革研究[J].农村经济，2021(05).

[237] 姚树荣等.乡村振兴绩效的地权解释——基于土地发展权配置视角[J].中国农村经济,2022(06).

[238] 姚玉珠.中国历史上乡村建设运动的经验教训与启示[J].管理世界,2008(04).

[239] 叶超,曹志东.城乡关系的自然顺序及其演变——亚当·斯密的城乡关系理论解析[J].经济地理,2008(01).

[240] 叶兴庆.新时代中国乡村振兴战略论纲[J].改革,2018(01).

[241] 叶裕民等.基于土地管制视角的中国乡村内生性发展乏力问题分析:以英国为鉴[J].中国农村经济,2018(03).

[242] 易小明.系心于土地的徘徊——论中国土地观念的演变[J].吉首大学学报(社会科学),1992(02).

[243] 于鸿君.产权与产权的起源——马克思主义产权理论与西方产权理论比较研究[J].马克思主义研究,1996(06).

[244] 郁建兴,高翔.地方发展型政府的行为逻辑及制度基础[J].中国社会科学,2012(05).

[245] 约瑟夫·菲尔德.科斯定理 1-2-3[J].经济社会体制比较,2002(05).

[246] 曾国安等.城乡居民收入差距的国际比较[J].山东社会科学,2008(10).

[247] 翟坤周,王国敏.中国移居农民集中居住的实践逻辑与实证分析——成都实践检视[J].学习与实践,2016(10).

[248] 张凤荣.耕地保护的本质是保护耕地的产能[J].中国土地,2022(02).

[249] 张海鹏.中国城乡关系演变 70 年:从分割到融合[J].中国农村经济,2019(03).

[250] 张慧鹏.现代农业分工体系与小农户的半无产化——马克思主义小农经济理论再认识[J].中国农业大学学报(社会科学版),2019(01).

[251] 张克俊,付宗平."三权分置"下适度放活宅基地使用权探析[J].农业经济问题,2020(05).

[252] 张双喜,朱必祥.西方制度经济学与马克思主义制度分析的比较[J].经

济学家,2005(05).

[253] 张挺等.乡村振兴评价指标体系构建与实证研究[J].管理世界,2018(08).

[254] 张万景.抗日战争时期中国共产党的减租减息土地政策[J].齐齐哈尔师范高等专科学校学报,2015(02).

[255] 张晓山.社会主义新农村建设中必须准确把握的几个问题[J].红旗文稿,2006(13).

[256] 张艳娥.关于乡村治理主体几个相关问题的分析[J].农村经济,2010(01).

[257] 张占录等.土地发展权配置与转移理论对中国宅基地改革的启示[J].学习与实践,2019(05).

[258] 赵冈.租税制度与土地分配[J].中国农史,2002(03).

[259] 赵淑芹,唐守普.基于森的理论的土地流转前后福利变化的模糊评价[J].统计与决策,2011(11).

[260] 赵树凯.乡村观察手记(十二)新农村建设呼唤新的治理[J].中国发展观察,2006(03).

[261] 赵文姬.土地革命与中国共产党[J].马克思主义学刊,2016(02).

[262] 赵祥云,赵晓峰.资本下乡真的能促进"三农"发展吗?[J].西北农林科技大学学报(社会科学版),2016(04).

[263] 赵学清.马克思是如何论证共享发展的——读《哥达纲领批判》的体会[J].中国浦东干部学院学报,2016(03).

[264] 郑立峰,唐见兵.基于灰色关联分析的系统仿真因素权重确定[J].计算机仿真,2007(09).

[265] 郑尚元.宅基地使用权性质及农民居住权利之保障[J].中国法学,2014(02).

[266] 郑向群,陈明.中国美丽乡村建设的理论框架与模式设计[J].农业资源与环境学报,2015(02).

[267] 郑有贵.土地改革是一场伟大的历史性变革——纪念《中华人民共和国土地改革法》颁布50周年[J].当代中国史研究,2000(05).

[268] 中国宏观经济研究院产业所课题组.改革开放40年中国工农关系演变：从缓和走向融合[J].改革,2018(10).

[269] 中国农民工问题研究总报告起草组.中国农民工问题研究总报告[J].改革,2006(05).

[270] 周飞舟,王绍琛.农民上楼与资本下乡：城镇化的社会学研究[J].中国社会科学,2015(01).

[271] 周红云.全民共建共享的社会治理格局：理论基础与概念框架[J].经济社会体制比较,2016(02).

[272] 周进萍.利益相关者理论视域下"共建共治共享"的实践路径[J].领导科学,2018(08).

[273] 周黎安.中国地方官员的晋升锦标赛模式研究[J].经济研究,2007(07).

[274] 周利梅等.中国农村生态文明建设的着力点[J].中国生态经济学学会2014年学术年会论文集,2014.11.15.

[275] 周其仁.机会与能力——中国农村劳动力的就业与流动[J].管理世界,1997(05).

[276] 周其仁.中国农村改革：国家与土地所有权关系的变化——一个经济制度变迁史的回顾[J].中国社会科学季刊(香港),1995(06).

[277] 周应恒,胡凌啸.中国农民专业合作社还能否实现"弱者的联合"？——基于中日实践的对比分析[J].中国农村经济,2016(06).

[278] 朱从谋等.基于发展权与功能损失的农村宅基地流转增值收益分配研究——以义乌市"集地券"为例[J].中国土地科学,2017(07).

[279] 朱佳木.由新民主主义向社会主义的提前过渡与优先发展重工业的战略选择[J].当代中国史研究,2004(05).

[280] 诸培新等.农村宅基地使用权流转的公平与效率分析[J].中国土地科学,2009(05).

[281] 庄晋财，王春燕.合系统视角的美丽乡村可持续发展研究[J].农业经济问题，2016(06).

(四) 外文论文

[282] Arthur, C., R. P. Nelson, & W. Doug (2011), The TDR Handbook: Designing and Implementing Transfer of Development Rights Programs. Island Press.

[283] Carver, T. N. (1925), The Present Economic Revolution in the United States, New York: Little Brown Press.

[284] Cecilia Tacoli. Rural-urban interactions: a guide to the literature[J]. Environment and Urbanization, 1998.

[285] Cerioli A, Zani S. Income and Wealth Distribution, Inequality and Poverty. Springer Berlin Heidelberg, 1990, pp. 272 - 284.

[286] Cheli B, Lemmi A. "A totally fuzzy and relative approach to the multidimensional analysis of poverty," Economic Notes, Vol. 24, No. 1, 1995, pp. 115 - 134.

[287] Coase, R. (1998), "The new institutional economics", The American Economic Review 88: 72 - 74.

[288] Coase, R. H. The Problem of Social Cost[J]. Journal of Law & Economics, 2013 (03): 1 - 44.

[289] Deininger, K. and Squire, L. Economic Growth and Income Inequality: Reexamining the Links, Finance and Development, 1997, 34(1): 38 - 41.

[290] Feng, L., X. H. Bao, & Y. Jiang (2014), "Land reallocation reform in rural China: A behavioral economics perspective", Land Use Policy 41: 246 - 259.

[291] Fisher, L. Elementary Principles of Economics. New York: Macmillan,

1932：27.

[292] Friedmann，T. and Weaver，C.，1979. Territory Function：the Evolution of Regional Planning. London：Edward Arnold.

[293] Furubotn，E.，& S. Pejovich（1972），"Property rights and economic theory：A survey of recent literature"，Journal of Economic Literature 10：1137－1162.

[294] Gerald Lloyd. Transferable Density in Connection with Zoning，Technical Bulletin，1961.

[295] H. Demsetz. Information and Efficiency：Another Viewpoint [J]. Journal of Law and Economics，1969(12)：1－22.

[296] H. Demsetz. Toward a Theory of Property Rights [J]. American Economic Review，1967(57)：357.

[297] Ho，P.（2015），"Myths of tenure security and titling：Endogenous，institutional change in China's development"，Land Use Policy 47：352－364.

[298] Holmes J. Impulses towards a multifunctional transition in rural Australia：Gaps in the research agenda. Journal of Rural Studies，2006，22：142－160.

[299] Johnston，E.（1944），America Unlimited，New York：Doran Doubleday Press.

[300] Kelso，L. O. & M. J. Adler(1958)，The Capitalist Manifesto，New York：Random House Press.

[301] Kuklys W. "Measuring Standard of Living in the UK — An Application of Sen's Functioning Approach Using Structural Equation Models" Papers on Strategic Interaction，No. 11；2004：1－37.

[302] Li，D.（1996），"A theory of ambiguous property rights in transition economics：The case of the Chinese Non-state Sector"，Journal of

Comparative Economics 23：1－19.

[303] Lowi，T. J.，1979，The End of Liberalism：The Second Republic of the United States，New York.：W. W. Norton & Company.

[304] Marsden，T，1999，Rural Futures：The Consumption Countryside and its Regulation，Sociologia Ruralis. 39(4)：501－520.

[305] Mead，J.（1986），Different Forms of Share Economy，London：Public Policy Centre Press.

[306] Nathan Rosenberg. Inside the black box[M]. Cambridge University Press，1982.

[307] North，D.（1990），Institutions，Institutional Change and Economic Performance，Cambridge University Press.

[308] North，D.（2005），"Understanding the Process of Economic Change"，Urban Studies 45：797－824.

[309] Porter M E，Kramer M R. "Greating Shared Value，" Harvard Business Review，No. 1，2011，pp. 1－17.

[310] Rick，P. F.，& P. Erica（2007），"Transfer of Development Rights Turns 40"，Planning & Environmental Law 59：3－11.

[311] Schmitt，J.，2014. Understanding Shared Value. Wiesbaden：Springer Fachmeelien.

[312] Sen A K. "Development：Which Way Now？" The Economic Journal，Vol. 93，No. 372，1983，pp. 745－762.

[313] Tacoli，C. Rural- Urban Interactions：A Guide to the Literature，Environment and Urbanization，Vol. 10，No. 1，1998.

[314] Tacoli，C. The Links between Urban and Rural Development，Environment and Urbanization，Vol. 15，No. 1，2003.

[315] Theodore，W，Schultz. The Economic Importance of Human Capital in Modernization[J]. Education Economics，2006.

[316] Thunen, V. (1826,1850,1867),The Isolated State, Vol. Ⅰ, Ⅱ, Ⅲ, An English edition translated by C. M. Wartenberg, London: Pergamon Press, 1966.

[317] Triantafyllopoulos, N. (2008), "Does land property structure affect local development patterns? Evidence from a Greek Tourist Area", Urban Studies 45: 797 - 824.

[318] Voutilainen O. Wuori O. Rural development within the context of agriculture and socio-economic trends: The case of Finland. European Countryside, 2012, 4: 283 - 302.

[319] W. Arthur Lewis. Economic Development with Unlimited Supplies of Labour[J]. The Manchester School, 1954(02): 139 - 191.

[320] Woods M. Rural. London and New York: Routledge, 2011.

[321] Yansui Liu, Yuheng Li. Revitalize the world's countryside. Nature, 2017, 548(7667): 275 - 277.

[322] Zhang, Y. (2012), "A view from behavioral political economy on China's institutional Changes", China Economic Review 23: 991 -1002.

[323] Zhao, Q. & Z. Zhang, (2017), "Does China's 'increasing versus decreasing balance' land-restructuring policy restructure rural life? Evidence from Dongfan Village, Shaanxi Province", Land Use Policy 68: 649 - 659.

[324] Zhou, Y., X. Li, & Y. Liu (2020), "Rural Land System Reforms in China: History, Issues, Measures and Prospects", Land Use Policy 91: 1 - 15.